L'EXAMEN NEUROPSYCHOLOGIQUE DANS LE CADRE DE L'EXPERTISE MÉDICO-LÉGALE

Thierry Meulemans &
Xavier Seron

L'examen neuropsychologique dans le cadre de l'expertise médico-légale

MARDAGA

Thierry Meulemans
Unité de Neuropsychologie,
Département des Sciences Cognitives,
Faculté de Psychologie,
Université de Liège.

Xavier Seron
Unité NESC (Neurosciences Cognitives),
Faculté de Psychologie,
Université catholique de Louvain.

© 2004, Pierre Mardaga, éditeur
Hayen, 11 - B-4140 Sprimont (Belgique)
D. 2004-0024-02
I.S.B.N. 2-87009-857-X

Introduction

Ce livre, consacré à l'examen neuropsychologique dans le cadre de l'expertise médico-légale, s'adresse prioritairement aux psychologues cliniciens qui, de plus en plus nombreux, se trouvent impliqués dans la réalisation d'examens neuropsychologiques de patients engagés dans un processus d'expertise. La nécessité de faire appel à des neuropsychologues spécialisés pour déterminer l'impact d'un traumatisme crânien sur le fonctionnement cognitif et pour mieux estimer les répercussions de ce traumatisme sur la vie quotidienne du patient apparaît en effet aujourd'hui évidente à un nombre croissant de médecins experts désignés par le tribunal ou exerçant leur mission pour une compagnie d'assurances. Ce contexte particulier de l'évaluation neuropsychologique représente dès lors depuis quelques années une partie non négligeable des activités professionnelles d'un grand nombre de neuropsychologues cliniciens. A ce titre, il devient aujourd'hui justifié d'enseigner aux étudiants en psychologie, et plus particulièrement à ceux qui se destinent à la neuropsychologie, les spécificités de ce domaine particulier de la pratique clinique en neuropsychologie ; la probabilité qu'ils doivent eux-mêmes s'y impliquer est en effet non négligeable.

Dans l'expertise médico-légale, l'avis du neuropsychologue est généralement sollicité pour des litiges qui surviennent suite à des accidents du travail ou de la circulation ; s'il s'agit le plus souvent de traumatismes crâniens, d'autres étiologies peuvent être rencontrées (intoxications aux solvants...). La mission confiée au neuropsychologue consiste à objectiver la présence de séquelles cognitives ou à déterminer l'importance d'un handicap — les médecins experts et les juristes parlent plus volontiers d'« incapacités », comme on le verra plus loin — faisant suite à un accident ; le litige concerne le plus souvent une opposition entre le patient et une compagnie d'assurances ou un organisme de soins de santé.

La demande d'examen est adressée au neuropsychologue soit directement par le juge, soit par une des parties. Il convient cependant de noter que le travail du neuropsychologue appelé à émettre un avis dans le cadre d'une expertise peut varier considérablement d'un pays à l'autre.

Ainsi, aux Etats-Unis par exemple, le neuropsychologue est fréquemment amené à devoir faire le compte-rendu de son travail d'expertise directement au tribunal, situation pouvant l'amener dans certains cas à devoir faire face à un avis contradictoire défendu par la partie adverse. En Belgique (et la situation est sensiblement la même en France et en Suisse), s'il peut arriver que le neuropsychologue doive témoigner au tribunal, son rôle est plus souvent celui d'un *sapiteur*; la demande d'examen lui est alors adressée non par le tribunal, mais par un médecin expert (généralement un neurologue ou un psychiatre) désigné par le tribunal et qui peut, dans le cadre de son mandat, faire appel au concours d'autres spécialistes[1].

A l'heure actuelle, nos universités ne dispensent pas de formation spécifique à l'évaluation neuropsychologique d'expertise; il n'existe pas de diplôme d'«expert en neuropsychologie». D'où la vocation pédagogique de cet ouvrage, dont les auteurs, impliqués depuis de nombreuses années dans des activités d'expertise, ont pensé pouvoir transmettre le fruit de leur expérience et de leur réflexion aux cliniciens de la neuropsychologie. Il ne s'agit cependant pas seulement de la transmission d'une expérience acquise au fil des années. L'ouvrage adopte également un point de vue résolument scientifique : si, en dernière analyse, la conclusion de tout examen neuropsychologique (y compris dans le contexte de l'expertise) repose sur l'interprétation que fait le neuropsychologue de ses données, cette interprétation se doit d'être éclairée, et dès lors doit s'appuyer sur des résultats aussi valides que possible. Ceci nécessite d'articuler l'évaluation sur les modèles théoriques élaborés par la recherche en neuropsychologie et en psychologie cognitive; ceci nécessite également de sélectionner les outils d'évaluation qui soient non seulement les plus pertinents d'un point de vue théorique, mais qui possèdent les qualités psychométriques les plus solides. C'est donc un point de vue résolument scientifique qui est adopté ici, rejetant délibérément toute méthode d'évaluation qui ne présenterait pas toutes les qualités de rigueur scientifique et psychométrique. De ce point de vue, nous nous démarquons clairement de certaines approches de l'évaluation psychologique peu soucieuses de la validité de leurs soubassements théoriques (telles que, par exemple, celles basées sur l'utilisation des méthodes projectives — test de Rorschach et autres), et pourtant encore trop souvent utilisées en psychologie clinique — y compris dans le domaine de l'expertise médico-légale, ce qui pose de notre point de vue un problème déontologique sérieux.

Le présent ouvrage se centre sur la situation particulière de l'expertise médico-légale. Il ne peut être considéré, le lecteur ne s'y trompera pas, comme un ouvrage décrivant les principes généraux de l'évaluation neuropsychologique. Le travail que réalise le neuropsychologue impliqué dans une expertise ne se démarque cependant pas fondamentalement de celui réalisé dans le cadre clinique habituel : il consiste à réaliser un bilan cognitif et à remettre au demandeur un rapport circonstancié. Néanmoins, en raison — notamment — des répercussions importantes, en particulier sur le plan financier et professionnel, que peuvent entraîner les conclusions d'un rapport neuropsychologique d'expertise, il convient d'exposer les particularités du bilan neuropsychologique réalisé dans le cadre de l'expertise médico-légale. C'est là l'objet du premier chapitre de ce livre, qui traite de questions aussi diverses que les critères de sélection des tests qui peuvent être utilisés en situation d'expertise, la relation entre la notion de «déficit» et celle de «handicap» — et, dans ce contexte, la prise en compte des difficultés telles qu'elles se manifestent dans la vie quotidienne du patient —, la rédaction du rapport d'évaluation, ou encore certains aspects déontologiques de l'évaluation neuropsychologique en situation d'expertise.

Le deuxième chapitre est particulièrement important dans la mesure où nous tentons d'y faire le point sur la question des déficits cognitifs (et, plus largement, psychologiques) qui font suite à des traumatismes crâniens légers et à des whiplash (le «syndrome d'accélération/décélération»), soit des conditions pathologiques qui sont caractérisées par l'aspect bénin des signes neuropathologiques (voire leur absence). Et pourtant, les plaintes émises par ces patients peuvent perdurer longtemps après l'accident, et elles peuvent avoir un impact parfois important sur leurs activités professionnelles et sur leur vie familiale. Avec ces patients, le neuropsychologue se doit de prendre en considération un certain nombre de facteurs qui peuvent interagir avec les difficultés cognitives (voire, dans certains cas, en expliquer l'origine ou la persistance), tels que la douleur chronique — maux de tête et maux de nuque —, la personnalité prémorbide, la médication ou encore, parfois, la tendance que pourrait avoir le patient à exagérer l'importance de ses difficultés. Il s'agit là de questions qui demeurent largement controversées dans la littérature et, au-delà de la revue de question qui est proposée dans ce chapitre, nous formulons des propositions visant à l'élaboration d'un bilan spécifique incluant des outils d'évaluation et des questionnaires dans le but d'appréhender les différents «facteurs confondants» susceptibles de jouer un rôle dans le tableau cognitif.

Dans le troisième chapitre, nous abordons la question des principes généraux qui doivent guider une évaluation neuropsychologique d'expertise. Le chapitre est constitué de deux parties : dans la première, consacrée à l'évaluation cognitive, nous présentons, outre le contenu et le déroulement du bilan neuropsychologique, la question difficile des normes, en soulignant le problème du manque de données normatives dont nous disposons pour certaines épreuves plus récentes, en particulier celles pour les populations moins scolarisées ou provenant de milieux socioculturels issus de l'immigration, par exemple. La deuxième partie de ce chapitre est consacrée à l'anamnèse, une étape du bilan neuropsychologique dont on ne souligne jamais assez l'importance, en particulier en situation d'expertise. Cette anamnèse, par laquelle commence tout examen, constitue en effet un moment privilégié au cours duquel le neuropsychologue recueillera des informations aussi diverses que celles relatives à l'origine socioculturelle du patient, à son passé médical, à l'évolution de ses difficultés, à l'impact de celles-ci sur ses activités quotidiennes, à la prise de conscience qu'il en a, etc. L'anamnèse est aussi ce moment par lequel le neuropsychologue apprend simplement à connaître le patient, à l'informer clairement du mandat qui est le sien, et à établir avec lui cette relation de confiance nécessaire au bon déroulement de l'examen.

Les trois chapitres suivants sont consacrés aux méthodes d'évaluation des troubles de la mémoire, de l'attention et des fonctions exécutives. Ceci ne recouvre pas l'ensemble du fonctionnement cognitif, mais concerne les domaines dans lesquels les patients en situation d'expertise — qui ont pour la plupart, rappelons-le, souffert d'un traumatisme crânien — présentent généralement des difficultés. Comme déjà mentionné, la présentation des stratégies et des outils d'évaluation se veut scientifique, et s'articule chaque fois sur les modèles théoriques qui paraissent les plus pertinents en neuropsychologie clinique. Dans chacun de ces chapitres, le lecteur trouvera donc un bref rappel théorique des modèles sur lesquels s'articulent les méthodes d'évaluation qui sont ensuite présentées. Outre l'importance d'une assise théorique solide, il est fondamental en situation d'expertise d'utiliser des outils aussi inattaquables que possible d'un point de vue psychométrique. Malheureusement, sur ce dernier point, des progrès doivent encore être réalisés. Quoi qu'il en soit, les qualités psychométriques (et en particulier la qualité des données normatives) des outils a constitué un des critères importants qui nous a guidés dans le choix des épreuves présentées dans ces chapitres.

L'évaluation de l'impact d'un traumatisme crânien ne peut pas concerner que la sphère cognitive. Il est évident que des difficultés affectant la sphère comportementale ou la réactivité émotionnelle — en un mot, des changements de personnalité — peuvent être consécutives à un trouble neurologique. Notons que ces difficultés peuvent être réactionnelles aux troubles cognitifs ou physiques dus à l'accident, mais aussi qu'elles peuvent elles-mêmes être directement liées aux lésions particulières présentées par le patient. Ces questions sont abordées dans le chapitre 7, où nous rappelons tout d'abord au lecteur ce qu'ont apporté les études qui ont exploré les relations cerveau-émotion, avant de présenter quelques méthodes d'évaluation des modifications du comportement et de la personnalité développées spécifiquement pour être administrées à des populations neurologiques.

Le point abordé par le dernier chapitre peut lui aussi s'inscrire dans le contexte des troubles de la personnalité faisant suite à un traumatisme crânien : c'est la problématique de l'exagération et de la simulation des troubles. L'objectif de toute expertise étant d'objectiver la réalité du dommage subi dans le but d'y apporter réparation, il peut arriver que certains patients cherchent volontairement à exagérer l'importance de leurs difficultés afin d'optimiser le dédommagement qu'ils pourront percevoir. Si l'éventualité d'une telle «tricherie» ne peut être exclue, il est vraisemblable que, dans de nombreux cas, l'exagération des difficultés ne soit pas volontaire, mais s'inscrive dans le cadre d'un «manque d'effort» qui peut avoir des origines aussi diverses que, par exemple, un problème dépressif — ou d'autres types de troubles psychopathologiques — ou simplement la motivation, parfois compréhensible dans ce processus particulièrement difficile pour le patient que constitue une expertise, de convaincre le neuropsychologue de la réalité des troubles dont il souffre depuis son accident.

Thierry Meulemans et Xavier Seron

NOTE

[1] Nous n'évoquerons pas dans cet ouvrage les difficultés spécifiques que peut rencontrer le neuropsychologue appelé à témoigner directement au tribunal. Le lecteur intéressé pourra consulter certains articles qui traitent directement de cet aspect du travail d'expertise (voir Aurich, 1990 ; Guilmette & Hagan, 1997 ; Varney, 1990).

Chapitre 1
Les spécificités de l'expertise

1. INTRODUCTION

L'examen neuropsychologique pratiqué dans le cadre de l'expertise médico-légale présente un certain nombre de particularités. La principale étant bien sûr l'objectif poursuivi : établir l'existence d'un dommage pouvant conduire à une réparation suite à un accident qui a provoqué une lésion ou un dysfonctionnement cérébral. Pour le neuropsychologue, le dommage correspond à l'existence de déficits cognitifs, de troubles du comportement et/ou de changements de personnalité consécutifs à l'accident auquel a été confronté le patient. A certains égards, le bilan neuropsychologique dans le cadre d'une expertise est un bilan classique puisqu'il s'agit bien pour le neuropsychologue, comme dans le cas d'un examen réalisé dans un but diagnostique ou dans la perspective d'une rééducation, de dresser l'inventaire le plus précis possible des fonctions demeurées intactes et de celles qui se trouvent altérées suite à la lésion cérébrale. Ainsi, pour l'essentiel, et à l'exception des tests visant à établir la bonne collaboration du patient (voir sur ce point le chapitre « L'exagération et la simulation des troubles »), les tests administrés au cours d'un bilan d'expertise ne sont pas différents de ceux qu'utilisent les neuropsychologues dans leurs bilans standard. Cependant, les objectifs particuliers de l'examen d'expertise exercent un certain nombre de contraintes sur la sélection des tests et sur le travail interprétatif demandé au neuropsychologue.

2. LA SÉLECTION DES TESTS : PRIORITÉ AUX ÉPREUVES BIEN STANDARDISÉES

Au niveau de la sélection des tests, le neuropsychologue sera le plus souvent amené à choisir, parmi l'ensemble des tests qu'il a à sa disposition, ceux qui sont les mieux standardisés. Dans un bilan neuropsychologique, il peut arriver que le neuropsychologue propose au patient des épreuves qui viennent d'être créées par l'équipe locale, ou qui résultent d'un travail de recherche récent, et qui sont pratiquées au sein d'un questionnement clinique pour répondre à un problème d'interprétation des déficits présentés par un patient. Le neuropsychologue est alors parfaitement conscient qu'il utilise un outil à propos duquel il ne peut pas encore établir avec précision comment se comporterait un groupe contrôle de sujets normaux appariés en âge et en niveau socioculturel avec le patient. Le clinicien décide de pratiquer ce type de test lorsqu'il pose une question particulière : comprendre la structure intime d'un trouble cognitif ou vérifier le bien-fondé d'une nouvelle hypothèse.

Dans les expertises toutefois, l'utilisation de méthodes peu éprouvées et faiblement standardisées est à éviter. En effet, le neuropsychologue, qui ne connaît pas pour ces tests l'étendue de la variation des performances acceptable chez les sujets normaux, ne peut donc affirmer avec suffisamment de rigueur dans quelle mesure le patient y présente ou non une performance déficitaire.

Il y a encore quelques années, ceci obligeait le clinicien à choisir des épreuves issues de la tradition psychométrique (telles que les échelles d'intelligence et de mémoire élaborées par Wechsler, par exemple; voir Wechsler, 1997, 2001), qui seules possédaient ces qualités psychométriques nécessaires (en termes d'étalonnage notamment) dans un contexte d'expertise. Il faut toutefois signaler que la situation a évolué, et qu'on dispose aujourd'hui en neuropsychologie d'épreuves issues de l'approche cognitive, et pour lesquelles un solide travail de normalisation et de validation a été réalisé. L'utilisation de ces outils dans le cadre de l'expertise enrichit considérablement, au plan qualitatif, la compréhension que peut avoir le neuropsychologue du tableau cognitif de son patient. En effet, les développements récents de la neuropsychologie cognitive ont permis de décrire des niveaux du fonctionnement cognitif qui n'étaient pas pris en compte par les approches psychométriques traditionnelles. C'est une des raisons pour lesquelles nous défendons une approche de l'expertise en neuropsychologie qui soit fondée au plan théorique ; cette approche donne en effet au neuropsychologue la possibilité de réaliser une exploration fine du fonctionnement cognitif, envisageant pour chacune des fonctions cognitives différents niveaux d'évaluation tenant compte des différents types de traitements ou des niveaux de fonctionnement mis en évidence par les modèles théoriques actuels. Le lecteur trouvera une présentation de certains de ces outils d'évaluation dans les chapitres consacrés à l'évaluation des fonctions mnésiques, des fonctions exécutives et des fonctions attentionnelles.

3. LE TRAVAIL INTERPRÉTATIF : INVALIDITÉ, INCAPACITÉ ET HANDICAP

Quoi qu'il en soit des progrès, tant théoriques que méthodologiques, réalisés ces dernières années en ce qui concerne l'évaluation du fonctionnement cognitif, tout le monde s'accorde aujourd'hui pour dire que l'évaluation de l'impact d'une lésion cérébrale sur le fonctionnement d'une personne ne peut se limiter à l'administration de tests «de laboratoire», dont le but premier consiste à identifier, au sein d'une architecture cognitive, le ou les composants qui se trouvent altérés. Si cette compréhension de la nature précise du trouble du patient reste un objectif essentiel de toute évaluation neuropsychologique, il est tout aussi important pour le neuropsychologue de s'interroger sur la validité écologique des évaluations qu'il pratique. En effet, les fonctions cognitives s'exercent et se déploient dans des situations concrètes, et ce sont les conséquences du déficit cognitif dans la vie quotidienne qui donnent la vraie mesure du préjudice encouru par le patient.

Le problème de la validité écologique des examens neuropsychologiques constitue en fait, depuis de nombreuses années, une préoccupation importante des cliniciens et des chercheurs en neuropsychologie. Cette question se pose habituellement dans les termes suivants : dans quelle mesure les situations et le contenu des examens neuropsychologiques constituent-ils de bons prédicteurs des capacités du patient à réaliser normalement les activités de sa vie quotidienne ? En neuropsychologie, cette préoccupation provient de l'évolution des pratiques cliniques, qui sont de plus en plus régulièrement concernées par les questions de réadaptation (voir Seron & Van der Linden, 2000). La validité écologique de l'évaluation neuropsychologique intervient également, et de manière centrale, dans le cadre de l'expertise et de la réparation du dommage corporel. Le tort causé à un patient sur le plan de son fonctionnement cognitif ne peut en effet être évalué seulement à partir de ses résultats à un bilan neuropsychologique ; cette évaluation nécessite de la part du neuropsychologue qu'il recueille d'autres informations et qu'il réalise à partir des résultats aux tests un ensemble d'inférences quant aux conséquences des troubles cognitifs dans la vie quotidienne du patient. Comme on le verra par la suite, c'est une question difficile car un nombre considérable de facteurs entrent en ligne de compte dans ce travail d'inférence.

Ainsi, il n'est pas rare de se trouver confronté à des situations où une contradiction est observée entre les plaintes du sujet et les résultats obtenus aux tests. Deux cas de figure peuvent se présenter : il y a une plainte alors que les tests sont normaux ou, à l'inverse, il n'y a pas de plaintes mais les résultats aux tests sont déficitaires. Si le premier cas de figure peut soulever le problème de la simulation, d'une attitude revendicatrice ou de la bonne collaboration du patient, problèmes spécifiques sur lesquels nous reviendrons, la contradiction peut aussi provenir d'une insuffisance des tests neuropsychologiques à cerner certaines dimensions du fonctionnement cognitif du sujet. Le tableau inverse, c'est-à-dire l'absence de plainte dans le contexte d'un examen déficitaire pose également problème ; il peut s'agir d'un trouble anosognosique, d'une réaction de déni ou de l'existence de déficits antérieurs à l'accident qui sont identifiés par les tests mais qui ne constituent pas une nouveauté pour le patient.

Pour clarifier la question de la validité écologique des expertises neuropsychologiques, il est utile de rappeler les distinctions mises en avant par l'OMS dans le cadre d'une réflexion menée sur la classification internationale des maladies. Afin de dépasser les limites inhérentes à une vision exclusivement médicale des maladies, il a été proposé, il y a plusieurs années déjà, de créer, à côté d'une classification des maladies, une classification internationale des *déficiences*, des *incapacités* et des *handicaps* (ICIDH; Wood, 1989). Cette analyse complémentaire propose plusieurs distinctions. A l'origine, il y a la *maladie* qui provoque des *déficiences*, lesquelles affectent les fonctions ou les structures des organes. Ces déficiences génèrent à leur tour des *incapacités* touchant les comportements et les activités de la personne. Enfin, il en résulte des *handicaps* qui sont interprétés comme l'effet des déficiences sur la vie quotidienne du patient compte tenu des rôles et du statut social qu'il occupe dans la société. Dans le cas de l'expertise en neuropsychologie, l'adoption de ce point de vue fournit la séquence suivante : *la maladie* — un traumatisme crânien — entraîne une *déficience* — des lésions bifrontales — qui résulte en une *incapacité* — un désordre des fonctions exécutives —, laquelle génère à son tour un ensemble de *handicaps* dans la réalisation des activités professionnelles, dans la planification des actions dans la vie quotidienne, etc. (figure 1).

Dans la séquence habituelle des démarches d'expertise, chacun de ces niveaux est envisagé et peut être relié à des éléments objectifs. Ainsi, il s'agit tout d'abord d'établir la *maladie* ou la *cause initiale*; par exemple, il faut établir qu'il y a bien eu traumatisme crânien, intoxication aux produits solvants, rupture d'anévrisme, whiplash, etc. Il faut ensuite cerner les *déficiences* qui en résultent. On procède au constat des déficiences à partir de l'examen clinique neurologique et des investigations neuro-anatomiques (scan, fMRI...) et neurofonctionnelles (électroencé-

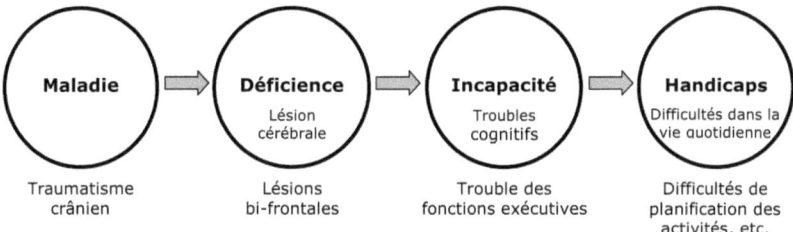

Figure 1 — Analyser l'impact d'une lésion cérébrale sur le fonctionnement cognitif implique la prise en compte de difficultés susceptibles d'apparaître à différents niveaux.

phalographie, potentiels évoqués...). Enfin, sur le plan du fonctionnement cognitif, le bilan neuropsychologique permet d'établir les *incapacités cognitives* qui en résultent (troubles de la mémoire épisodique, de la production de langage, etc.). Le bilan neuropsychologique participe aussi — bien que cette dernière étape ne reçoive pas toujours l'attention qu'elle mérite — à la détermination des *handicaps* qui résultent des incapacités du sujet.

> En neuropsychologie cognitive, la distinction entre *déficit*, *incapacité* et *handicap* est également parfois utilisée dans une acception quelque peu différente, ne prenant pas en compte la dimension organique car centrée sur la relation entre le niveau «cognitif» (c'est-à-dire l'altération d'un niveau de traitement de l'information particulier, en regard d'un modèle théorique) et les difficultés dans la vie quotidienne. Dans cette perspective, le déficit renvoie au dysfonctionnement ou à l'altération de mécanismes cognitifs identifiés dans un modèle théorique, l'incapacité aux conséquences du déficit dans des tâches spécifiques et le handicap aux conséquences de ces troubles sur la personne du patient dans sa vie privée et sociale. Par exemple au niveau du langage, le déficit pourrait être «un déficit d'accès au lexique phonologique de sortie»; les incapacités se manifesteront dans les différentes activités verbales nécessitant l'usage de ce lexique (lecture à voix haute, répétition orale et langage spontané); et le handicap renverra aux conséquences de ces incapacités sur la vie personnelle du patient, sur son ajustement familial et social.

Il est cependant important de souligner ici que, dans le contexte de l'expertise, un sens quelque peu différent est parfois donné à certains de ces termes par les médecins experts et par les juristes; nous reviendrons, dans une section ultérieure, sur ces particularités qu'il est bon que le neuropsychologue connaisse.

Quoi qu'il en soit, il est évident que les objectifs de l'évaluation seront toujours *in fine* à mesurer à l'aune de la dimension la plus globale. Une évaluation adéquate est donc celle qui arrive à se prononcer sur les conséquences des déficits observés dans la vie quotidienne du patient.

Nous verrons plus loin quels dispositifs spécifiques peuvent être mis en place pour répondre à cette question.

L'examen de ces différents niveaux d'analyse permet d'identifier deux problèmes délicats qui se posent de manière récurrente et spécifique dans l'expertise neuropsychologique. Le premier concerne l'établissement d'un rapport entre la maladie et les incapacités lorsque les déficiences sont peu ou faiblement établies; le deuxième concerne la nature des relations entre les incapacités et les handicaps.

3.1. Le rapport «maladie-incapacité»

Les rapports entre la maladie et l'incapacité qui en résulte ne posent guère de problème lorsque les déficiences sont solidement établies. Ainsi, lorsqu'un patient présente, après un traumatisme crânien sévère, un ramollissement hémisphérique gauche étendu entraînant un trouble sévère du langage (une aphasie globale, par exemple), il est relativement simple d'établir entre ces deux ordres de phénomènes un lien de causalité. Il est en effet solidement établi que la partie moyenne de l'hémisphère gauche abrite chez la très grande majorité des sujets l'essentiel des réseaux nerveux qui sous-tendent le langage. Il en résulte donc logiquement qu'une altération étendue du fonctionnement ou de la structure de ces réseaux entraîne une altération sévère des capacités de produire et de comprendre du langage. L'examen neuropsychologique se bornera ici à cerner au mieux la sévérité des troubles du langage et les différents registres de communication qui se trouvent de la sorte altérés.

Les questions sont infiniment plus complexes lorsque la cause initiale (maladie ou traumatisme) entraîne des incapacités plus ou moins étendues *alors que la déficience n'est pas clairement établie* (figure 2).

C'est le cas par exemple des traumatismes crâniens légers et encore plus régulièrement des whiplash (qui surviennent à l'occasion d'un mouvement brusque de projection en arrière de la tête lors d'un accident, accompagné ou non d'un choc sur le crâne; voir le chapitre «Traumatismes crâniens légers et whiplash»). La situation est ici rendue plus délicate par le fait que ces événements traumatiques n'entraînent souvent aucune déficience objectivable. Par exemple, dans le cas des whiplash, l'examen clinique neurologique est habituellement normal et les images au scanner ou à l'IRM sont souvent non contributives; cependant, un certain nombre de ces patients présentent aux tests neuropsychologiques des incapacités patentes dans le domaine de l'attention, de la mémoire et des fonctions exécutives.

Figure 2 — Dans le cas d'un traumatisme crânien léger ou d'un whiplash, la déficience n'est souvent pas objectivement démontrée.

Cette absence de déficiences objectivées conduit à une disparité d'attitudes parmi les experts. Certains nient l'existence de ces incapacités ; d'autres en reconnaissent l'existence, mais refusent de les relier causalement à l'événement traumatique ; d'autres enfin proposent qu'il en soit tenu compte dans l'évaluation du dommage. Les experts qui mettent en doute le lien « maladie-incapacité » avancent habituellement deux hypothèses : dans la première, il est suggéré que le patient ne présente pas d'incapacités, mais qu'il les produit dans le but d'obtenir une compensation financière (il simulerait donc des déficits cognitifs) ; dans la deuxième, on accepte l'idée qu'il existe effectivement des incapacités, mais celles-ci relèveraient de troubles d'ordre psychiatrique ; il s'agit donc bien d'incapacités réelles, mais qui ne sont pas à relier à une déficience organique en tant que telle. Les auteurs qui mettent en doute le lien « maladie-incapacité » en l'absence de déficiences identifiables appuient en outre leurs doutes sur une réalité incontournable : *tous* les patients atteints de whiplash ou de traumatismes crâniens légers ne présentent pas d'incapacités. Dans cette perspective, il est alors suggéré que seuls ceux qui avaient avant le traumatisme une personnalité particulière, ou seuls ceux qui désirent obtenir un avantage financier ou la reconnaissance d'un handicap présentent les incapacités décrites dans la littérature.

Au contraire, les auteurs qui proposent de prendre en compte des incapacités cognitives là où l'identification d'une déficience organique fait défaut avancent généralement l'idée que les traumatismes légers et les whiplash ne sont pas nécessairement identiques entre eux quant aux effets qu'ils ont sur le parenchyme cérébral. Dans une telle perspective, le fait qu'un sous-ensemble seulement des patients présente des incapacités n'est donc pas étonnant. Et il est suggéré que les patients qui se plaignent font partie du sous-groupe chez qui les événements traumatiques ont provoqué des déficiences aujourd'hui non détectables compte tenu des limites des moyens d'investigation à notre disposition. La question est donc rendue délicate par l'absence de déficiences avérées qui laisse en suspens trois interprétations divergentes : tentative de simulation, présence de troubles psychiatriques associés, déficiences réelles mais non repérables. Nous reviendrons plus en détail sur ces questions dans le chapitre consacré à l'exagération et à la simulation des troubles ainsi que dans celui consacré aux traumatismes crâniens légers et aux whiplash.

3.2. Le rapport entre incapacité cognitive et handicap

Le travail du neuropsychologue expert serait relativement simple si, après avoir administré ses tests, il pouvait, sans plus, évaluer à partir des scores obtenus les handicaps encourus. La question est cependant infiniment plus complexe et le passage de l'invalidité au handicap nécessite souvent le développement d'une véritable cascade d'inférences. Dans un premier temps, nous aborderons cette question dans la vie actuelle du patient. Dans un deuxième temps, nous l'examinerons de manière davantage prospective, c'est-à-dire en incluant dans notre réflexion des facteurs qui tiennent compte d'éléments en rapport avec la vie future du patient.

3.2.1. Handicap et vie actuelle

A ce premier niveau d'analyse, ce qui est en jeu dans l'évaluation du handicap peut être formulé comme suit : le patient peut-il, après son atteinte cérébrale, accomplir normalement, c'est-à-dire comme il les accomplissait auparavant, les activités de sa vie quotidienne ? Un médecin peut-il toujours exercer l'art de guérir, un facteur peut-il encore poster correctement le courrier et un étudiant peut-il continuer à suivre les cours de l'année dans laquelle il se trouve engagé ? On doit cependant tenir compte du fait que, l'expertise neuropsychologique ayant souvent lieu plusieurs années après le traumatisme, cette question se pose le plus souvent longtemps après l'accident. Le neuropsychologue dispose donc déjà, par le biais de l'anamnèse, d'un ensemble d'informations qui lui permettent de voir comment s'est réalisée, chez le patient, l'adaptation à la vie quotidienne. Par exemple, sur le plan de la scolarité, on peut examiner si le sujet a continué ses études sans redoublement, s'il a poursuivi ses études dans la même section, s'il s'est orienté vers une orientation plus faible, s'il a dû changer d'établissement, s'il a renoncé à ses études, etc. De même, sur le plan professionnel, on peut voir si la personne a repris son travail, à quel moment après l'accident, à quel rythme, avec quel taux d'occupation... On peut examiner s'il a dû changer d'activité, s'il a été congédié ou s'il a été muté vers une fonction inférieure, etc.

Dans l'évaluation des difficultés encourues dans la vie quotidienne suite à l'objectivation de déficits cognitifs, le neuropsychologue aura à l'esprit tout un ensemble de variables qui interviennent et qui devront guider son travail d'inférence. En premier, il se souviendra qu'il n'y a pas de liaisons directes entre les performances cognitives et les capacités d'adaptation à la vie quotidienne. De nombreux travaux — principalement dans le domaine du langage et dans celui de la mémoire — montrent en effet que les résultats aux tests neuropsychologiques sont de médiocres prédicteurs des compétences du sujet dans sa vie quotidienne. Cette absence de liaison directe est due à tout un ensemble de facteurs que nous ne pouvons passer en revue de manière exhaustive, mais qui sont essentiellement les suivants : le problème d'échantillonnage, les difficultés liées au fait que le contexte dans lequel l'examen a lieu est très différent des conditions de vie quotidienne du patient, la question de la surcharge mentale dans laquelle les patients peuvent se trouver en situation «réelle», ou encore la fréquence d'apparition des situations-problèmes.

3.2.1.1. Le problème d'échantillonnage

Les tests neuropsychologiques, qui examinent un ensemble assez étendu de fonctions cognitives de base, peuvent néanmoins passer à côté de certains processus qui interviennent dans la vie quotidienne et qui ne sont dès lors pas explorés lors des examens de routine. Cette question se pose à deux niveaux différents, selon que ces activités concernent les processus cognitifs de base ou les connaissances et les savoir-faire spécifiques d'un patient.

La question des processus cognitifs de base n'est pas insurmontable, et peut généralement être résolue par l'administration d'un deuxième examen. En effet, lors d'une expertise, il peut arriver qu'un patient ne se plaigne pas de troubles dans un domaine particulier, et qu'il apparaisse par la suite (notamment après l'obtention de données de l'imagerie médicale ou à l'occasion de l'interrogatoire d'un proche) qu'un trouble non suspecté puisse exister. Il convient alors de compléter l'évaluation et d'examiner des dimensions de l'activité cognitive qui n'ont pas été sondées parce qu'elles sont assez rarement perturbées dans le cadre habituel d'une expertise (par exemple, un déficit de mémoire procédurale ou une difficulté particulière d'accès à un sous-ensemble du lexique, ou encore une agnosie sélective, etc.).

D'une manière générale, cependant, comme on le verra dans les chapitres consacrés à l'évaluation, le neuropsychologue, en examinant les processus mnésiques, attentionnels et exécutifs, couvre le plus souvent l'ensemble des dimensions cognitives qui peuvent se trouver altérées dans le cadre de l'expertise médico-légale.

Le rapport entre le bilan neuropsychologique et les savoir-faire et les connaissances spécifiques liées par exemple à l'activité professionnelle d'un sujet pose un problème beaucoup plus délicat. En effet, un neuropsychologue peut se prononcer sur les capacités de mémorisation d'informations nouvelles, sur l'état de fonctionnement des grands domaines de l'activité cognitive (attention, mécanismes perceptifs, raisonnement, fonctions exécutives, etc.), ainsi que sur le maintien des connaissances antérieures encyclopédiques et autobiographiques générales. Il lui est par contre beaucoup plus difficile de se prononcer sur le maintien des connaissances et des savoir-faire professionnels acquis antérieurement par le patient. Cette question est bien sûr cruciale puisqu'il s'agit d'établir si le sujet — qu'il soit médecin, ingénieur ou chauffeur de taxi par exemple — dispose encore des connaissances nécessaires à la pratique de son activité professionnelle.

> Dans le cadre d'une expertise, nous avons rencontré un patient déjà âgé, chercheur en histoire, qui avait conservé en mémoire un ensemble très étendu d'informations sur la trajectoire de nombreuses familles d'origine juive pendant l'occupation allemande. Ce patient n'avait pas mis ces données sur fichiers informatiques, et il nous indiquait éprouver depuis son accident des difficultés à retrouver ces informations en mémoire, ce qui bien sûr le perturbait sur le plan de ses activités professionnelles. Il se sentait ainsi désespéré à l'idée que ces informations, qui n'étaient regroupées de manière particulière que dans son cerveau, risquaient d'être perdues à jamais !

À cet égard, lorsque les troubles cognitifs ne sont pas à ce point graves qu'ils empêchent la pratique de l'activité professionnelle, la question du maintien ou de l'altération des connaissances et des savoir-faire antérieurs nécessite le plus souvent la conduite d'une évaluation professionnelle complémentaire menée soit par des experts qualifiés (des ergonomes), soit, comme cela se pratique plus couramment, par les pairs du patient. D'une manière générale, on soulignera qu'un nombre considérable de variables interviennent dans la définition du handicap au plan professionnel. Relevons, de manière non exhaustive : le rythme de travail, le fait de travailler seul ou en équipe, le niveau de responsabilité exercé, la présence ou l'absence de contrôles externes sur l'activité du sujet, son niveau habituel d'investissement, le caractère routinier ou non de l'activité, la nécessité de prises de décisions rapides, la mise à jour régulière des connaissances, le degré de compétitivité entre les collègues, etc.

On se méfiera ici d'un *a priori* classique qui consiste à imaginer que seules les activités intellectuelles recrutent les fonctions cognitives de haut niveau. Il peut en effet paraître assez naturel d'imaginer qu'il existe une équation simple reliant la sévérité du handicap résultant de troubles cognitifs au caractère plus ou moins intellectuel d'une profession. Dans une perspective de ce type, les professeurs d'université, les joueurs d'échecs, les stratèges financiers, les avocats et les médecins souffriraient d'un handicap plus important à la suite d'une altération de leur fonctionnement cognitif que, par exemple, un boulanger, un chauffeur de taxi ou un plombier. Mais il s'agit là d'une erreur d'appréciation : un chauffeur de bus devient incapable d'exercer son métier s'il présente des troubles de l'attention, un taximan s'il est désorienté dans l'espace et un maçon s'il ne maîtrise plus la géométrie euclidienne. En fait, les données à disposition dans la littérature indiquent au contraire et de manière récurrente que le niveau de qualification de l'activité professionnelle et le statut socio-économique sont des paramètres importants qui, lorsqu'ils sont élevés, ont une incidence positive sur le retour au travail après un traumatisme crânien léger.

3.2.1.2. La question du contexte

Les tests neuropsychologiques sont pratiqués dans des conditions qui sont souvent différentes de celles de la vie quotidienne. Par exemple, dans le domaine de la mémoire épisodique, la plupart des examens neuropsychologiques soumettent les patients à des tâches de mémorisation intentionnelle et rétrospective : un matériel (une liste de mots ou un ensemble de dessins) est présenté au sujet qui est prévenu qu'il doit le mémoriser car il lui sera demandé ultérieurement de le rappeler. De plus, au moment où il présente le matériel à mémoriser, le neuropsychologue fait attention à ne pas être dérangé et il se place en face à face avec le patient dans un local calme. Le matériel est présenté à un rythme régulier et, après un laps de temps défini à l'avance, le sujet est invité à le rappeler (éventuellement, la procédure prévoit que des indices ou une tâche de reconnaissance soient proposés). Dans la vie de tous les jours, on est beaucoup plus souvent exposé à des apprentissages incidents. Par exemple, lorsqu'un sujet écoute les nouvelles à la radio, il ne réalise aucun effort explicite pour les mémoriser. Il est rare également que des informations à mémoriser soient présentées dans un environnement contrôlé. Au contraire, le plus souvent, les informations sont présentées alors que le sujet est en train de faire autre chose, ou encore dans le décours même d'une activité. De même, dans la vie de tous les jours, le moment où il convient de se souvenir d'une information n'est habituellement pas signalé par quelqu'un d'autre. A l'inverse, dans la plupart des tests, c'est le psychologue qui demande le rappel explicite des mots présentés quelques minutes auparavant. Or, les patients se plaignent souvent de déficits en mémoire prospective (c'est-à-dire des actions à effectuer dans le futur : oubli d'acheter le pain en rentrant du travail ou encore oubli d'aller contrôler au four la cuisson d'un plat).

> On oppose la mémoire prospective à la mémoire rétrospective. Alors que, dans la mémoire rétrospective, il s'agit de se souvenir d'informations apprises dans le passé, la mémoire prospective concerne quant à elle la capacité à se rappeler d'actions à effectuer dans le futur. Notons que les tests classiques de mémoire sont des tests de mémoire rétrospective ; les capacités de mémoire prospective sont plus rarement explorées dans un bilan neuropsychologique.

Il en va de même pour les autres fonctions cognitives : les test standardisés de langage se font dans des environnements contrôlés, avec des logopèdes expérimentés, alors que les patients se plaignent de ne pas comprendre ce qu'on leur dit dans un atelier bruyant, lors de conversations à plusieurs ou encore au téléphone, lorsqu'ils ne peuvent voir le visage de leur vis-à-vis. Et il n'en va pas autrement pour certains tests d'attention. Ainsi, bien des patient se plaignent de difficultés d'attention soutenue survenant le soir ou en milieu de journée, après quatre ou cinq heures de travail, alors que les tests neuropsychologiques destinés à évaluer l'attention sont le plus souvent courts et administrés lorsque le patient n'a pas déjà derrière lui une journée de travail !

3.2.1.3. La surcharge mentale

Il n'est pas rare que les patients signalent des oublis, des distractions, des difficultés de concentration, des difficultés de raisonnement dans des contextes particuliers, qui semblent indiquer que l'origine de leurs difficultés tient à une limitation de leurs capacités de traitement. Les difficultés apparaissent en effet lorsque les patients doivent réaliser plusieurs choses en même temps, lorsqu'ils sont en train de faire quelque chose et qu'ils sont dérangés dans leur activité, ou encore lorsqu'ils doivent réaliser une activité sous contrainte temporelle ou dans un environnement distracteur. Ils peuvent également éprouver des difficultés si l'activité doit être interrompue ou si elle comporte des aspects nouveaux et imprévus, ou encore si elle doit être réalisée plus rapidement que d'habitude. Toutes ces situations recrutent les fonctions exécutives (voir le chapitre « L'évaluation des fonctions exécutives ») et peuvent créer une surcharge mentale pour les patients. Certains tests ont pour fonction de cerner ces processus particuliers, mais il faut bien reconnaître qu'ils ne les reproduisent qu'imparfaitement.

En effet, pour l'essentiel, le bilan neuropsychologique est constitué de tests qui visent à cerner de la manière la plus spécifique possible certains composants cognitifs. Tel test est censé mesurer une composante attentionnelle, tel autre une activité langagière, tel autre encore la capacité de réaliser correctement des gestes intentionnels. Chacune de ces fonctions est ainsi examinée pour elle-même, et le neuropsychologue peut en évaluer le degré de préservation ou de détérioration. Dans les activités de la vie quotidienne, ces différents composants sont recrutés dans des situations très variées, et souvent de manière simultanée. Il en résulte qu'il n'est pas rare de voir des fonctionnements qui paraissent intacts aux tests se traduire par des déficits dans la vie quotidienne. Il est fréquent de recueillir dans une anamnèse une plainte relative à des troubles de la mémoire — le patient signale oublier le contenu d'une conversation ou un rendez-vous auquel il avait promis de se rendre — et ensuite observer que, dans les tâches de mémoire épisodique, il obtient des résultats normaux. Souvent, il n'y a là aucun paradoxe. Simplement, lors du test de mémoire, le patient est en mesure, pendant un court laps de temps, de se concentrer pendant la présentation des mots et donc d'en réaliser un bon encodage. Dans la vie de tous les jours, le patient oubliera le contenu d'une conversation parce que, au moment où ce message lui est adressé, il est occupé à réaliser une autre activité et présente de ce fait une limitation de ses ressources pour réaliser un bon encodage de ce qu'il doit retenir. Le patient peut aussi avoir une tendance aux ruminations (comme cela peut être le cas chez des personnes dépressives), lesquelles occupent son espace mental et peuvent interférer avec les activités de mémorisation, etc.

3.2.1.4. La fréquence d'apparition des situations-problèmes

Un déficit cognitif entraînera un handicap plus ou moins important en fonction du nombre de situations de la vie quotidienne susceptibles de recruter les processus déficitaires. Une difficulté d'adaptation peut n'avoir qu'une importance relative si les situations dans lesquelles elle se manifeste sont rares. La notion de handicap inclut en effet une référence à la fréquence d'exposition aux situations problèmes. Présenter des difficultés d'expression orale dans des situations de conversation à plusieurs est sans doute plus gênant pour un délégué commercial en contact permanent avec la clientèle que pour un comptable travaillant dans un bureau isolé et sur base de documents écrits.

A l'inverse, si les activités de la vie journalière sont habituellement moins contrôlées et plus complexes que les situations générées pour la pratique des examens neuropsychologiques, elles ont l'avantage de se dérouler dans des environnements ou de mettre en œuvre des fonctionnements cognitifs pour lesquels certains patients sont devenus des experts.

3.2.2. Handicap et vie future

L'évaluation du dommage encouru ne peut se limiter à l'examen de ses conséquences sur la situation actuelle du patient. La question du futur du patient se pose de manière triviale lorsque le bilan neuropsychologique est réalisé chez un sujet jeune qui n'a pas terminé sa scolarité. Ainsi, si un adolescent qui a subi un traumatisme crânien peut reprendre ses études et s'il les réussit, il reste à se demander si ces études étaient bien celles qu'il avait envisagé de suivre avant son accident, ou s'il a dû revoir ses ambitions scolaires et professionnelles à la baisse. Dans le cadre des dossiers d'expertise de sujets jeunes, il nous paraît dès lors indiqué de poursuivre les bilans jusqu'à la fin de la scolarité du sujet, et de ne pas clore définitivement le dossier avant ce moment.

Mais le problème de l'évolution future du sujet se pose également chez l'adulte. Un sujet qui manifeste après un accident cérébral une diminution de ses compétences attentionnelles ou mémorielles peut ne pas se trouver en difficulté au travail parce qu'il exerce son métier depuis longtemps et que le haut niveau d'expertise auquel il est parvenu lui a permis de conserver cette activité et d'y manifester une efficacité comparable à celle qui était la sienne avant l'accident. Ce patient expérimenté a certes conservé ses compétences professionnelles actuelles, mais il risque demain de se trouver en difficulté s'il doit acquérir dans le cadre de son travail de nouvelles habilités.

> Les difficultés d'adaptation des patients à des situations nouvelles sont bien connues des rééducateurs. Ainsi, dans le centre de Revalidation des Cliniques Saint-Luc, Madame Coyette a réappris à des patients amnésiques le vocabulaire de base et le maniement élémentaire d'un ordinateur de type «PC». Certains patients, suite à ce réapprentissage, ont été capables de reprendre une activité professionnelle ou d'utiliser un PC à la maison. Toutefois, ces patients se trouvent régulièrement en difficulté lorsqu'ils sont amenés à utiliser des logiciels (traitement de texte, tableur...) qui ne sont pas strictement identiques à ceux sur lesquels ils ont travaillé pendant leur rééducation. Ils doivent alors revenir au Centre pour y bénéficier d'un nouvel apprentissage et se familiariser avec les modifications intervenues.

3.3. L'incapacité : aspects juridiques

Dans les sections qui précèdent, nous nous sommes arrêtés sur l'utilité de la distinction entre invalidité, incapacité et handicap en neuropsychologie, et en particulier dans le domaine de l'expertise, car cette distinction permet de mieux appréhender les différents niveaux de difficulté qui doivent être pris en compte dans un bilan neuropsychologique d'expertise. Le lecteur pourrait cependant voir une ambiguïté dans l'utilisation que nous faisons de termes tels que «incapacité» et «invalidité». En effet, ces mots sont utilisés par les médecins experts et par les juristes dans des acceptions quelque peu différentes.

Rappelons tout d'abord que le principe de base de la réparation dans tout processus d'expertise médico-légale est de replacer la victime dans la situation où elle se serait trouvée si l'acte dommageable (par exemple, l'accident) n'avait pas eu lieu. Les médecins et les juristes impliqués dans l'expertise cherchent donc à répondre au mieux à cette double question : comment évaluer et comment réparer au mieux le dommage ? C'est dans ce but que se sont développées les notions d'invalidité et d'incapacité : l'invalidité est une notion médicale qui concerne dans le chef de la victime une atteinte à son intégrité physiologique ; plus largement, l'invalidité renvoie à toute atteinte à l'intégrité physique et/ou physiologique et/ou psychologique du patient (Matagne, 2001). Par contre, l'incapacité renvoie à l'inaptitude à exercer des activités, professionnelles ou autres. Ces deux notions sont donc essentiellement différentes : ainsi, l'invalidité n'entraîne pas nécessairement l'incapacité professionnelle.

Il est important que le neuropsychologue soit au courant des critères sur lesquels se base le juge pour déterminer la perte de capacité de la victime, car cela lui permettra d'orienter sa réflexion et l'analyse qu'il fera des difficultés du patient, et de mieux appréhender l'impact de l'accident sur la vie quotidienne — actuelle et future — de celui-ci. Au moment de rédiger les conclusions de son rapport, le neuropsychologue pourra, s'il connaît les différentes formes d'incapacité prises en compte dans le contexte de l'expertise médico-légale, fournir au médecin demandeur des indications utiles pour la détermination du dommage subi.

Nous ne prétendons pas faire le tour ici de l'ensemble des aspects juridiques touchant à l'évaluation et à l'indemnisation des victimes. Beaucoup de ces éléments sont de nature technique (par ex., réparation du dommage par la méthode de capitalisation ou de réparation forfaitaire, détermination du revenu professionnel du patient, etc.) et n'intéressent pas — ni directement, ni indirectement — le neuropsychologue.

Par contre, le neuropsychologue joue un rôle important pour la détermination du taux d'incapacité[1] ; à cet égard, les jurisprudences ne sont pas toujours claires, et le juge doit être convaincu de la justification apportée par rapport à tel ou tel aspect de l'incapacité. Dès lors, si le neuropsychologue estime que les déficits cognitifs entraînent des conséquences sur les activités quotidiennes du patient, et s'il pense que ces conséquences devraient être prises en compte, c'est à lui que revient la tâche de décrire de façon aussi convaincante que possible les difficultés que rencontre le patient dans sa vie quotidienne afin de persuader le juge (ainsi que le médecin expert à l'origine de la demande) du bien-fondé de leur prise en compte.

3.3.1. Les différentes formes d'incapacité

Au plan de la vie professionnelle, la perte de capacité peut s'exprimer par :
- une diminution de la valeur économique sur le marché du travail ;
- la nécessité d'efforts accrus que doit fournir la victime pour exercer son activité professionnelle (c'est l'incapacité ergonomique) ;
- une diminution des chances d'embauche ou du choix de la profession ;
- la difficulté accrue de retrouver un emploi identique en cas de perte de l'emploi actuel.

Les deux derniers points se rapportent à ce qu'on appelle l'incapacité «concurrentielle», c'est-à-dire à une perte de la capacité de concurrence sur le marché du travail.

Une distinction est également faite entre l'incapacité temporaire et l'incapacité permanente. En ce qui concerne l'incapacité temporaire de travail, celle-ci s'apprécie uniquement par rapport à l'activité exercée par le patient avant son accident. L'appréciation de l'incapacité temporaire nécessite de prendre en considération l'état (médical, cognitif...) du patient et les contraintes du poste de travail qu'il occupait (d'où la nécessité d'une analyse ergonomique du poste de travail). Mais la détermination de l'incapacité temporaire ne se limite évidemment pas aux activités professionnelles ; l'incapacité vise également la capacité générale de la personne, au niveau par exemple de ses activités ménagères, de ses activités de loisirs, etc. Quant à l'incapacité permanente, elle concerne elle aussi à la fois l'incapacité professionnelle (c'est-à-dire dans ce cas l'incapacité ergonomique, l'effort accru et l'incapacité concurrentielle) et l'incapacité extra-professionnelle ; la question n'est plus simplement de savoir dans quelle mesure le patient peut retrouver son niveau d'activité (professionnel et extra-professionnel) antérieur, mais est élargie à l'impact de l'accident sur les chances de promotion ou, d'une façon plus générale, sur la position du patient par rapport au marché du travail. Le rapport d'expertise médicale détaille donc classiquement trois notions distinctes : (1) l'invalidité, c'est-à-dire l'atteinte à l'intégrité physique et/ou psychique ; (2) l'incapacité professionnelle ; (3) l'incapacité extra-professionnelle et/ou ménagère.

3.3.2. Le taux d'incapacité

Le taux d'incapacité exprime en pourcentage la perte de capacité de la victime. Cette perte peut évidemment paraître quelque peu théorique lorsqu'elle est relative à des personnes qui n'ont jamais exercé d'activité professionnelle (des étudiants, des enfants...) ou encore à des personnes qui ne travaillent plus (telles que des pensionnés ou des chômeurs).

L'appréciation du taux d'incapacité permanente est faite en fonction de l'ensemble des occupations professionnelles *et autres* que la victime, compte tenu de ses aptitudes, aurait été capable d'exercer, c'est-à-dire au regard de ce qui lui est accessible en raison de son âge, sa formation et ses aptitudes. Ceci nécessite bien entendu de réaliser préalablement la description de l'état de la victime, d'où le recours à une expertise judiciaire (notons que le juge n'est pas tenu par la conclusion d'un expert, et qu'il peut toujours s'en éloigner), laquelle doit envisager la possibilité d'un éventuel état préexistant.

La « valeur économique » de la victime, qui s'exprimera à travers le taux d'incapacité permanente, doit être appréciée en fonction de l'ensemble du marché du travail qui lui est accessible. Il faudra tenir compte en particulier des efforts accrus que doit réaliser la personne, des éventuelles pertes de rémunération, de la difficulté de trouver un emploi identique en cas de perte de l'emploi actuel, de la perte d'une chance d'accéder à un grade supérieur, etc. Ainsi, le changement de profession ou la limitation du choix de celle-ci constituent un dommage matériel qui mérite indemnisation. Il s'agira bien sûr d'apporter la preuve que l'abandon de la profession est bien consécutif à l'accident, de même que la preuve du rapport de cause à effet entre cet abandon et l'accident.

On notera que, en Belgique, la jurisprudence n'est pas homogène en ce qui concerne la prise en compte d'une éventuelle augmentation salariale future. Dans certains cas, le tribunal prend en considération les hausses de salaire futures résultant de l'ancienneté, la perte de chance de promotion, ou encore le fait qu'il est vraisemblable que des fluctuations monétaires futures entraîneraient une hausse des salaires... Dans d'autres cas, la perspective d'une éventuelle augmentation salariale n'a pas été prise en compte, en raison notamment du fait qu'il s'agit d'un dommage éventuel incertain.

En ce qui concerne l'impact de l'accident sur les activités extra-professionnelles (telles que les activités de ménagère, le bricolage domestique, etc.), leur prise en compte par les Cours et Tribunaux belges semble loin d'être systématique. Par contre, la nécessité pour la victime de recourir à l'aide d'une tierce personne (même s'il s'agit de l'époux ou de l'épouse) constitue en soi un préjudice matériel, de même que la perte de capacité que subit une femme qui doit cesser en tout ou en partie son activité ménagère (bien que, là aussi, une grande disparité semble exister dans les avis rendus).

Enfin, il apparaît que, en Belgique, les jeunes enfants sont moins bien indemnisés que les adultes en raison du défaut d'éléments probants permettant d'évaluer leur valeur économique (les enfants n'ayant pas encore pu exercer une activité professionnelle). Ceci est regrettable dans la mesure où ils devront subir dans l'avenir et pendant de très nombreuses années des séquelles invalidantes, et qu'il est hautement prévisible que ces séquelles auront des répercussions si ce n'est sur le choix de leur profession, du moins sur la manière dont ils l'exerceront.

4. LA RÉDACTION DU RAPPORT

Les neuropsychologues sont, comme tous les professionnels dont la pratique repose sur des savoirs techniques et sur des concepts issus de disciplines scientifiques, confrontés au problème de la transmission de leurs observations et de leurs conclusions dans un vocabulaire compréhensible pour les personnes auxquelles elles sont destinées. Cette question est plus complexe qu'il n'y paraît de prime abord, car le rapport d'expertise est destiné à être lu par des professionnels qui ont des compétences de nature très différente. Le rapport peut en effet être consulté par un médecin expert, par un psychiatre, par un avocat, par un juge, mais aussi par un autre neuropsychologue auquel on peut demander soit de procéder à une contre-expertise, soit de procéder quelques années plus tard à un nouveau bilan.

Pour un expert non spécialisé en neuropsychologie, un texte tel que celui-ci sera difficilement compréhensible : «L'examen de l'administrateur central de la mémoire de travail indique un dysfonctionnement des mécanismes inhibiteurs révélé par la lenteur de lecture en situation d'interférence au test de Stroop ; par contre, au niveau de la boucle phonologique, on observe un contraste entre le mécanisme de récapitulation qui est altéré (voir l'absence d'effet de longueur aux empans verbaux) et le stockage phonologique qui paraît intact (voir l'effet de similarité phonologique)». Ces phrases, qui ne prennent sens que si elles sont lues par un neuropsychologue informé des positions théoriques du psychologue Alan Baddeley sur la structure interne et le fonctionnement de la mémoire de travail, paraîtront certainement hermétiques à la plupart des autres experts. Comme il ne sert à rien d'écrire des conclusions que les autres experts risquent de ne pas comprendre, la rédaction d'un rapport d'expertise doit être lisible, sans perdre toutefois en précision. Pour atteindre ces deux objectifs — clarté et précision —, il est important de distinguer dans le rapport le contenu des différentes parties.

D'une manière classique, un rapport d'expertise comporte trois parties :

1. un compte rendu de l'entretien que le neuropsychologue a eu avec le patient, reprenant les grandes lignes de son histoire pré- et post-traumatique (avec un accent particulier sur toutes les informations permettant de se faire une représentation de ses fonctions cognitives avant et après l'accident) ainsi que le relevé exhaustif de l'ensemble des plaintes actuelles du patient (voir à ce propos le chapitre « Principes de l'évaluation cognitive et de l'anamnèse en neuropsychologie ») ;

2. la présentation des tests administrés au patient et des résultats qu'il a obtenus ;

3. une partie conclusive qui met en rapport les données du bilan effectué avec les données médicales et lésionnelles, et qui se prononce sur l'existence ou pas d'un handicap.

Une manière de préserver la précision et la clarté du rapport consiste à écrire la partie consacrée à la présentation des tests avec le plus de détails possibles, afin que tout neuropsychologue lisant à son tour le rapport sache très précisément quels tests ont été administrés, quels ont été les résultats du patient et comment ils se situent par rapport aux normes disponibles. Bien que ces remarques semblent aller de soi, il est fréquent de ne pas trouver l'ensemble de ces informations dans le corps des rapports d'examen. Les principales sources d'imprécisions qui nous paraissent à éviter sont les suivantes :

1. Dans la mention des tests utilisés, il est important d'indiquer quelle version a été administrée. Les grands tests classiques comme la WAIS-III (Weschler Adult Intelligent Scale ; Wechsler, 2001) ou le PM38 (Raven, 1960) ont fait l'objet de mises à jour et de standardisations régulières ; compte tenu de l'évolution bien connue des performances à ce type de test avec la succession des générations, on sait que les normes attendues avec une version ancienne d'un test ne sont pas nécessairement identiques à celles espérées avec la version actuelle de la même épreuve. Par ailleurs, certains tests existent à la fois en version informatisée et en version papier ; ici aussi, il convient que l'on sache quelle modalité d'application a été utilisée. Enfin, il n'est pas rare que les tests de mémoire existent en plusieurs versions parallèles pour permettre le test-retest ; dans ce cas, indiquer la version utilisée est également indispensable pour que l'on puisse en changer à l'occasion d'une nouvelle administration.

2. Dans la présentation des résultats, il est aussi nécessaire de fournir les résultats bruts obtenus par le patient. Dans certains rapports, on ne présente comme seuls résultats que les écarts à la moyenne ou le percentile obtenu (par exemple : « le patient réalise au test d'attention sélective D2 une performance qui le situe au niveau du percentile 5 » ; ou encore : « le résultat obtenu par le patient au rappel différé du CVLT se situe dans les normes dans la mesure où il correspond à la moyenne de la population contrôle moins un écart type »). Ces informations doivent bien sûr s'y trouver, mais elles ne peuvent figurer seules. Il y a à cela plusieurs raisons. D'une part, les neuropsychologues n'utilisent pas nécessairement les mêmes données normatives ; dans ce cas, la seule information de déviance par rapport à la norme est insuffisante, car les échantillons sur lesquels ont été établis ces écarts n'ont pas nécessairement la même valeur diagnostique. Ceci est d'autant plus important qu'un ensemble de travaux en langue française ont lieu en ce moment, qui visent justement à étendre les données normatives en neuropsychologie afin d'améliorer la standardisation des tests (c'est notamment le cas pour l'évaluation des troubles mnésiques et des troubles des fonctions exécutives, pour lesquels un travail de validation et de normalisation multicentrique est en cours, réalisé sous l'égide du GRECO — Groupe de Réflexion sur l'évaluation Cognitive — et de la Société de Neuropsychologie de Langue Française). Enfin, l'écart à la norme est généralement calculé par tranche d'âge. Il en résulte qu'un patient qui a subi un test neuropsychologique un an auparavant et qui, à ce moment, obtenait un score inférieur à la moyenne peut, lors d'un bilan ultérieur, obtenir un score qui lui est supérieur, alors que sa performance n'a pas changé. Simplement lors du premier test, ce patient âgé de 59 ans par exemple a vu sa performance comparée à un groupe de sujets âgés de 50 à 59 ans et, un an plus tard, sa performance inchangée est à présent comparée à celle d'un échantillon de sujets âgés de 60 à 69 ans !

> Un exemple peut être donné avec le test de Grober & Buschke (un test de mémoire épisodique impliquant l'apprentissage d'une liste de mots). Un patient cérébrolésé de 49 ans donne, en rappel différé, 9 mots sur les 16 que comporte la liste, ce qui peut être considéré comme déficitaire (la moyenne pour le groupe d'âge 30-49 ans étant de 13,9 avec un écart type de 1,8). Le patient est revu pour un bilan de contrôle un an plus tard (il a maintenant 50 ans), et réalise avec une forme parallèle de l'épreuve une performance en rappel différé un peu moins bonne que lors de l'évaluation précédente : il rappelle 8 mots sur les 16 de la liste. Mais cette fois, son score est considéré comme normal car, pour la tranche d'âge 50-64 ans, la moyenne du groupe contrôle est de 12,2 mots, avec un écart type de 2,7.

3. Dans la présentation des normes utilisées pour situer la performance du patient, chaque fois que les normes de référence ne sont pas celles qui ont été établies lors de la création du test, il est important de signaler

quelles normes ont été utilisées. S'il n'y a aucune raison de signaler la source des normes lorsqu'elles proviennent d'un test publié par une maison d'édition standard, on se souviendra que, en neuropsychologie, certains tests sont corrigés avec des normes locales plus ou moins étendues et plus ou moins fiables. Il convient que chacun puisse savoir quelles sont les éventuelles faiblesses des normes utilisées dans l'évaluation d'un déficit cognitif.

> Nous présentons ci-dessous deux exemples de présentation de résultats obtenus par un même patient à une même épreuve, tels qu'on peut les trouver dans un rapport d'examen neuropsychologique. Dans l'exemple A, la présentation comporte de nombreuses lacunes; l'exemple B est par contre beaucoup plus précis et informatif.
>
> Exemple A
> Au rappel différé du test de Buschke, le patient réalise un score de 66,7 % de réponses correctes, ce qui est déficitaire.
>
> Exemple B
> Test de rappel sélectif de Buschke
> Version utilisée : forme A
> Origine des normes : GREMEM (Groupe de Réflexion sur l'Evaluation de la Mémoire)
>
> | | | Normes | |
> |---|---|---|---|
> | Rappel différé | Résultat brut | Moyenne | Ecart type |
> | – nombre de mots rappelés : | 10/15 | 12,58 | 1,68 |
> | – intrusions : | 0 | | |
>
> Commentaire : le nombre de mots rappelés se situe dans les normes (il se situe juste en dessous de la moyenne moins un écart type).
>
> Dans l'exemple A, le psychologue ne mentionne pas clairement quelle épreuve a été utilisée (il existe différentes tests de Buschke!). On ne connaît pas non plus le score brut du patient. Enfin, aucune indication n'est fournie sur les normes utilisées : ni sur leur origine, ni sur leurs caractéristiques (en termes de moyenne et d'écart type, par exemple).
>
> Par ailleurs, on y rapporte un score de 66,7 % de réponses correctes, résultat interprété par le psychologue comme étant déficitaire. Puisqu'on sait qu'il s'agit de la même épreuve que dans le deuxième exemple, 66,7 % de réponses correctes correspondraient à un score brut de 10/15. Ceci suggérerait que le psychologue a considéré qu'un score inférieur à la moyenne moins un écart type de la population de référence constitue un score déficitaire, ce qui est inexact (c'est là une erreur encore parfois rencontrée dans certains rapports)!
>
> Par contre, dans l'exemple B, on trouve toutes les indications nécessaires : on sait précisément de quelle épreuve il s'agit, le psychologue mentionne qu'il a administré la forme A du test (il existe différentes formes parallèles pour cette épreuve), on connaît les résultats bruts, on sait quelles données normatives ont été utilisées, etc.

4. Par ailleurs, il est également important d'analyser la structure des réponses avant d'interpréter les résultats à un test.

> Considérons un patient qui réalise une performance déficitaire au subtest «Alerte» de la batterie informatisée T.E.A de Zimmermann et Fimm (1994; voir le chapitre «L'évaluation des troubles de l'attention» pour une description plus précise des notions d'alerte tonique et d'alerte phasique).
> Cette épreuve se compose de quatre séries d'items présentées dans l'ordre suivant :

(1) temps de réaction sans signal avertisseur ; (2) temps de réaction avec signal avertisseur ; (3) temps de réaction avec signal avertisseur ; et (4) temps de réaction sans signal avertisseur. Il s'agit donc d'une épreuve qui suit un paradigme ABBA.

Le tableau de résultats, calculés automatiquement par le logiciel, fournit la moyenne des temps de réaction ainsi que le taux d'erreurs pour la somme des séries 1 et 4 (pour la condition sans signal avertisseur), et ensuite les mêmes valeurs pour les temps de réaction avec signal avertisseur (soit la somme des séries 2 et 3).

On observe que le patient obtient un score anormal au temps de réaction sans signal avertisseur et un score anormal au temps de réaction avec signal avertisseur. Par ailleurs, quand on calcule l'indice d'alerte, celui-ci est normal. On en déduit donc que le patient est ralenti, mais que la réaction d'alerte centrale est normale...

Or, cette interprétation est sans doute inexacte. Si on prend la peine de regarder les temps de réaction moyens série par série, on constate que le patient se fatigue progressivement d'une série à l'autre ; son temps de réaction moyen pour la dernière série est particulièrement ralenti (il s'agit d'une des deux séries sans signal avertisseur). Il apparaît que c'est cette dernière mesure (pour la série 4) qui crée la différence entre les conditions avec et sans signal avertisseur.

Il n'est donc pas sûr que la réaction d'alerte soit normale ; le biais provient de la succession temporelle particulière des différentes séries, et la performance a pu être influencée par un phénomène de fatigabilité (ou par un déficit d'attention soutenue).

Si le corps du texte doit contenir toutes les spécifications nécessaires pour qu'un autre professionnel puisse savoir exactement quelles épreuves, quelles versions et quelles normes ont été utilisées, les conclusions doivent quant à elles être lisibles et compréhensibles par tous les professionnels, et plus spécifiquement par ceux dont le métier n'est pas la neuropsychologie (même si, compte tenu de leur activité d'experts, ils ont eu l'occasion de se familiariser avec un certain nombre de concepts utilisés en neuropsychologie).

Il n'y a bien sûr pas une manière standard de rédiger les conclusions d'un examen, qui puisse servir de modèle pour tous les cas de figure. Plusieurs éléments peuvent toutefois être soulignés. Tout d'abord, la conclusion doit être guidée par les questions soulevées par l'expert qui a demandé l'examen. L'énoncé de ces questions varie cependant d'un expert à l'autre mais, en règle générale, elles contiennent les caractéristiques suivantes :

1. Il est demandé au neuropsychologue de déterminer s'il existe encore des déficits et, si oui, de signaler quels sont ces déficits. La conclusion doit donc commencer par indiquer quelles sont les dimensions de l'activité cognitive qui paraissent altérées et quelle est, aux tests, l'ampleur de ces déficits.

La conclusion peut donc comporter un début du type :

> « L'examen pratiqué chez Monsieur D. montre l'existence de déficits au niveau des fonctions attentionnelles et mnésique à long terme ; par contre, le langage paraît préservé, et ce tant dans ses modalités orale et écrite, et tant en production qu'en compréhension. On observe également un maintien de la mémoire à court terme, des

praxies et des gnosies. Au niveau de la mémoire épisodique, le déficit est plus important pour l'apprentissage d'un matériel verbal que pour celui d'un matériel visuel ou spatial. Le déficit en mémoire épisodique verbale est surtout important en situation de rappel libre ; la performance s'améliore lorsque des indices de récupération sont fournis au patient (situation de rappel indicé). Un tel pattern de résultats suggère une difficulté dans la mise en place spontanée d'une stratégie efficace de récupération, compatible avec les difficultés exécutives mises en évidence par ailleurs dans cet examen.»

2. Il lui est demandé d'indiquer si ces déficits résultent bien de la lésion cérébrale ou si, au contraire, ils préexistaient à la lésion, ou encore s'ils résultent d'un autre événement pathologique.
La conclusion peut donc comporter une section du type :

«Compte tenu de la sévérité du traumatisme subi par le patient, le déficit mnésique et les déficits attentionnels sont à mettre sur le compte du traumatisme. Par contre, la dysorthographie observée en langage écrit nous paraît davantage relever d'un défaut d'acquisition lié à la scolarité limitée suivie par ce patient.»

3. Il est demandé de préciser les conséquences de ces déficits sur la vie quotidienne du patient.
A titre d'exemple :

«A l'heure actuelle, ces déficits cognitifs perturbent fortement la vie familiale de Monsieur V.P., et sont également susceptibles de perturber considérablement son activité professionnelle. En effet, l'emploi occupé par le patient (conseiller en assurances) nécessite d'importantes capacités attentionnelles (trouver rapidement les informations adéquates, répondre au téléphone tout en ayant un entretien avec d'autres personnes, rester concentré sur de longues périodes afin de recueillir toutes les informations nécessaires à l'établissement d'un dossier, etc.). Les troubles mis en évidence lors de cet examen (et, en particulier, la diminution des ressources attentionnelles, qui se manifeste par de grandes difficultés à réaliser deux tâches de manière simultanée) ainsi que l'importante fatigabilité du patient ne manquent pas d'interférer de manière importante avec ces activités. Une reprise des activités professionnelles ne pourrait être envisagée qu'à la condition qu'un certain nombre d'aménagements soient mis en place, tels qu'une réduction du rythme de travail (un mi-temps, par exemple) et une affectation temporaire à un poste moins exigeant en termes de ressources attentionnelles.»

Mais les experts peuvent également poser un ensemble de sous-questions susceptibles de modifier la structure des conclusions telle qu'énoncée ci-dessus. Le neuropsychologue se souviendra aussi qu'il doit avoir par moments la possibilité de se déclarer incompétent. Si cette incompétence concerne l'ensemble de sa démarche, il indiquera qu'il n'a pas de conclusion à proposer et remettra un avis de carence.

5. ASPECTS DÉONTOLOGIQUES

Sur le plan professionnel et déontologique, le travail d'expertise appelle aussi quelques remarques. Tout d'abord, de quelles qualifications faut-il se prévaloir pour réaliser des bilans neuropsychologiques dans le cadre d'expertises? En Belgique, par exemple, il n'existe de ce point de vue aucune règle claire. N'importe quel psychologue porteur d'un diplôme universitaire peut proposer ses services à titre d'expert, et ce pour n'importe quel secteur de la psychologie. C'est en fait le plus souvent de la seule perspicacité du médecin demandeur que dépend le niveau de compétence du neuropsychologue auquel il fait appel dans le cadre de l'expertise. Etant donné l'importance que revêt une expertise pour l'avenir du patient et la responsabilité que cela implique pour le neuropsychologue, le travail d'expertise en neuropsychologie ne devrait être assumé que par des neuropsychologues expérimentés, riches d'une pratique clinique longue de plusieurs années, et au fait des développements théoriques récents en neuropsychologie. En effet, étant donné les développements considérables qu'a connus la recherche en neuropsychologie clinique et expérimentale ces dernières années, la maintien d'un degré de compétence suffisant va de pair avec une inévitable spécialisation de la profession. Nous ne croyons dès lors pas en une formation générale à l'«expertise psychologique», dont les diplômés pourraient tout aussi bien réaliser un bilan cognitif approfondi que, par exemple, une évaluation complète de la personnalité.

La nécessité d'appuyer toute interprétation sur des données recueillies par des techniques d'évaluation scientifiquement fondées constitue également une règle déontologique dont, il faut le reconnaître, nombre de psychologues font encore trop souvent peu de cas. Ainsi, un travail d'évaluation psychologique sérieux — que ce soit en situation d'expertise ou dans un contexte clinique standard — devrait bannir l'utilisation d'outils pseudo-scientifiques ou aux qualités psychométriques douteuses. Trop souvent encore, on lit dans des rapports d'experts des conclusions basées sur l'utilisation d'outils aussi peu valides que le test de Rorschach, par exemple; très clairement, nous pensons que ce type de test devrait être banni de toute évaluation psychologique, et en particulier dans le cadre d'expertises médico-légales. En effet, en raison de l'impact potentiel que peuvent avoir leurs recommandations sur l'avenir du patient, les psychologues intervenant dans des expertises se doivent d'articuler leurs conclusions sur des données indiscutables tant d'un point de vue théorique que méthodologique; le cas échéant, ils doivent être en mesure d'identifier toute limite inhérente à leurs données et nuancer leurs conclusions en conséquence.

Enfin, du point de vue déontologique, il convient de rappeler qu'en règle générale un neuropsychologue ne peut accepter de réaliser une expertise pour un patient qu'il suit par ailleurs (en rééducation, par exemple). De la même manière, il ne peut profiter de l'expertise pour entreprendre à titre privé une prise en charge neuropsychologique. Signalons cependant que les pratiques d'expertises ont tendance à se modifier dans leur décours temporel. Il y a quelques années, l'expertise neuropsychologique se pratiquait face à une situation consolidée, soit près de cinq à dix ans après l'accident; aujourd'hui l'intervention du neuropsychologue a tendance à se réaliser de manière beaucoup plus précoce. En effet, de plus en plus fréquemment, les sociétés d'assurances, les organismes de soins de santé ou encore l'Inspection du Travail demandent la réalisation de bilans intermédiaires à trois mois, six mois ou un an après l'accident. Dans ces bilans à décours rapproché, il est demandé au neuropsychologue non seulement d'établir un premier bilan des séquelles sur le plan cognitif, mais aussi d'indiquer si une prise en charge neuropsychologique pourrait permettre d'améliorer la situation du patient. Dans ce cas, le neuropsychologue doit bien sûr remplir les deux aspects de sa mission : dresser un bilan des déficits cognitifs et conseiller le patient sur le plan thérapeutique. Enfin, il est aussi de plus en plus courant qu'un neuropsychologue intervienne pour un patient qu'il a eu personnellement en rééducation ou qui a fréquenté le centre dont relève le neuropsychologue. Ceci peut se produire soit à la demande du patient lui-même qui tient à être défendu par quelqu'un en qui il a confiance et qui connaît bien son dossier, soit en cas de litige lorsque les parties en présence se sont mises d'accord pour faire appel précisément à ce neuropsychologue. Rappelons cependant que, en règle générale, un processus d'expertise implique que les différents intervenants soient dans une position de stricte neutralité par rapport au patient.

Cette neutralité implique par ailleurs que l'indépendance du psychologue par rapport aux enjeux de l'expertise reste totale. En particulier, le psychologue doit rester indépendant de toute pression d'ordre économique ou professionnel visant à modifier son opinion. Il peut ainsi arriver qu'un avocat ou qu'un médecin expert exerce sur le psychologue des pressions pour que celui-ci infléchisse ses conclusions dans tel ou tel sens, comme par exemple de demander au psychologue d'être sur tel ou tel point plus affirmatif que ce que montrent ses données.

Si le contexte de l'expertise est différent du contexte clinique à visée thérapeutique, certaines règles déontologiques générales restent d'application, telles que la nécessaire clarification préalable du statut et de la spécialité professionnels du psychologue (souvent, le patient arrive au cabinet de consultation du psychologue sans avoir la moindre idée du type d'examen qui va lui être administré), le consentement informé du patient, l'attention portée au caractère confidentiel des résultats (rappelons que le rapport écrit de l'évaluation neuropsychologique ne peut être communiqué qu'au médecin demandeur, et à lui seul; si le patient ou sa famille le souhaitent, seul un rapport verbal peut éventuellement leur être donné). Le patient doit également savoir très clairement à la demande de quelle partie l'examen est réalisé.

Enfin, la nature et l'objectif de l'évaluation doivent être clairement présentés au patient. Le neuropsychologue doit l'informer du fait que son rôle n'est pas de prendre parti pour ou contre le patient, mais de tenter de répondre de manière aussi objective que possible à certaines questions qui lui sont posées. Il doit également expliquer que son rôle est de réaliser une évaluation, et pas de proposer un traitement; il s'agit en d'autres termes de faire comprendre au patient que la relation n'est pas une relation habituelle du type psychologue-patient ou médecin-patient (ce qui ne signifie pas, comme nous l'avons dit, que le psychologue ne puisse pas faire certaines recommandations quant à une éventuelle prise en charge, s'il estime que cela pourrait aider le patient).

NOTE

[1] Notons que ce n'est pas au neuropsychologue de déterminer le pourcentage d'invalidité du patient, mais bien au médecin expert responsable de l'expertise.

Chapitre 2
Traumatismes crâniens légers et whiplash

1. INTRODUCTION

Les traumatismes crâniens légers représentent une proportion importante des patients vus en expertise. C'est avec ces patients que le travail du neuropsychologue est probablement le plus délicat, dans la mesure où il lui est demandé, alors que les examens neurologiques sont généralement négatifs, de faire la part entre les plaintes qui sont le plus vraisemblablement imputables à des séquelles organiques faisant suite à l'accident et celles qui sont à relier à une problématique de nature anxio-dépressive qui soit peut être réactionnelle, soit doit s'interpréter dans le contexte de la personnalité prémorbide du patient. C'est également avec ces patients que se pose de la manière la plus aiguë la question des bénéfices secondaires qu'ils peuvent espérer de la procédure d'expertise et, partant, de la qualité de leur collaboration à l'examen (voir à ce sujet le chapitre « L'exagération et la simulation des troubles »).

1.1. Classification des traumatismes crâniens

On distingue classiquement trois niveaux de sévérité pour les traumatismes crâniens : les traumatismes crâniens sévères, les traumatismes crâniens modérés et les traumatismes crâniens légers. Ce classement repose sur le score initial à l'échelle de coma de Glasgow (GCS; Teasdale & Jennett, 1974 ; voir tableau 1) : le traumatisme crânien est léger si le score est supérieur à 13 (sur un maximum de 15 points), modéré si le score se situe de 9 à 13, et sévère si le score est inférieur ou égal à 8. Ces critères basés sur la profondeur du coma ont été nuancés par d'autres paramètres, tels que la durée de l'amnésie post-traumatique (APT) ou encore la nécessité d'une intervention neurochirurgicale pendant les premières heures qui suivent l'accident.

> L'amnésie post-traumatique (APT) est une période de longueur variable, faisant suite au traumatisme crânien, pendant laquelle le patient est confus, désorienté, présente une amnésie rétrograde et est incapable d'enregistrer et de rappeler de nouvelles informations. La mesure de l'APT est importante car elle constitue un indicateur fiable de la sévérité de la lésion cérébrale. En outre, l'APT est un des meilleurs prédicteurs de la

récupération (séquelles et devenir à long terme). Bien que la plupart des auteurs incluent la période de coma dans l'APT, certains calculent la période d'APT à partir du réveil du coma.

L'APT ne doit être confondue ni avec le syndrome amnésique qui peut constituer la séquelle d'un traumatisme crânien (ou d'autres formes de pathologies neurologiques), ni avec la notion d'amnésie antérograde, utilisée pour décrire le déficit de mémorisation pour les événements survenus après la lésion cérébrale.

Réponse observée	Catégorie	Points	Stimulation
Exécution d'ordres simples	Moteur	6	Commande
Écarte la main de l'examinateur	Moteur	5	Douleur
Évite la stimulation douloureuse	Moteur	4	Douleur
Réponse en flexion	Moteur	3	Douleur
Réponse extension	Moteur	2	Douleur
Absence de réponse motrice	Moteur	1	Douleur
Orientation spatio-temporelle correcte	Verbal	5	Parole
Produit des phrases, mais confus, désorienté	Verbal	4	Parole
Émet quelques mots	Verbal	3	Parole
Sons incompréhensibles (grognements)	Verbal	2	Parole
Aucune production	Verbal	1	Parole
Ouvre les yeux spontanément	Yeux	4	Aucune
Ouvre les yeux si stimulation verbale	Yeux	3	Parole
Ouvre les yeux si stimulation douloureuse	Yeux	2	Douleur
N'ouvre pas les yeux	Yeux	1	Douleur
Fronto-orbiculaire	Réflexe	5	Percussion du glabelle
Oculovestibulaire vertical	Réflexe	4	Flexions et extensions rapides et répétées de la nuque
Pupillaire lumière	Réflexe	3	Lumière dans les yeux
Oculovestibulaire horizontal	Réflexe	2	Mouvement horizontal rapide de la nuque
Oculo-cardiaque	Réflexe	1	Pression globe oculaire
Pas de réflexe	Réflexe	0	Si pas de réponse pour les 5 réflexes ci-dessus

L'échelle de Glasgow-Liège se différencie de l'échelle de Glasgow par le seul fait qu'elle ajoute la catégorie 'Réflexe' aux catégories 'Moteur', 'Verbal' et 'Yeux'. Le score total se calcule en additionnant les points pour chaque item (le score maximal est de 15 à l'échelle de Glasgow et de 20 à l'échelle de Glasgow-Liège).

Tableau 1 — L'échelle de coma de Glasgow-Liège (Born *et al;*, 1982).

Dans le présent chapitre, nous aborderons les différentes formes de traumatisme crânien léger, à savoir le traumatisme crânien léger à proprement parler, mais aussi les commotions cérébrales et le syndrome d'accélération-décélération (appelé communément « whiplash »).

2. DÉFINITION DU TRAUMATISME CRÂNIEN LÉGER

L'American Congress of Rehabilitation Medicine a proposé en 1993 les critères suivants pour définir le traumatisme crânien léger (« mild traumatic brain injury »). Pour être qualifié de « traumatisé crânien léger », le sujet doit avoir subi une « interruption physiologique de la fonction cérébrale » induite par un traumatisme qui se manifeste par au moins un des points suivants : (1) une perte de connaissance ne pouvant excéder 30 minutes ; (2) une perte de souvenirs pour les faits survenus immédiatement avant et après l'accident ; (3) une altération de l'état mental au moment de l'accident (par ex., sensation d'étourdissement, désorientation, confusion) ; et (4) un ou des déficits neurologiques focaux qui peuvent ou non être transitoires. En outre, le score à l'échelle de coma de Glasgow doit être, 30 minutes après l'accident, au moins de 13 points sur 15, et l'amnésie post-traumatique doit être inférieure à 24 heures.

On notera cependant que la définition précise du traumatisme crânien léger connaît des variations selon les auteurs. Ainsi, certains considèrent que le score initial à l'échelle de coma de Glasgow doit être de 15 (un score inférieur à 15 renvoyant à un traumatisme crânien modéré). Pour d'autres, l'amnésie post-traumatique doit être inférieure à une heure ; le traumatisme sera qualifié de « très léger » lorsque l'APT est inférieure à cinq minutes, et de « léger » lorsqu'elle est inférieure à une heure (pour une revue, voir De Kruijk, Twijnstra & Leffers, 2001).

3. ÉTIOLOGIE ET SYMPTÔMES DU TRAUMATISME CRÂNIEN LÉGER

Le traumatisme est la conséquence d'un objet en mouvement qui heurte la tête, de la tête qui heurte un objet, ou encore du cerveau qui subit un mouvement d'accélération ou de décélération (le « whiplash » ; voir ci-dessous) sans traumatisme externe de la tête (« non impact brain injury »).

Les traumatismes crâniens légers, les commotions cérébrales et les whiplash entraînent une constellation de symptômes assez similaires : le « syndrome post-commotionnel » (ou syndrome subjectif post-traumatique), lequel est vraisemblablement sous-tendu par la conjonction de facteurs organiques et de facteurs psychosociaux. Ce syndrome post-commotionnel regroupe un ensemble de plaintes somatiques, cognitives et psychologiques. Parmi les plaintes somatiques, on compte les maux de tête, de nuque et d'épaules, les vertiges ou encore des troubles visuels (diplopie) ; les plaintes cognitives sont essentiellement constituées par les troubles de la mémoire et de la concentration (associés à une plus grande fatigabilité) ; quant aux plaintes « psychologiques », elles incluent les troubles anxieux, la dépression, l'irritabilité, les changements de la personnalité (labilité émotionnelle, diminution des capacités à contrôler ses impulsions, apathie, indifférence), mais aussi les troubles du sommeil ou une diminution de la tolérance au bruit. Les estimations relatives à la fréquence d'occurrence de ce syndrome post-commotionnel dans les six mois après le traumatisme varient entre 20 % et 80 % des patients traumatisés crâniens légers.

Peu de temps après le traumatisme, il est fréquent que les patients présentent des signes tels que des maux de tête et de nuque, des nausées, des vertiges et une amnésie. On pense que ces signes et ces symptômes sont le résultat d'un ensemble de dysfonctionnements, incluant des lésions cérébrales, des lésions vestibulaires périphériques, etc. Une épilepsie post-traumatique n'est rapportée que chez environ 4 % des patients ayant subi un traumatisme crânien léger. On estime qu'une fracture du crâne accompagne entre 3 et 13 % des traumatismes crâniens légers; la présence de telles fractures peut impliquer un risque accru de lésions intracrâniennes. Celles-ci peuvent consister, comme c'est le cas chez 5 à 12 % des patients, en contusions et hématomes sous-duraux, épi-duraux ou sous-arachnoïdiens. La présence de contusions cérébrales a une certaine valeur pronostique dans la mesure où une corrélation est observée entre ces contusions et les séquelles post-traumatiques. Chez les patients ayant subi un traumatisme crânien léger, différents éléments peuvent indiquer un risque de lésion intracrânienne : un score à l'échelle de Glasgow inférieur à 15, des signes neurologiques focaux, des signes de fracture de la boîte crânienne, une épilepsie post-traumatique, des vomissements persistants, ou encore des maux de tête qui vont en s'accroissant.

4. WHIPLASH OU «SYNDROME CERVICAL D'ACCÉLÉRATION/DÉCÉLÉRATION»

Le terme «whiplash» renvoie aux situations où une forte hyperflexion ou hyperextension de la nuque survient durant un choc caractérisé par une accélération (en cas de collision par l'arrière) ou une décélération (lorsque la collision est frontale), et ce sans qu'il y ait de traumatisme crânien direct. N'occasionnant pas de perte de connaissance, le whiplash est souvent considéré comme un trouble bénin dont les séquelles disparaissent généralement après deux à trois mois. Cependant, chez certains patients, les plaintes persistent encore six mois après l'accident; il est difficile, sur base des études, de se faire une idée de la proportion de patients présentant un syndrome de whiplash chronique, c'est-à-dire qui présentent des symptômes qui perdurent au-delà d'un an (les estimations sont extrêmement variables puisqu'elles s'étendent selon les études de 14 à 88%; Barnsley *et al.*, 1994).

Les plaintes peuvent être somatiques (comme des douleurs cervicales ou celles survenant au niveau des épaules, des vertiges, des problèmes visuels, etc.), cognitives (troubles de la mémoire et de l'attention...) et psychoaffectives (labilité émotionnelle, perte de confiance en soi...) (Radanov & Dvorak, 1996; Sturzenegger *et al.*, 1994). Comme nous le verrons ci-dessous, l'examen neurologique standard ne révèle dans la plupart des cas rien de particulier.

La caractérisation de cette condition pathologique — et son acceptation même — fait encore aujourd'hui l'objet d'une controverse considérable. Celle-ci tient essentiellement à l'interprétation des plaintes (en particulier cognitives) qui font suite à un accident de type whiplash : ces plaintes renvoient-elles à des difficultés objectivables? Si oui, celles-ci peuvent-elles persister plusieurs mois après l'accident? Peut-on dans le cas du whiplash objectiver la présence d'altérations neuro-physiologiques susceptibles d'expliquer les plaintes émises par les patients? Et enfin, quel est le rôle de problèmes tels que la douleur chronique dans l'installation des symptômes?

5. ALTÉRATIONS NEUROPHYSIOLOGIQUES ET NEUROANATOMIQUES DANS LE TRAUMATISME CRÂNIEN LÉGER ET LE WHIPLASH

Le traumatisme crânien léger peut entraîner des perturbations électrophysiologiques au niveau cortical et au niveau du tronc cérébral. Gross, Kling, Henry, Herndon et Lavretsky (1996) ont montré, avec la technique du PET scan, des niveaux de métabolisme anormaux au niveau de la région cingulaire antérieure, du précunéus, des régions frontales et du corps calleux. Les auteurs montrent en outre une corrélation entre ces niveaux de métabolisme et les plaintes cliniques des patients (surtout sur le plan du fonctionnement attentionnel) ainsi que leurs résultats aux tests neuropsychologiques.

Sur le plan des lésions pouvant être occasionnées par un accident de type whiplash, des travaux chez l'animal ont mis en évidence des lésions au niveau des neurones du tronc cérébral ainsi que diverses perturbations électrophysiologiques. Ces altérations sont à mettre en relation avec les principes physiques qui caractérisent ce type de choc (Varney & Varney,

1995). Ainsi, les lésions dues aux forces d'accélération et de décélération reflètent la sensibilité du cerveau aux effets d'inertie. L'impact du cerveau contre la face interne du crâne occasionne différentes formes de lésions cérébrales, parmi lesquelles on compte des « déchirures » microscopiques du tissu cérébral caractérisées par une altération des axones, ou encore des phénomènes de « cisaillement » et d'extension des fibres nerveuses, surtout au niveau frontal et temporal. Ainsi, Rimel, Giordani, Barth, Boll et Jane (1981), qui ont procédé à l'examen post-mortem du cerveau de personnes ayant subi une commotion cérébrale, mettent en évidence des pertes neuronales microscopiques diffuses, en particulier au niveau de la matière blanche axonale.

Chez l'homme, les travaux ayant utilisé les techniques d'imagerie cérébrale sont peu nombreux. Varney et Varney (1995) montrent néanmoins qu'une atteinte cérébrale est possible même pour une collision à moins de 32 km/h. De plus, si s'ajoute un mouvement de rotation de la tête, des conséquences pathologiques additionnelles peuvent survenir (Dvorak & Panjabi, 1987). On notera cependant que, dans le cas d'un accident, il n'a pas toujours possible de calculer et de déterminer l'importance des forces d'accélération et de décélération auxquelles le patient a été exposé.

Les données fournies par les quelques études de neuroimagerie fonctionnelle montrent des résultats variables. Ainsi, Otte et collaborateurs (Otte, Mueller-Brand & Fierz, 1995; Otte, Ettlin, Fierz & Mueller-Brand, 1996) mettent en évidence un hypométabolisme bilatéral pariéto-occipital en utilisant la tomographie par émission de photons simples (SPECT). Roberts, Manshadi, Bushnell et Hines (1995) montrent quant à eux un hypométabolisme bilatéral temporal au PET Scan chez un enfant ayant subi un whiplash et présentant une épilepsie post-traumatique. Dans une étude utilisant à la fois la technique du PET et de la SPECT, Radanov, Schaefer, Dvorak *et al.* (1998) trouvent un hypométabolisme dans le cortex fronto-polaire et temporal latéral ainsi qu'au niveau du putamen. Radanov, Bicik, Dvorak *et al.* (1999) notent toutefois l'absence de corrélation entre les troubles cognitifs et les modifications du métabolisme cérébral observées chez ces patients.

Les travaux en neuroimagerie structurale (MRI) montrent quant à eux des résultats généralement négatifs (par ex., Karlsborg, Smed, Jesperen *et al.*, 1997; Radanov *et al.*, 1999); des lésions dans les ligaments et autres tissus mous ne sont présentes que chez un sous-ensemble limité de patients (Pearce, 1999). De même, les études électrophysiologiques montrent que l'EEG de routine est peu sensible. Signalons toutefois l'étude de Ettlin, Kischka, Reichmann *et al.* (1992) qui montrent des perturbations de l'EEG chez huit patients sur 18.

Notons par ailleurs que des dysfonctionnements oculaires ont pu être objectivés chez certains patients whiplash ; ainsi, Shifrin (1991) a observé une paralysie bilatérale du nerf abducteur (le nerf moteur oculeur externe) (voir aussi Gimse, Bjorgen, Tjell, Tyssedal & Bo, 1997). Mosimann, Muri, Felblinger et Radanov (2000) ont récemment montré un déficit dans le contrôle cortical des saccades oculaires chez les patients whiplash, suggérant un dysfonctionnement du cortex préfrontal.

D'une manière générale, c'est néanmoins à l'absence de dysfonctionnements neurologiques que concluent la plupart des études. Les résultats obtenus par les techniques d'imagerie cérébrale sont le plus souvent négatifs, et des lésions anatomiques ne sont mises en évidence que dans un petit sous-groupe de patients. Il est en fait assez clair que ces techniques objectives ne sont que d'un faible intérêt pronostic dans le domaine du traumatisme crânien léger ; de toute évidence, il est nécessaire de prendre en considération l'influence de la personnalité prémorbide et/ou des événements de vie stressants sur la sévérité des symptômes physiques et psychologiques ainsi que sur le niveau général d'incapacité de ces patients. Comme nous le verrons ci-dessous, cette absence de données objectives (sur le plan des déficiences) a donné naissance à l'idée que les plaintes observées tardivement chez les sujets après un whiplash sont le résultat d'un trouble névrotique (Hodge, 1971) ou sont reliées à d'autres problèmes psychologiques (Gargan, Bannister, Main & Hollis, 1997). Mais d'autres études concluent que l'espoir d'une réparation financière (par ex., Schrader, Obelieniene, Bovim *et al.*, 1996) ou l'obtention de la reconnaissance d'un handicap (Obelieniene *et al.*, 1999 ; Swartzman, Teasell, Shapiro & McDormid,1996) constituent des facteurs déterminants dans le maintien des plaintes. Enfin, plusieurs auteurs s'accordent aussi avec l'idée que la présence d'une atteinte cérébrale concomitante ne peut être formellement exclue (Alexander, 1998 ; Henry, Gross, Herndon & Furst, 2000).

6. TROUBLES COGNITIFS ET PSYCHOLOGIQUES DANS LES TRAUMATISMES CRÂNIENS LÉGERS ET LES WHIPLASH

Les études (peu nombreuses) qui se sont intéressées aux répercussions d'un whiplash et d'un traumatisme crânien léger sur la sphère cognitive apportent également des résultats divergents. Ainsi, plusieurs travaux mettent en évidence différents déficits affectant les fonctions attentionnelles et mnésiques (Di Stefano & Radanov, 1995 ; Gimse et al., 1997 ; Kischka, Ettlin & Heim, 1991 ; Radanov, Dvorak & Valach, 1992 ; Yarnell & Rossie, 1988). Au plan mnésique, certaines études rapportent des problèmes d'encodage sémantique en mémoire à long terme verbale, des difficultés en mémoire épisodique, ou encore un déficit mnésique lié à un ralentissement général du traitement de l'information (voir, pour une revue, Kessels, Aleman, Verhagen & Van Luijtelaer, 2000). Des difficultés attentionnelles se manifestant par un ralentissement de la vitesse de traitement (MacFlynn, Montgomery, Fenton & Rutherford, 1984) ou des problèmes de flexibilité cognitive et d'attention divisée (Radanov, Dvorak & Valach, 1992) sont également mentionnées. Di Stefano et Radanov (1996) montrent la persistance de déficits attentionnels six mois après l'accident, déficits qui, selon les auteurs, ne seraient pas liés aux douleurs de tête et de nuque présentées par les patients. Ettlin et al. (1992) rapportent que des troubles cognitifs peuvent être prédominants entre trois et sept jours après l'accident, pour ensuite s'améliorer ; ils observent également que des troubles attentionnels résiduels peuvent être rencontrés après plus de deux ans. C'est ce que constatent également Flekkoy, Bjorklund et Bakke (1994), qui montrent un déficit chez des patients whiplash à une tâche de temps de réaction à choix multiple, et ce même plusieurs années après l'accident.

Dans une revue récente de la littérature, Kessels et ses collaborateurs (2000) ont procédé à une méta-analyse de l'ensemble des travaux ayant examiné les conséquences neuropsychologiques d'atteintes de type whiplash. Sur une base de données couvrant 22 études, les auteurs en éliminent toute une série pour des raisons d'ordre méthodologique (étude de cas unique, études ne comportant pas de groupe contrôle ou faisant usage de groupes contrôles particuliers et hétérogènes). Finalement, ils conservent huit études pour lesquelles une comparaison systématique a été faite à propos des résultats obtenus à des tests neuropsychologiques entre des whiplash symptomatiques d'une part, et soit des whiplash asymptomatiques, soit des sujets contrôles sains d'autre part. Leur étude porte ainsi sur un total d'environ 340 patients. Les dimensions prises en compte dans leurs analyses se rapportent à la mémoire à court terme verbale et visuo-spatiale, à la mémoire épisodique à long terme (rappel immédiat et rappel différé), au contrôle attentionnel (PASAT et Stroop), à la flexibilité cognitive et à deux tâches simples (relier des chiffres) qu'ils intitulent tâches de poursuite visuelle.

Les résultats de la méta-analyse montrent que le groupe des patients whiplash symptomatiques obtient des résultats inférieurs au groupe contrôle dans les six dimensions de l'activité cognitive prises en compte. Dans la plupart des cas, les différences sont de faible amplitude, sauf dans le domaine du rappel immédiat aux épreuves de mémoire épisodique et dans le domaine de l'attention. Les résultats montrent également que les whiplash symptomatiques obtiennent des résultats inférieurs aux whiplash asymptomatiques aux tests de mémoire à court terme, d'attention et de poursuite visuelle lorsqu'ils sont testés deux semaines après l'accident. De plus, ils observent une évolution du tableau clinique puisque la mémoire de travail, l'attention, le rappel immédiat en mémoire épisodique et la poursuite visuelle montrent une amélioration significative six mois après l'accident en comparaison avec les mesures initiales, mais ils n'observent pas de progrès pour le rappel différé et la flexibilité cognitive. Enfin, dans la seule étude (Di Stefano & Radanov, 1996) où le groupe whiplash est comparé à des sujets contrôles six mois après l'atteinte cérébrale, le fonctionnement attentionnel reste inférieur dans le groupe whiplash. Ceci semble montrer que si le fonctionnement attentionnel s'améliore avec le temps, il reste déficitaire six mois après l'événement traumatique. Ces résultats indiquent que les plaintes subjectives rapportées par les patients whiplash peuvent être établies de manière consistante et objective lors d'un examen neuropsychologique.

Une limitation du travail de Roy et collaborateurs est le nombre restreint d'études introduites dans les analyses. Il est aussi possible de discuter du caractère par endroits un peu arbitraire des regroupements opérés entre les tests en sous-domaines cognitifs. Enfin, on soulignera que si cette revue démontre que l'examen neuropsychologique peut déceler des déficits en accord avec les plaintes des patients, elle ne nous apporte cependant rien de définitif quant à l'origine des déficits.

L'ordre d'apparition des symptômes faisant suite à un traumatisme crânien léger ou à un whiplash est lui aussi intéressant à prendre en considération. Ainsi, si la majorité des symptômes apparaissent dans les trois mois après l'accident, d'autres peuvent survenir plus tardivement. Par exemple, l'irritabilité n'apparaît souvent que quelque temps après le traumatisme, en réaction aux conséquences sociales et émotionnelles des déficits et de la douleur chronique. Notons en outre que, sur le plan du pronostic, les symptômes d'installation précoce auront plus de chances d'évoluer favorablement, tandis que les symptômes d'installation plus tardive seront davantage persistants.

Alves, Colohan, O'Leary, Rimel et Jane (1986) montrent que 75 % des patients ayant subi un traumatisme crânien léger présentent un ou pas de symptôme en sortant de l'hôpital, et que moins de 10 % des patients présentent trois symptômes ou plus. Ces auteurs tempèrent cependant l'optimisme qui pourrait se dégager de ces résultats en notant que, souvent, les symptômes cognitifs et émotionnels augmentent en intensité durant les trois premiers mois. Ettlin *et al.* (1992) montrent que, après une semaine, 50 % des patients whiplash se plaignent de troubles de la mémoire et 60 % de difficultés de concentration ; quant aux troubles anxieux, dont aucun patient ne se plaignait juste après l'accident, ils sont rapportés par 50 % d'entre eux une semaine après. Le pourcentage de plaintes pour des troubles dépressifs, qui était de 14 % juste après l'accident, s'élève à 40 % une semaine plus tard. Un an après l'accident, par contre, les symptômes ont connu une diminution générale, même si certains patients se plaignent de la persistance de difficultés importantes. Enfin, Ettlin *et al.* montrent que, deux ans après l'accident, des troubles de la mémoire et de la concentration, ainsi que des maux de tête et de nuque et des vertiges, peuvent persister chez certains patients ayant subi un whiplash.

Certains auteurs contestent par contre la réalité de ces déficits cognitifs persistants (par ex., Taylor, Cox & Mailis, 1996). Selon Radanov et Dvorak (1996), il n'existe pas de preuve convaincante de déficits cognitifs après un whiplash et un traumatisme crânien léger, et ce surtout si on retire des échantillons étudiés les patients ayant présenté une perte de connaissance et une amnésie post-traumatique. D'une manière générale, Radanov conteste l'étiologie organique dans le whiplash. Cet auteur appuie son affirmation sur l'absence de signes objectifs de lésion cérébrale chez la majorité des patients avec syndrome post-commotionnel ainsi que sur l'absence de corrélation entre les troubles cognitifs et les modifications du métabolisme cérébral (Radanov *et al.*, 1999). Quant aux études chez l'animal, elles ne seraient pas valides car les conditions dans lesquelles le whiplash est survenu sont différentes de celles qui accompagnent le whiplash chez l'homme ; les lésions observées chez l'animal ne peuvent dès lors servir de modèle pour l'homme.

Mathias et Coats (1999), qui administrent à un groupe de patients traumatisés crâniens légers diverses épreuves cognitives (évaluant les fonctions mnésiques, exécutives et attentionnelles), entre un et quatre mois après leur accident, ne montrent de différence entre les patients et des sujets de contrôle qu'au test de fluence verbale.

Il n'est pas surprenant qu'un tel manque de consistance entre études sur le whiplash ait conduit à cette idée très courante selon laquelle la manifestation et le maintien des symptômes suite à un whiplash renvoie à la recherche par le patient d'un bénéfice secondaire (en clair : d'une compensation financière). Alors que certains avancent des chiffres élevés pour la prévalence des comportements de simulation chez les patients ayant subi un whiplash (dépassant parfois les 50 %), Swartzman *et al.* (1996) ne montrent pas d'influence de la recherche d'un bénéfice sur les aspects fonctionnels. De même, Hohl (1974) ainsi que, plus récemment, Pennie et Agambar (1990) montrent que la récupération fonctionnelle est équivalente pour les whiplash en litige et les whiplash sans litige. Mendelson (1982) montre quant à lui l'absence d'amélioration des symptômes après le verdict, suggérant ainsi que la manifestation des symptômes n'était pas liée au contexte de litige dans lequel se trouvait le patient. Par contre, plus récemment, Schmand *et al.* (1998) montrent que le syndrome de whiplash est plus fréquent chez les patients qui espèrent une compensation financière. Quoi qu'il en soit, les techniques pour l'établissement de la simulation sont d'utilisation délicate et comportent encore de nombreuses incertitudes (voir sur ce point le chapitre «L'exagération et la simulation des troubles»). De plus, il reste souvent extrêmement difficile de départager la simulation volontaire de la production de performances dégradées pour des raisons d'ordre psychologique comme le stress post-traumatique ou la dépression (Lee, Giles & Drummond, 1993 ; Taylor *et al.*, 1996).

Quoi qu'il en soit, les raisons pour lesquelles certains patients restent asymptomatiques et d'autres pas demeurent obscures. Ainsi que nous l'avons déjà mentionné, il est possible que des facteurs non organiques (tels que certains traits de personnalité, ou des facteurs psycho-sociaux) jouent un rôle déterminant dans l'installation et le maintien des symptômes cognitifs. Evans, Evans et Sharp (1994) suggèrent que les facteurs psychologiques seraient critiques dans le maintien des symptômes. Miller (1998) relève quant à lui la comorbidité qui existe entre le syndrome post-commotionnel, le whiplash et le syndrome de stress post-traumatique (PTSD) après les accidents de roulage. Ainsi, nombreux sont ceux qui insistent sur le caractère non spécifique des plaintes qui accompagnent le whiplash. Ces plaintes sont jugées par plusieurs auteurs (par ex., Binder, 1986) comme étant similaires à celles rencontrées suite à un traumatisme crânien léger, voire même à celles de sujets présentant d'autres types de problématiques (personnes stressées, patients psychiatriques, patients avec douleur chronique, etc.).

Ainsi, la douleur (maux de tête et maux de nuque principalement) pourrait jouer un rôle non négligeable dans la persistance des symptômes après un whiplash, et ce même en l'absence de lésion cérébrale associée (Iverson & McCracken, 1997 ; Lees-Haley & Brown, 1993). Un haut niveau de douleur chronique a été observé chez les patients whiplash

(Wallis et al., 1996) et a été relié aux dysfonctionnements cognitifs (Radanov, Hirlinger, Di Stefano & Valach, 1992). La relation entre douleur et fonctionnement (neuro-)psychologique est en réalité complexe, et est sans doute de nature bidirectionnelle ; bien plus, non seulement la douleur interagit avec les facteurs cognitifs, mais cette interaction est elle-même en relation avec les facteurs dépressifs, anxieux et certains traits tels que l'irritabilité, par exemple. Parfois, la douleur peut constituer une forme de conversion émotionnelle de la dépression. On sait également que la douleur augmente avec le stress chronique ; ainsi, Parker (1995) a montré que le mal de tête post-commotionnel est plus important chez les patients souffrant d'une détresse émotionnelle préexistante. De manière inverse, Bogduk (2000) s'est intéressé à l'influence de la douleur sur les signes de détresse psychologique qui peuvent faire suite à un whiplash. Cet auteur montre que celle-ci s'estompe lorsque la douleur est traitée, donnée suggérant que cette détresse psychologique est bien associée à la douleur chronique (voir aussi l'étude de Wallis, Lord & Bogduk, 1997, décrite ci-dessous). Il est donc clair que tous ces facteurs interagissent avec les processus cognitifs et intellectuels pour altérer le fonctionnement neuropsychologique, et que le risque que s'installe un cercle vicieux est loin d'être nul.

En ce qui concerne la présence de trouble psychiatriques chez les patients ayant subi un syndrome post-commotionnel, Parker (1996) diagnostique une affection psychiatrique chez 31 patients whiplash sur 33 (état de stress post-traumatique : 48 % ; dépression : 36 % ; troubles affectifs, réactions névrotiques, anxiété : < 10 %). Mathias et Coats (1999) confirment la présence de problèmes dépressifs, entre un et quatre mois après leur accident, chez les patients traumatisés crâniens légers.

Wallis et al. (1997) ont suivi 17 patients whiplash souffrant de douleurs de nuque chroniques et de troubles psychologiques. Ils leur ont administré un questionnaire de personnalité proche du MMPI (le Symptoms Checklist-90), suivi d'un traitement chirurgical réel ou placebo. Trois mois après l'intervention, le questionnaire de personnalité a à nouveau été administré. Sur les neuf patients qui ont reçu le traitement, six ont vu tous leurs symptômes disparaître. Par contre, une amélioration (partielle) n'a été observée que chez trois des huit patients qui ont reçu un placebo. Ceci amène Wallis et al. à conclure que les symptômes post-commotionnels ne reflètent pas un éventuel trouble psychopathologique sous-jacent, mais que le déterminant principal de la détresse psychologique est la douleur physique.

Il ne semble en outre pas que les patients whiplash présentent un profil de personnalité spécifique (Leininger, Grambling & Farrell, 1991). Ainsi, Radanov, Di Stefano et Schnidrig (1991) se sont demandés dans quelle mesure les patients whiplash présenteraient une personnalité névrotique. Ils ont mesuré les traits de personnalité de 78 patients whiplash au moyen du Freiburg Personality Inventory (qui mesure 12 traits de personnalité) et ont administré une échelle mesurant l'intensité des maux de tête et de nuque, une échelle de bien-être ainsi que le Cognitive Failures Questionnaire (incluant 25 questions concernant des situations de la vie réelle). Les résultats montrent que les douleurs à la nuque constituent le symptôme le plus fréquent (80-90 % des cas, six mois après l'accident); ils ne montrent par ailleurs qu'une corrélation faible entre l'importance des douleurs et les signes de névrose. Globalement, cette étude montre un fonctionnement de la personnalité sans particularités pour tous les patients.

Dans une étude récente, Bosma et Kessels (2002) se sont intéressés au pattern et à l'importance des déficits cognitifs après un whiplash, en liaison avec le fonctionnement psychologique et les mécanismes de « coping » (c'est-à-dire la manière par laquelle le patient fait face aux situations stressantes et difficiles). Ils ont dans ce but comparé 31 patients whiplash avec un nombre équivalent de patients présentant des dysfonctionnements neurologiques et de patients présentant des problèmes psychologiques d'origine non organique (par ex., anxiété et dépression). Les résultats montrent que, dans l'ensemble, les patients whiplash se comportent de manière similaire aux patients neurologiques aux épreuves cognitives (et sont significativement moins bons que les patients avec troubles psychologiques non organiques). Plus spécifiquement, les performances des patients whiplash et neurologiques aux tests d'attention sélective et d'attention divisée sont inférieures à celles des sujets avec troubles psychologiques. A une épreuve d'attention soutenue, les patients whiplash réalisent la moins bonne performance. Au plan mnésique, les auteurs notent, outre un résultat globalement faible au CVLT (pour une description du CVLT, voir le chapitre « L'évaluation des fonctions mnésiques »), des difficultés particulières aux épreuves visuospatiales, ce dernier résultat pouvant refléter un problème spécifique en attention visuelle chez les patients whiplash. Les résultats au MMPI indiquent quant à eux qu'une proportion élevée des patients whiplash obtiennent des scores élevés aux échelles d'hypochondrie et d'hystérie. Dans l'ensemble, cette étude montre que les patients whiplash présentent un niveau de détresse psychologique plus élevé que les patients neurologiques, et ce surtout aux échelles mesurant la somatisation (c'est-à-dire, les plaintes physiques). Bien que les patients whiplash utilisent des stratégies de coping actives, celles-ci ne sont pas toujours adéquates. Les auteurs concluent que les patients whiplash présentent une tendance plus marquée à se centrer sur leur santé générale, ce qui peut résulter chez certains patients en une aggravation ou une somatisation plus importante.

L'hypothèse selon laquelle le syndrome post-commotionnel serait proche des difficultés observées chez les patients souffrant d'un syndrome de stress post-traumatique (PTSD) s'est quant à elle vue appuyée par une étude de Wright et Telford (1996), qui montrent, à l'aide d'un interview de 50 patients traumatisés crâniens légers réalisé six mois et trois ans après le traumatisme, que ces patients présentent effectivement une symptomatologie de stress post-traumatique (voir aussi Bryant, 2001; Williams, Evans & Wilson, 2003).

> Le trouble de stress post-traumatique (PTSD) est un trouble anxieux qui consiste en une réaction émotionnelle persistante et anormale à un événement de nature particulièrement stressante. Selon le DSM-IV, trois ensembles de symptômes caractérisent le PTSD : la reviviscence de l'événement traumatique (cauchemars, pensées intrusives...), l'évitement de tout ce qui rappelle le traumatisme (prise de distance avec les autres, amnésie psychogène...), et l'augmentation de l'éveil physiologique et comportemental lorsque le sujet rencontre des événements similaires ou des stimuli associés (troubles du sommeil, hypervigilance...).

Enfin, un autre facteur qui pourrait intervenir est la prise de médicaments. Di Stefano & Radanov (1995) ont montré que 80 % des patients whiplash symptomatiques utilisaient des médications susceptibles d'interférer avec un fonctionnement cognitif normal. Notons cependant que, dans la seule étude qui a comparé des patients whiplash médiqués et non médiqués, aucune différence n'a été observée au niveau des fonctions cognitives (Gimse *et al.*, 1997).

7. IMPLICATIONS POUR L'ÉVALUATION NEUROPSYCHOLOGIQUE DES TRAUMATISMES CRÂNIENS LÉGERS

Comme on l'a vu, comprendre les séquelles cognitives pouvant faire suite à un traumatisme crânien léger nécessite de replacer ces difficultés dans leur contexte. En l'occurrence, ce contexte inclut un ensemble de paramètres, parmi lesquels on compte, outre les caractéristiques du traumatisme lui-même (lésions cérébrales, durée de l'amnésie post-traumatique, etc.), l'influence de la douleur, la présence de troubles anxio-dépressifs, le développement éventuel d'un état de stress post-traumatique, l'influence sur l'attitude du patient des bénéfices secondaires qu'il pourrait attendre de la procédure en cours, etc. Tout ceci nous amène à proposer quelques lignes de conduite qui pourraient guider le clinicien à constituer une batterie d'évaluation spécifiquement adaptée à l'évaluation des traumatismes crâniens légers.

En ce qui concerne l'évaluation cognitive, nous renvoyons le lecteur aux différents chapitres du présent ouvrage qui traitent de cet aspect. Nous nous contenterons de souligner ici l'importance d'utiliser des outils sensibles, capables de détecter des troubles attentionnels et mnésiques légers, voire discrets. Pour le reste, l'évaluation doit inclure essentiellement des épreuves mesurant d'une part les fonctions attentionnelles et exécutives (flexibilité cognitive, attention divisée, attention sélective), et d'autre part les fonctions mnésiques (mémoire épisodique, mémoire de travail).

Nous nous arrêterons ici principalement sur ces aspects de l'évaluation dont l'objectif est d'identifier les différents facteurs «confondants» susceptibles d'expliquer, en tout ou en partie, les difficultés exprimées par le patient.

Pour prendre connaissance de la nature exacte du traumatisme subi par le patient, le neuropsychologue se doit tout d'abord de recueillir un maximum d'informations permettant de préciser la nature et la sévérité du traumatisme : le type d'accident (choc frontal, arrière, latéral...), la durée de la perte de connaissance, la durée de l'amnésie rétrograde, la durée de l'altération de l'état mental, la durée de l'amnésie post-traumatique, la présence de souvenirs-flashs, etc.

Il est également important de procéder à une analyse aussi précise que possible des plaintes du patient. A cette fin, des outils tels que les questionnaires du Rivermead Rehabilitation Centre (Oxford) peuvent être utilisés : le Questionnaire des symptômes post-commotionnels (King, 1996), le Questionnaire des répercussions sur la vie quotidienne (Crawford, Wenden & Wade, 1996) ou encore l'Échelle d'impact psychologique du traumatisme crânien (King, 1996). Le Questionnaire des symptômes post-commotionnels inclut un ensemble de difficultés susceptibles de survenir après un traumatisme crânien : céphalées, sensations de vertige, nausées et/ou vomissements, sensibilité au bruit, troubles du sommeil, fatigue, irritabilité, humeur dépressive, sentiments de frustration, oublis fréquents, difficultés de concentration, ralentissement de la pensée, vision floue, sensibilité à la lumière, vision double, nervosité et agitation. Quant au Questionnaire des répercussions dans la vie quotidienne, il aborde des thèmes aussi divers que les conversations, les activités domestiques routinières, les activités sociales, les activités de loisir, la charge de travail, la fatigue au travail, les relations amicales, les relations conjugales ou encore les relations familiales; pour chaque thème, le patient doit indiquer le degré de changement depuis le traumatisme crânien. Enfin, l'Échelle d'impact psychologique du traumatisme crânien, qui évalue l'état de stress post-traumatique, propose des items abordant la reviviscence de l'événement traumatique ainsi que les tentatives d'évitement que met en place le sujet (l'échelle n'aborde par contre pas la dimension «hyperéveil»). L'évaluation de l'état de stress post-traumatique peut également se faire avec l'échelle Impact of Event Scale-Revised (Weiss & Marmar, 1997), une échelle d'auto-évaluation qui évalue la détresse subjective pour n'importe quel événement de vie spécifique et qui aborde les trois dimensions caractéristiques de l'état de stress post-traumatique (intrusions, comportements d'évitement et hyperéveil).

Une échelle d'auto-évaluation de la douleur devrait également être incluse. Celle-ci devrait prendre en compte la localisation des douleurs (céphalées, cervicalgies...), leur fréquence, les facteurs déclenchants (la douleur est-elle habituelle? survient-elle au moment du testing? après le testing?) et leur intensité. Les réponses du sujet pourraient être faites sur une échelle à choix multiple.

Enfin, des épreuves évaluant la collaboration du patient devraient être incluses quasi-systématiquement dans l'examen. Nous renvoyons sur ce point le lecteur au chapitre consacré à l'exagération et à la simulation des troubles.

8. CONCLUSION

A l'heure actuelle, la polémique demeure vive entre les chercheurs quant à l'explication qu'il faut donner au syndrome de whiplash chronique, lequel affecte environ un patient sur dix (voir la discussion entre les défenseurs d'explications divergentes dans le vol. 59 d'*Annals of Rheumatic Diseases*, 2000). Pour certains, tels Bogduk, les patients whiplash souffrant de maux de tête et de nuque persistants au-delà d'un an après l'accident présentent des altérations physiologiques au niveau de certains nerfs spécifiques de la nuque (attestées par le fait qu'injecter un antidouleur à ce niveau permet de supprimer la douleur et, partant, les autres symptômes post-commotionnels). Comme nous l'avons vu, pour des auteurs tels que Bogduk, les symptômes psychologiques sont la conséquence — et non la cause — de la douleur.

Pour d'autres, s'en tenir à une explication «physique» est une erreur : le syndrome de whiplash chronique résulte de la combinaison de facteurs multiples, dont la majorité ont une composante psychologique qu'il est d'ailleurs nécessaire appréhender d'emblée si l'on veut éviter que les troubles s'installent de manière permanente (Berry, 2000).

On comprend donc pourquoi l'évaluation du syndrome post-commotionnel et post-whiplash constitue une tâche difficile, qui demande de la part du neuropsychologue une solide expérience clinique. La difficulté tient à la nécessité qu'il y a à prendre en considération un ensemble d'éléments : les facteurs cognitifs, le contexte socio-familial, les signes neurologiques (perte de connaissance, APT, résultats d'examens par neuro-imagerie, etc.), l'évaluation psycho-affective, l'importance de la douleur, la médication et, enfin, la présence d'un éventuel comportement de simulation. La prise en compte d'éléments tels que la survenue des symptômes à différents moments dans la période qui suit le traumatisme, ou encore l'hétérogénéité des manifestations post-commotionnelles, nécessite selon certains auteurs (par ex., Dieter, 1999) de faire appel à un modèle étiologique tri-dimensionnel associant de manière interactive les facteurs psychologiques, les facteurs neurologiques et les facteurs sociaux, autorisant la prise en compte de variables telles que l'âge de la personne, son état de santé général, la présence de difficultés familiales ou d'un stress professionnel, etc.

Il reste du travail à la recherche en neuropsychologie clinique pour élaborer (ou adapter en langue française) des outils permettant d'évaluer ces différents aspects, offrant toutes les qualités en termes de validité et de fidélité, dans le but de rassembler cet ensemble de données sans lesquelles il ne sera pas possible d'interpréter de manière adéquate et objective les plaintes et les déficits du patient ayant subi un traumatisme crânien léger ou un whiplash.

Chapitre 3
Principes de l'évaluation cognitive et de l'anamnèse en neuropsychologie

1. L'ÉVALUATION COGNITIVE : PRINCIPES GÉNÉRAUX

Le but premier de l'évaluation cognitive consiste à objectiver les éventuelles séquelles de l'accident sur le plan cognitif. Il s'agit donc d'établir un tableau aussi exhaustif que possible du fonctionnement cognitif du patient, incluant non seulement les fonctions déficitaires, mais aussi les capacités cognitives préservées. L'interprétation d'un résultat comme étant déficitaire revêt de toute évidence une importance particulière dans le cadre d'une expertise, et ne peut donc être faite à la légère. Il s'agit en fait d'une démarche en deux étapes, consistant tout d'abord à déterminer le niveau antérieur supposé du patient, et ensuite à comparer ses performances cognitives avec celles de sujets normaux, de même niveau que le patient. Pour établir ce niveau de référence, il convient avant tout de considérer le niveau socioculturel du patient, en prenant en compte son niveau d'études aussi bien que son niveau professionnel. C'est généralement sur cette base que l'on compare les résultats du patient avec ceux d'un groupe de sujets de référence, de la même tranche d'âge et du même niveau socioculturel. D'autres informations, issues par exemple de l'anamnèse ou de résultats à certaines épreuves, peuvent amener à nuancer le niveau de référence du patient tel qu'il a été déterminé par son niveau scolaire. Ainsi, il serait malvenu de comparer un patient, dont le Q.I. serait de 120 et ayant, au cours de l'entretien clinique, manifesté sa préférence pour des activités de type intellectuel, avec un groupe de sujets normaux ayant fait des études professionnelles, sous prétexte que ce serait aussi le niveau scolaire du patient.

D'autre part, à partir de quand un résultat donné doit-il être considéré comme étant «inférieur aux normes», et donc être interprété comme déficitaire? S'il est sur ce point réducteur d'énoncer des généralités (sachant que la référence aux normes doit souvent être pondérée par la prise en compte de facteurs comme le niveau scolaire et professionnel du patient, ou encore son niveau global d'activité, etc.), il convient de rappeler certaines règles de base. Les résultats du groupe de référence prennent généralement deux formes différentes : soit on dispose de la moyenne et de l'écart type des sujets de contrôle, soit les données des sujets normaux sont exprimées en déciles ou en centiles. La définition d'un seuil au-delà duquel la performance sera jugée déficitaire est inévitablement arbitraire. Dans le premier cas, l'hypothèse d'un déficit ne devrait être avancée que si le résultat du patient est inférieur à la moyenne des résultats des sujets de contrôle moins un écart type deux tiers (-1,66 σ). Lorsqu'on dispose de données normatives classées en centiles, seuls les résultats en deçà du percentile 5 devraient être considérés comme inférieurs aux normes. Il faut donc se garder de considérer d'emblée comme déficitaire un résultat inférieur à la moyenne moins un écart-type, ou encore un résultat qui correspondrait au percentile 25, comme on le voit dans certains rapports d'examen. A titre d'illustration, une note au niveau du percentile 15 à la WAIS-III correspond à un QI situé entre 80 et 85, soit un résultat qui, de toute évidence, ne peut être considéré a priori comme «déficitaire». Quoi qu'il en soit, tout ceci doit évidemment être relativisé par l'ensemble des éléments dont dispose le psychologue; le travail d'interprétation des résultats reste primordial, et jamais la prise en compte froide des chiffres ne suffira à elle seule pour déterminer l'impact réel d'un traumatisme crânien.

En outre, la nécessité, dans un contexte d'expertise, de disposer d'arguments solides pour conclure à un déficit impose de disposer de normes de référence aussi fiables que possible. De ce point de vue, comme nous le verrons plus loin, les tests cognitifs récents, du fait même de leur constante évolution, pâtissent d'un manque de données normatives. Aussi, bien que nous défendions l'usage de ces épreuves qui présentent l'avantage d'une plus grande pertinence sur le plan théorique, il peut être nécessaire d'inclure dans le bilan neuropsychologique l'utilisation de tests ou de batteries pour lesquels on dispose de normes plus complètes. Un neuropsychologue qui se voit confier un travail d'expertise devrait donc idéalement asseoir ses conclusions à la fois sur des résultats obtenus avec des outils de mesure offrant des garanties solides sur le plan normatif, et sur des épreuves plus fines sur le plan qualitatif, permettant une compréhension plus précise, par rapport aux modèles théoriques actuels, des difficultés cognitives du patient.

1.1. Le problème des normes

La question des normes mérite que l'on s'y arrête. Dans un contexte d'expertise, elle prend en effet une dimension particulière : les conclusions du neuropsychologue pouvant être sujettes à contradiction (par exemple, suite à une contre-expertise), il est important d'asseoir l'interprétation des résultats sur des données normatives aussi solides et pertinentes que possible. Comme nous l'avons vu, si un examen neuropsychologique d'expertise peut trouver avantage dans l'administration d'épreuves cognitives, fondées sur le plan théorique, mais pour lesquelles les normes sont parfois incomplètes, il peut être parfois utile de lui adjoindre des résultats obtenus à l'aide d'épreuves psychométriques plus classiques qui bénéficient d'une large normalisation.

Cependant, même envisagée de cette manière, la question des normes constitue souvent un problème délicat pour le neuropsychologue, surtout lorsqu'il est confronté à des patients issus de milieux socioculturels peu favorisés. Nombreuses sont les épreuves pour lesquelles les seules données normatives disponibles ont été obtenues auprès de sujets adultes jeunes (généralement, des étudiants en psychologie) ; les résultats obtenus avec des patients d'âges différents et issus d'autres milieux socioculturels ne peuvent dans ce cas être interprétés qu'avec les plus grandes précautions. Si l'on considère par exemple l'évaluation de la mémoire de travail, quel niveau de performance le neuropsychologue peut-il attendre d'un patient peu scolarisé et de niveau intellectuel faible à une épreuve comme le test de Brown-Peterson ? Comme le soulignent Marcopulos, McLain et Giuliano (1997), le risque peut être réel d'interpréter comme étant pathologique la performance d'un sujet qui serait par exemple plus âgé, de scolarité plus faible et de niveau intellectuel moins élevé que le groupe normatif.

L'utilisation d'épreuves plus solides sur le plan de leur normalisation n'apporte à ce problème qu'une réponse partielle. De plus en plus souvent, notamment dans le cadre d'accidents du travail, le neuropsychologue est amené à donner un avis sur un patient issu, par exemple, d'une population immigrée ; dans ce cas, au problème du niveau social s'ajoute le problème de la maîtrise de la langue, et du biais ainsi créé pour l'interprétation des résultats (ceci étant particulièrement vrai pour les épreuves verbales). Ce problème se complexifie encore du fait que la population immigrée n'est pas homogène selon les générations concernées. A côté de sujets jeunes scolarisés chez nous et dont on peut plus aisément qualifier le niveau, il y a les patients dont la scolarité a été réalisée dans leur pays d'origine et pour lesquels il n'est le plus souvent pas possible d'établir clairement quelles compétences et quels savoirs leur ont été enseignés.

Il faudrait de ce point de vue qu'un effort soit fait, non seulement par rapport à la normalisation des épreuves existantes, mais aussi en ce qui concerne la création de nouveaux outils, plus adaptés à ces populations.

En effet, si la recherche en neuropsychologie a montré les effets cliniquement significatifs de variables comme l'âge ou la scolarité, on sait moins de choses concernant l'influence de la langue, de la culture, ou encore de l'origine ethnique. De plus, si les effets de variables démographiques comme le statut socio-économique, le sexe et l'origine ethnique ont été rapportés pour certains instruments, il reste souvent difficile d'en spécifier les effets directs et les interactions (Marcopulos *et al.*, 1997).

Signalons qu'à l'inverse, la mise en évidence de difficultés cognitives chez des patients de niveau socioprofessionnel supérieur peut s'avérer tout aussi délicate. Nous nous rappelons d'un patient, cadre supérieur dans une entreprise, qui, suite à un traumatisme crânien modéré, se plaignait de difficultés attentionnelles affectant son rendement professionnel. Ce patient, qui travaillait auparavant douze heures par jour, se déclarait désormais incapable de maintenir un tel niveau d'activité. Il décrivait notamment des difficultés de concentration dans les réunions de travail, et se plaignait de céphalées survenant après tout effort de concentration prolongé. A la majorité des épreuves cognitives classiques, il réalisait des performances dans les normes. Des épreuves plus spécifiques, en particulier celles évaluant la mémoire de travail et les capacités d'attention divisée, ont par contre montré de légères difficultés. Tenant compte du niveau d'exigence imposé par les activités professionnelles de ce patient, ces difficultés ont été estimées suffisamment importantes pour avoir un impact significatif sur son rendement professionnel. Dans ce cas, seule l'administration d'épreuves cognitives spécifiques a donc permis d'objectiver les plaintes exprimées par le patient et de prendre la mesure des répercussions du traumatisme crânien sur ses activités professionnelles.

1.2. Remarque sur le sur-diagnostic

La tendance du clinicien à voir une pathologie qui n'est pas présente ou à en surestimer la gravité peut avoir diverses origines. Ainsi, une surestimation du niveau de fonctionnement prémorbide conduira à une surestimation des modifications dues à l'accident. Des erreurs d'appréciation quant au niveau prémorbide du patient peuvent être dues soit à des informations erronées obtenues lors de l'anamnèse (voir ci-après), soit à des erreurs méthodologiques liées à la manière dont le psychologue estime le niveau prémorbide de son patient. Par exemple, une méthode défendue par certains psychologues pour apprécier ce niveau prémorbide consiste à prendre le score le plus élevé obtenu par le patient à un ensemble d'épreuves cognitives ; ce score représenterait donc son niveau de fonctionnement intellectuel antérieur (c'est ce qu'on appelle l'«approche par la meilleure performance»). En réalité, du fait de la variation intra-individuelle normale observée dans les scores à différents tests, une telle méthode conduit inévitablement à une surestimation du niveau prémorbide. Par exemple, si l'on considère la dispersion moyenne de sept points entre les scores les plus bas et les scores les plus élevés à l'échelle d'intelligence de Wechsler, l'utilisation du score le plus élevé obtenu par un sujet normal résultera en une surestimation moyenne de 15 à 20 points de son QI global. Ceci conduira donc à un déficit estimé de 15 à 20 points chez un sujet qui ne présente absolument aucune détérioration de son fonctionnement intellectuel.

Une autre cause de sur-diagnostic est l'utilisation de normes inappropriées, et plus particulièrement lorsque les normes ne prennent pas en compte les caractéristiques socioculturelles des sujets. L'erreur consisterait dans ce cas, avec une épreuve sensible aux effets de l'âge et de la scolarité, à appliquer des normes développées sur des sujets jeunes et de haut niveau de scolarité à des sujets âgés et ayant bénéficié d'une scolarité moins poussée. De la même manière, dans certains travaux de normalisation, les sujets présentant le moindre facteur de risque sont éliminés de l'échantillon, ce qui conduit à la constitution de groupes supra-normaux dont la performance excède celle de la population générale.

Un risque inverse peut consister à sous-estimer les déficits d'un patient. Cela peut être le cas lorsque le clinicien constate des signes de perturbations comportementales tels que de la désinhibition ou des difficultés dans les relations interpersonnelles. Le psychologue pourrait conclure erronément à un trouble de personnalité de type borderline, antérieur à l'accident, alors qu'il pourrait s'agir de troubles indicateurs d'un déficit d'origine frontale consécutif à l'accident.

1.3. Contenu de l'examen

Fondamentalement, la structure générale d'un bilan neuropsychologique réalisé dans le cadre d'une expertise ne diffère pas de celle d'un bilan dans une perspective diagnostique ou thérapeutique. En raison de la nature des pathologies généralement rencontrées en expertise — des traumatismes crâniens légers et modérés — il est toutefois clair que, très vite, l'examen doit s'orienter plus spécifiquement vers l'évaluation des troubles mnésiques (mémoire de travail et mémoire épisodique), des fonctions attentionnelles et des fonctions exécutives, soit les niveaux du fonctionnement cognitif les plus sensibles aux séquelles des traumatismes crâniens légers et modérés. Il peut arriver, bien sûr, que dans un certain nombre de cas particuliers, il soit nécessaire d'explorer d'autres niveaux du fonctionnement cognitif.

En ce qui concerne la mémoire épisodique, et contrairement à d'autres systèmes de mémoire comme les systèmes de représentation perceptive qui semblent dépendre de régions cérébrales assez spécifiques, son fonctionnement est sous la dépendance d'un vaste réseau cérébral, comprenant outre le système hippocampique, différentes régions frontales droites et gauches, ainsi que diverses régions postérieures (voir Nyberg, Cabeza & Tulving, 1996). L'implication de ce vaste réseau cérébral dans le fonctionnement de la mémoire épisodique permet notamment de comprendre pourquoi les troubles affectant ce système sont à ce point fréquents à la suite d'une lésion cérébrale — et donc après un traumatisme crânien. Dans la même perspective, il s'avérera utile d'explorer les capacités de la mémoire de travail, laquelle exige la mise en œuvre de différents types de processus impliquant différentes régions cérébrales (voir Collette, Poncelet & Majerus, 2003). L'évaluation de la mémoire de travail est d'autant plus pertinente qu'un déficit à ce niveau pourra se répercuter sur différents aspects du fonctionnement cognitif; en outre, les déficits de la mémoire de travail correspondent à des difficultés fréquemment mentionnées par les patients traumatisés crâniens dans leur vie quotidienne et professionnelle (*cf.* par exemple les difficultés à gérer des tâches doubles). De façon analogue, il s'agira d'évaluer les troubles attentionnels et exécutifs : vitesse de traitement, attention sélective, flexibilité cognitive, capacités d'inhibition, etc. Les principales fonctions instrumentales — gnosies, praxies et langage —, qui sont le plus souvent préservées chez les patients traumatisés crâniens légers, ne demanderont dans la plupart des cas qu'une brève évaluation de contrôle.

Le bilan neuropsychologique d'expertise se doit d'être aussi sensible que possible aux difficultés présentées par le patient. Ceci justifie la nécessité de sélectionner des épreuves dont la réalisation implique la mise en œuvre de plusieurs types de fonctions cognitives et qui peuvent donc informer le clinicien (du moins globalement) sur l'intégrité de ces différentes fonctions. Par exemple, une bonne performance à une épreuve de dénomination suggère (mais ne démontre pas totalement) l'intégrité de certains aspects des processus perceptifs, mais aussi lexico-sémantiques.

En outre, il est important que la sensibilité des épreuves utilisées soit adaptée au patient; des épreuves trop difficiles conduiront à des effets plancher et pourront entraîner d'éventuelles réactions de catastrophe; à l'inverse, des épreuves trop faciles entraînent des effets plafond et empêchent d'objectiver la présence du trouble. Une autre contrainte qui doit guider le choix des épreuves est leur temps d'administration ; d'une manière générale, un bilan neuropsychologique d'expertise demande entre trois et quatre heures d'examen (anamnèse comprise). Avec certains patients traumatisés crâniens, il peut arriver qu'il soit nécessaire de scinder l'examen en trois, voire quatre séances plus courtes ; c'est le cas par exemple lorsque les efforts de concentration fournis lors de l'examen sont la cause de maux de tête ou d'une grande fatigabilité, comme cela peut se produire avec des personnes ayant subi un traumatisme crânien modéré.

Dans l'examen d'expertise comme dans l'examen standard, il est important de sonder les différents niveaux du fonctionnement cognitif, y compris ceux pour lesquels la probabilité d'observer des déficits est assez faible. Il s'agit en effet de ne pas passer à côté d'un éventuel déficit qui, pour des raisons diverses, n'aurait pas été mentionné par le patient lors de l'anamnèse. Et, toujours dans la même logique que pour l'examen standard, la mise en évidence d'une difficulté à une épreuve de screening justifie souvent de procéder à un complément d'examen dans le but de mieux comprendre la nature de la difficulté.

Le contenu de l'examen peut également être dicté par les tests qui auraient déjà été administrés au patient à l'occasion d'un bilan neuropsychologique antérieur. Il n'est en effet pas rare qu'il soit demandé au neuropsychologue de réaliser un bilan neuropsychologique de contrôle (par exemple dans le cas d'un patient qui a bénéficié d'une rééducation et dont il s'agit de déterminer les progrès réalisés), voire un examen contradictoire lorsque les conclusions d'un bilan précédent sont mises en doute par l'une des parties. Quel que soit le cas de figure, il est essentiel que le neuropsychologue connaisse le contenu de l'examen précédent, l'idéal étant qu'il puisse disposer du détail des épreuves administrées avec les résultats (bruts) obtenus par le patient ; a minima, il faut que le neuropsychologue sache quand cet examen a eu lieu et quelles épreuves ont été administrées, ceci afin de pouvoir prendre en compte les éventuels effets test-retest et de choisir les épreuves les plus adaptées (par exemple, opter pour une forme parallèle d'un test). Il est en effet important de ne pas sous-estimer, en neuropsychologie, la problématique des effets test-retest, en réalité beaucoup plus complexe qu'il n'y paraît pour le profane. Un effet test-retest ne s'observera pas seulement lorsqu'on propose au patient de mémoriser une liste de mots qu'il aurait déjà apprise six mois plus tôt, lors d'une évaluation précédente. D'une part, pour ce type de matériel, l'effet retest peut perdurer bien au-delà de six mois ; d'autre part, une facilitation du rappel des mots due à des effets de mémoire implicite (dont le patient n'a donc lui-même pas conscience) peut intervenir. De plus, il ne faut pas sous-estimer l'impact de la simple familiarisation que peut avoir le patient avec la tâche ; ainsi, l'effet test-retest ne se manifeste pas uniquement pour les épreuves de mémoire, mais aussi pour les tâches attentionnelles et exécutives. Pour ces dernières, mentionnons enfin que le simple fait d'avoir découvert lors d'une première passation une stratégie de résolution de problème pour une tâche particulière (par ex., comment traiter et organiser les mots de la liste à mémoriser pour en optimiser le rappel, comment organiser les différents sous-composantes d'une tâche complexe pour en faciliter la résolution, etc.) peut aider considérablement le patient lorsque cette même épreuve (ou une forme parallèle de cette épreuve) lui est à nouveau administrée (voir aussi, sur ce point, le chapitre «L'évaluation des fonctions exécutives»). Insistons encore une fois sur l'importance, dans le rapport d'examen, de communiquer toutes les informations relatives aux épreuves administrées : nom et forme du test, résultat brut obtenu par le patient, normes utilisées (ainsi que leur source), etc. Si ces renseignements ne sont pas fournis, il ne sera pas possible de procéder ultérieurement à un retest approprié.

1.4. Déroulement de l'examen

Avant de recevoir le patient, le neuropsychologue doit analyser la demande qui lui est faite. Dans certains cas, la demande est très vague et les renseignements fournis sur le patient inexistants ; il peut être alors utile de contacter le médecin demandeur pour en savoir davantage. Parfois, le médecin communique au neuropsychologue, outre sa demande, un rapport synthétisant les éléments essentiels du dossier médical du patient. Lorsque le neuropsychologue reçoit son patient, il dispose ainsi déjà d'un certain nombre d'informations qu'il utilisera pour guider non seulement l'évaluation cognitive, mais aussi l'entretien clinique préliminaire.

Car en effet, tout bilan neuropsychologique commence par un entretien clinique ou une anamnèse. Cette anamnèse constitue une étape cruciale de l'examen, qu'en aucun cas le neuropsychologue ne doit négliger et à laquelle il faut consacrer tout le temps nécessaire. Nous développerons les caractéristiques de l'anamnèse en neuropsychologie dans la deuxième section de ce chapitre.

Riche de toutes les informations qu'il a pu recueillir au cours de l'anamnèse (auprès du patient et des proches de celui-ci) et des renseignement issus du dossier médical, le neuropsychologue élabore le contenu de l'examen psychométrique qu'il va réaliser. Ce contenu n'est jamais figé ; que ce soit suite à de nouvelles informations anamnestiques communiquées plus tard dans l'examen ou suite au résultat du patient à telle épreuve cognitive, le neuropsychologue doit pouvoir adapter en conséquence le contenu de l'examen, et décider par exemple de consacrer plus de temps qu'initialement prévu à l'exploration de tel aspect du fonctionnement cognitif ou psychologique de son patient.

Il faudra en outre éviter de placer le patient dans une situation d'échec qu'il est possible de prévoir dès l'anamnèse. Ainsi, si lors de l'entretien clinique, il apparaît que le patient présente un syndrome amnésique grave qui le rend, par exemple, totalement incapable de se souvenir d'une information simple répétée plusieurs fois après un délai de quelques minutes, il est inutile d'administrer à ce patient une épreuve d'apprentissage et de rappel de 15 mots, qui le confrontera brutalement à son incapacité. Il sera éventuellement plus judicieux de lui administrer un épreuve moins exigeante qui fournit du soutien à l'encodage et à la récupération dans le but de comprendre la nature de son déficit (voir le chapitre « L'évaluation des fonctions mnésiques »).

On pourra profiter de cette première séance d'examen pour distribuer au patient et/ou à la personne proche, un ou plusieurs questionnaires d'auto- et/ou d'hétéro-évaluation de la mémoire, de l'attention, de l'anosognosie, ou encore du comportement émotionnel. Ces questionnaires pourront notamment être remplis par la personne proche pendant qu'elle attend le patient qui est en examen ; quant au patient, il pourra les recevoir à la fin du premier examen, avec la consigne de les ramener lors de la seconde session d'examen (en l'ayant averti de ne pas prendre avis auprès de son conjoint ou d'une autre personne pour les remplir).

Par ailleurs, l'examen des fonctions cognitives implique la prise en compte d'un certain nombre de contraintes relatives notamment au décours temporel de l'évaluation ou à la succession des épreuves. En ce qui concerne les épreuves à placer en début ou en fin de séance, leur choix dépendra principalement des exigences qu'elles impliquent sur le plan de l'investissement attentionnel. Il n'est en effet pas rare d'observer des signes de fatigabilité importants en fin de séance, voire la présence de maux de tête dus aux efforts de concentration qui ont été demandés. Il peut être judicieux de réserver pour la fin de la séance les épreuves que l'on estimera les moins susceptibles d'être influencées par cette fatigabilité : cela peut être le cas, par exemple, pour le test de dénomination, ou encore pour certaines épreuves évaluant les fonctions instrumentales. La logique inverse vaut bien évidemment pour le choix des épreuves à administrer en début de séance : c'est à ce moment que le neuropsychologue choisira d'administrer les épreuves de mémoire à long terme et de mémoire de travail, ainsi que certaines tâches attentionnelles. Notons cependant qu'il peut être également intéressant d'administrer en fin de séance une épreuve attentionnelle (comme un test d'attention sélective), afin précisément d'évaluer la sensibilité du patient à la fatigabilité. En outre, la logique que nous venons de décrire appelle quelques nuances, et une certaine alternance entre tâches exigeantes et tâches moins exigeantes peut être judicieuse pour permettre au patient de «souffler». Un autre élément important à considérer dans la succession des épreuves a trait au contenu même de celles-ci. Il faudra par exemple éviter d'intercaler une épreuve verbale (comme un test de dénomination ou de fluences verbales) durant la phase de rétention d'une tâche de mémoire épisodique verbale. Si cette précaution n'est pas prise, l'interprétation d'une performance faible en évocation différée pourrait être impossible en raison de l'interférence occasionnée par la présentation d'un autre matériel verbal durant la phase de rétention.

1.5. Evaluation du niveau prémorbide

En situation d'expertise, il est nécessaire de procéder à une estimation aussi fiable que possible du niveau de fonctionnement prémorbide du patient. Un des objectifs centraux de l'examen est en effet de déterminer l'importance de la perte due à l'accident ; atteindre cet objectif implique de comparer le niveau de performance actuel du patient avec son niveau antérieur. Or, dans la plupart des cas, on ne dispose d'aucune information antérieure à l'accident permettant d'avoir une idée précise de ce niveau prémorbide : rares sont les patients dont le niveau d'efficience cognitive avait déjà été évalué préalablement...

Et il est vrai que ce niveau d'efficience intellectuelle prémorbide présumé est souvent difficile à estimer sur la base des seules informations anamnestiques. Ainsi, certains tests sont régulièrement utilisés pour procéder à cette estimation. Une méthode classique consiste à se servir d'un test de vocabulaire. Cette stratégie se base sur le fait que beaucoup de patients cérébrolésés retiennent davantage leurs habilités verbales anciennes — et notamment leur vocabulaire — par comparaison à d'autres fonctions cognitives comme la mémoire récente ou les capacités de raisonnement, qui se détériorent plus rapidement. On considère habituellement que les sous-tests de Vocabulaire et d'Information de l'échelle d'intelligence pour adultes de Wechsler (WAIS-III) peuvent donner une idée du niveau antérieur. En effet, ces deux tests sont bien corrélés avec le niveau d'éducation et résistent assez bien aux effets des atteintes cérébrales; ils donnent cependant des informations non valides en cas de troubles du langage ou de lésions hémisphériques gauches (Landsell, 1968) et lors de syndromes démentiels avancés (Lezak, 1995). Les Anglo-saxons utilisent également des tests de lecture tels que le NART (National Adult Reading Test; Nelson & O'Connel, 1978; Nelson, 1982), dont Crawford *et al.* (2001) proposent une version abrégée et dont il existe également une version adaptée pour les États-Unis (le NAART : The National American Adult ReadingTest-Revised; Spreen & Strauss, 1991). Ces tests se basent sur le constat que les habilités de lecture sont fortement corrélées au QI (issu de la WAIS) et que, sauf trouble du langage spécifique, elles se détériorent habituellement assez peu suite à une lésion cérébrale. MacKinnon, Ritchie et Mulligan (1999) ont proposé une adaptation en langue française du NART et ont montré que les caractéristiques psychométriques de cette adaptation en faisaient un outil prometteur pour l'estimation du fonctionnement cognitif prémorbide. Certains auteurs comme Baddeley, Emslie et Nimmo-Smith (1988) utilisent un tâche de décision lexicale (jugement d'appartenance ou non à la langue de mots et de non mots) dérivée du NART comme indicateur du niveau intellectuel prémorbide. En langue française, un test de synonymie tel que le Beauregard (1971) remplit le même office.

D'autres auteurs (Wilson, Rosenbaum & Brown, 1979) proposent d'évaluer le niveau prémorbide du patient en se servant d'une formule utilisant un ensemble d'indicateurs démographiques tels que l'âge, le sexe, le groupe ethnique, l'éducation et la profession. Les résultats obtenus avec cette méthode ont été mitigés et d'autres auteurs ont étendu la formule en y ajoutant la région d'habitation, le caractère rural ou urbain de la résidence et la latéralité manuelle (Barona, Reynolds & Chastain, 1984; Powell, Brossart & Reynolds, 2003); mais la validité de cet estimateur a aussi été contestée (Griffin, Mindt, Rankin, Ritchie & Scott, 2002; Sweet, Moberg & Tovian, 1990). Enfin, dans une nouvelle direction de recherche, des auteurs ont proposé d'établir un estimateur mixte combinant à la fois les scores en lecture (NART) et des indicateurs démographiques (Crawford, Stewart, Parker *et al.*, 1989). Ces techniques, pour prometteuses qu'elles soient, n'ont cependant pas à ce jour fait l'objet de recherches appliquées en langue française et elles ne sont donc pas applicables chez nous.

2. L'ANAMNÈSE

Tout examen neuropsychologique est précédé par un entretien anamnestique avec le patient et, le cas échéant, avec ses proches. Comme nous l'avons déjà souligné, l'anamnèse est une démarche importante car les informations qu'elle permet de recueillir orienteront en partie le choix et l'étendue des investigations qui seront réalisées ultérieurement.

Dans le cadre de l'expertise médico-légale, les objectifs de l'anamnèse sont multiples. Il s'agira essentiellement de :

(1) recueillir des informations sur **les raisons à l'origine de l'examen** : Qui a demandé l'examen ? Dans quel but précis ?

(2) retracer **l'histoire des troubles** : nature et date d'apparition, déficits neurologiques associés ; d'un point de vue plus spécifiquement neuropsychologique, il s'agira aussi d'établir avec précision **le décours temporel des déficits cognitifs** ;

(3) recueillir des informations sur **le passé scolaire, professionnel et familial du patient** afin d'évaluer ses modes de fonctionnements cognitifs antérieurs ;

(4) dresser un tableau de l'**environnement** familial, social et professionnel du patient ;

(5) examiner la **prise de conscience des troubles** et les réactions affectives au handicap ;

(6) établir un inventaire des **handicaps** ou des difficultés d'adaptation dans la vie quotidienne qui résultent des déficits cognitifs.

Enfin, l'anamnèse est en elle-même une situation d'échange avec le patient, qui met en jeu un ensemble de processus cognitifs qui vont de la production et de la compréhension du langage parlé aux activités de recherche en mémoire rétrograde d'informations autobiographiques anciennes et récentes. L'examinateur sera attentif aux signes cliniques qui peuvent se manifester au cours de cet échange. Il sera aussi attentif à la présence de désordres comportementaux, et notamment ceux relevant de la série frontale, ou de signes évocateurs d'une éventuelle dépression ou d'un état de stress post-traumatique. L'examinateur sera également sensible à la manière dont le patient a vécu son atteinte cérébrale et ses conséquences, à la manifestation éventuelle de propos revendicatifs ou au contraire d'anosognosie des déficits.

Nous évoquerons brièvement chacun de ces points, mais on se souviendra qu'il s'agit ici de considérations cliniques qui n'ont pour la plupart pas fait l'objet de recherches systématiques. Les remarques qui suivent sont donc davantage le fruit de l'expérience clinique des auteurs qu'elles ne résultent de données fermement établies sur le plan scientifique.

2.1. Le recueil d'informations sur les circonstances à l'origine de l'examen

Dans le cadre d'une expertise médico-légale, l'examen neuropsychologique d'un patient se déroule généralement dans trois contextes différents : à la demande de l'expert qui défend le patient, à la demande de la partie adverse et, parfois, à la demande des deux parties qui ont d'un commun accord décidé de s'en remettre à l'avis du neuropsychologue. Il arrive également que l'expertise soit faite à la demande du patient lui-même qui désire obtenir certaines informations sur son fonctionnement cognitif et sur les handicaps qui en résultent avant d'entamer une procédure de réclamation.

Ces différents contextes peuvent bien sûr avoir une influence sur l'attitude du patient. Ainsi, par exemple, s'il est forcé de se rendre à l'expertise suite à une injonction du médecin du travail ou d'un organisme d'assurances, le patient peut craindre la rencontre avec l'expert et présenter au moment de l'examen un état anxieux qui peut se répercuter sur son niveau d'efficience cognitive.

Il nous paraît essentiel à cet égard que le clinicien adopte une attitude accueillante et ouverte et qu'il prévienne le patient qu'il n'est pas là pour le confondre ou le piéger, mais pour l'écouter, l'examiner et établir avec la plus grande objectivité possible un état de son fonctionnement cognitif et des handicaps éventuels qui en résultent dans la vie de tous les jours. Il est essentiel aussi que le neuropsychologue avertisse le patient de sa position par rapport aux demandeurs. Les auteurs de ce livre pratiquent des expertises dans le cadre de consultations cliniques universitaires et n'ont aucun lien structurel avec des organismes privés d'assurances ou autres instances de soins de santé. Selon les demandes qui leur sont adressées, tantôt ils agissent pour le médecin-expert qui défend le patient, tantôt ils agissent en qualité de contre-experts. Dans tous les cas, il nous paraît important que le patient sache précisément, au moment de l'expertise, à la demande de quelle partie celle-ci est réalisée et à quelle personne seront transmis les résultats de ses examens.

2.2. L'histoire de la maladie

Dans la plupart des cas, le clinicien n'aura pas à reconstituer dans le détail l'histoire de la maladie. La conduite orientée d'une expertise exige en effet que le neuropsychologue ait reçu au préalable le maximum d'informations sur l'histoire du patient.

Il arrive que certains experts demandent au neuropsychologue de réaliser une expertise en «aveugle» afin de ne pas être influencé par les examens déjà réalisés auparavant. Cette attitude n'est pas recommandable et pose un nombre considérable de problèmes méthodologiques. En effet, les expertises neuropsychologiques sont généralement réalisées plusieurs années après l'atteinte cérébrale. Dans de tels cas, les patients ont le plus souvent déjà subi plusieurs examens neuropsychologiques, soit peu après leur accident (par exemple au cours de leur hospitalisation), soit lors de leur séjour dans un centre de médecine physique ou de revalidation neuropsychologique. La présence d'examens antérieurs doit être connue par le neuropsychologue qui réalise l'expertise. Il est en fait nécessaire qu'il ait accès aux résultats détaillés des tests qui ont été pratiqués auparavant. Les résultats des tests antérieurs seront utilisés à titre de comparaison avec les performances actuelles. Par ailleurs, si l'on veut éviter les effets test-retest, le fait de savoir avec précision quels tests ont été pratiqués auparavant permet d'en choisir d'autres. En effet, dans le domaine de la mémoire épisodique et des fonctions exécutives notamment, les effets test-retest peuvent être extrêmement importants et se manifester sur plusieurs mois, voire plusieurs années après la première passation. Ainsi une amélioration des performances à un test de mémoire qui a déjà été administré six mois à un an auparavant peut n'avoir aucune signification fonctionnelle en ce qui concerne la récupération de la fonction mnésique. La question du test-retest est d'autant plus cruciale qu'à l'intérieur d'une même communauté linguistique, les différentes équipes neuropsychologiques utilisent un ensemble limité d'épreuves; les risques de doublons sont donc élevés (voir aussi, sur ce point, la section précédente).

Par ailleurs, lorsqu'il dispose au préalable d'informations sur l'histoire de la maladie du patient, le clinicien peut se faire une idée générale du testing qu'il aura à entreprendre. En effet, selon la sévérité et la nature des plaintes, il pourra sélectionner le type de tâches et leur degré de difficulté. Le clinicien pourra également estimer le temps pendant lequel le patient peut être examiné dans de bonnes conditions. En outre, lorsque le dossier médical comporte des informations précises sur la localisation et l'étendue des lésions, l'examen neuropsychologique peut être orienté vers la recherche des signes cliniques habituellement associés à ces localisations.

De manière évidente, la localisation inter- et intrahémisphérique de la lésion cérébrale, son caractère diffus ou localisé, ou encore son mode d'installation conditionnent les démarches auxquelles il convient de donner la priorité. Ainsi, une lésion hémisphérique gauche centrale oriente l'examen vers la recherche de troubles du langage; une lésion antérieure vers la recherche de troubles dits «dysexécutifs»; une lésion postérieure droite vers l'association des symptômes habituellement rencontrés dans le syndrome de l'hémisphère mineur; etc. En fait, dès l'anamnèse, le neuropsychologue, averti par les données médicales, ira à la recherche des associations lésions-signes classiquement décrites dans la littérature (voir par exemple Botez, 1996). Les mêmes remarques s'appliquent aux variables étiologiques. La présence d'un traumatisme crânien fermé peut orienter l'examen vers la recherche des signes classiquement présents dans cette pathologie.

Avant d'examiner le patient, un premier travail consiste donc à prendre connaissance de son dossier. Dans la lecture de ce dossier, le neuropsychologue sera attentif à tout un ensemble d'informations :

2.2.1. La nature de l'atteinte cérébrale

Dans la plupart des cas d'expertise, l'étiologie est connue; elle consiste le plus souvent en un traumatisme crânien. Mais d'autres étiologies peuvent faire l'objet d'expertise (par exemple, un accident vasculaire survenu sur le lieu du travail, ou la présence de déficits cognitifs dans le contexte de maladies professionnelles dues à l'exposition prolongée aux solvants, ou encore lors d'arrêts cardiaques en cours d'interventions chirurgicales).

2.2.2. L'étendue et la localisation (intra- et interhémisphérique) des lésions

Avoir une idée, même relative, de l'étendue des lésions est un élément important pour l'examen neuropsychologique. En effet, même s'il n'existe pas de relation linéaire simple entre l'étendue des lésions cérébrales et la sévérité des troubles neuropsychologiques, il reste cependant que, à étiologies et localisations comparables, l'étendue des lésions est habituellement corrélée positivement à la gravité des troubles.

2.2.3. La chronologie des événements

La plupart des dossiers d'expertise comportent des informations utiles sur le décours temporel des événements. On s'informera ici sur la date d'apparition des premiers signes, de la première consultation, sur l'histoire des interventions antérieures éventuelles (chirurgie ou traitements médicamenteux) ainsi que, éventuellement, sur les stades ou étapes par lesquels la maladie est passée (accident vasculaire à répétition, tumeur opérée, présence de plusieurs traumatismes, etc.).

Le décours temporel des troubles est un élément d'information souvent capital. D'une manière générale, il n'est pas rare que les plaintes cognitives n'aient pas été présentes dès le début. Dans de nombreux cas de traumatismes crâniens avec fractures, lésions internes ou plaies associées, le patient est hospitalisé pendant plusieurs mois, et la priorité des soins est donnée aux troubles somatiques. De plus, il n'est pas rare que le patient soit placé sous de fortes doses d'anti-douleurs, et ces traitements peuvent affecter son niveau d'éveil et sa nosognosie. Les plaintes cognitives peuvent donc n'apparaître qu'ultérieurement, par exemple au moment de la mise en place d'une revalidation ou à l'occasion du retour du patient à son domicile, ou encore plus tard lors de la reprise à temps partiel ou complet d'une activité professionnelle. De plus, lorsque la prise de conscience des troubles est tardive, la plupart des patients ne consultent pas immédiatement. A la survenue des premiers signes pathologiques, il n'est pas rare qu'ils imputent les difficultés cognitives à de la fatigue, ou à la situation de stress liée à la reprise professionnelle.

Il faut en outre noter que l'interrogation sur la date d'apparition des premiers signes ne conduit pas toujours à des informations parfaitement objectives. Certains paramètres psychologiques et sociaux peuvent intervenir dans l'identification de ces signes. Une personnalité hypocondriaque ou une tendance naturelle à l'auto-observation du fonctionnement cognitif (phénomène classique chez les intellectuels) peuvent conduire à consulter précocement. Au contraire, dans d'autres milieux sociaux, un déficit cognitif sera moins vite repéré que la présence de difficultés motrices ou sensorielles qui interfèrent avec la réalisation d'activités manuelles.

Par ailleurs, les réponses fournies par le patient impliquent sa mémoire autobiographique et la formulation des questions peut faciliter ou non la récupération des informations en mémoire. Si, sur le plan médical ou neuropsychologique, il peut paraître important d'obtenir la date précise à laquelle sont apparus les premiers signes de la maladie, on se souviendra néanmoins que la mémoire autobiographique n'est pas organisée par des unités de temps comme telles (la minute, l'heure, le jour, le mois, l'année) mais selon un temps personnel et social qui structure les souvenirs. On se souviendra également que des phénomènes de télescopage temporel ont été décrits, qui entraîneraient une compression de temps vers le présent et qui font que les événements du passé sont souvent perçus comme étant survenus plus récemment que ce n'est le cas en réalité. Cet écart entre le temps réel et le temps rapporté dans les souvenirs personnels a conduit un auteur comme Robinson à proposer que ce sont en fait les événements qui structurent notre mémoire autobiographique et qui lui fournissent sa structure temporelle (Robinson, 1986). Ces considérations ont bien sûr des conséquences importantes sur la manière de formuler les questions, et il est préférable, lorsqu'on veut évaluer la fréquence d'un événement (ou simplement sa survenue), de partir de bornes temporelles ayant une signification personnelle pour le sujet plutôt que de lui proposer des repères temporels fixes de type calendrier. Ainsi, on obtient habituellement des informations plus fiables si on demande à un sujet s'il a présenté des difficultés de langage ou des céphalées depuis «son retour de vacances», «depuis le réveillon», «depuis son anniversaire», etc., plutôt qu'en lui demandant si de tels signes se sont produits «au cours des six derniers mois». Il semble également qu'on puisse utiliser comme élément de repère un événement public connu, considéré comme marquant pour le sujet et ayant eu un impact émotionnel (Loftus & Marburger, 1983). Par ailleurs, comme on le verra par la suite, il est possible, au-delà de l'investigation anamnestique, d'utiliser un ensemble de méthodes plus précises pour cerner la fréquence, le rythme et les conditions d'apparition de certains troubles, comme des questionnaires structurés et des méthodes d'auto- ou d'hétéro-observation («check list», «diaries», observation directe en institution, etc.).

2.2.4. Le caractère évolutif ou non des troubles

Dans le cadre d'une expertise, cette information est importante pour plusieurs raisons. D'une part, parce que l'expert peut demander au neuropsychologue de se prononcer *a posteriori* sur l'étendue du déficit cognitif tel qu'il existait antérieurement afin de fixer des niveaux différents d'invalidité selon différentes périodes post-traumatiques considérées. D'autre part, parce qu'une évolution classique d'un traumatisme crânien sans complication est une récupération progressive mais lente des fonctions cognitives. En outre, le caractère stable ou non des troubles joue un rôle dans la décision de consolidation du dossier. Lorsque les troubles continuent à évoluer, il n'est pas recommandé de clôturer un dossier mais de procéder à des intervalles temporels réguliers à de nouveaux bilans afin de voir si la sémiologie évolue. Enfin, chez certains sujets âgés, une évolution négative des troubles peut signifier la présence d'un syndrome dégénératif lié à l'accident ou s'y superposant.

Par ailleurs, dans tous les cas où l'accident responsable de la demande d'expertise n'est pas trop éloigné dans le temps, l'expert a l'obligation de profiter de la situation d'expertise pour signaler au patient qu'une revalidation neuropsychologique peut être utilement entreprise. Il en va de même lorsque, au terme d'un bilan, on pense avoir identifié des problèmes dans la sphère psychoaffective qui risquent de se cristalliser sans la présence d'un soutien psychothérapeutique adapté.

2.2.5. Le statut moteur et sensoriel du patient

L'examen neuropsychologique est bien sûr conditionné par la présence de déficits sensori-moteurs plus ou moins sévères (hémiplégie, hémiparésie, hémianesthésie, hémianopsie, quadranopsie, scotomes, phosphènes, hypoacousie, acouphènes, problèmes moteurs de type parkinsonien ou cérébelleux, etc.). La plupart des tests auxquels sont soumis les patients impliquent en effet de traiter par les voies visuelle, auditive ou tactile des informations et d'y répondre soit oralement, soit en produisant une conduite motrice. Toute altération des systèmes efférents et afférents demandera en outre une adaptation des tâches et devra être prise en compte dans l'interprétation des résultats.

Si l'on veut examiner la capacité d'un patient de reconnaître des objets alors qu'il présente une hémianopsie, on veillera à présenter le matériel à identifier dans l'hémichamp visuel sain. Si un patient présente une hémiplégie droite et qu'on tient à examiner son écriture, on se tournera vers l'usage de lettres mobiles, vers des tâches d'épellation ou encore vers l'écriture à la main gauche ; un patient atteint d'hypoacousie peut être testé au moyen de consignes verbales écrites ou, s'il utilise la lecture labiale, en veillant à parler fort et en articulant clairement, etc.

Les adaptations souhaitables sont parfois plus subtiles à mettre en place. Ainsi, dans un test d'intelligence générale comme le PM38, le sujet doit compléter un dessin lacunaire en désignant parmi les six fragments proposés celui qui convient. Dans le test classique, ces fragments sont alignés par groupe de trois en deux lignes horizontales. Or, il a été montré qu'avec une telle procédure, les patients qui présentent une héminégligence montrent une tendance consistante à choisir les fragments localisés dans le champ controlatéral à leur lésion (Campbell & Oxbury, 1976 ; Colombo, De Renzi & Faglioni, 1976 ; Costa, Vaughan, Horwitz & Ritter, 1969). Ce biais attentionnel peut cependant être corrigé par l'utilisation d'une version modifiée du test dans laquelle les fragments de réponse sont à présent disposés verticalement (Miceli, Caltagirone & Gainotti, 1981 ; Gainotti, D'Erme, Villa & Caltagirone, 1986)

2.2.6. Le traitement médicamenteux

La présence de traitements médicamenteux (par exemple, drogues anti-épileptiques, anxiolytiques, antidépresseurs, etc.) doit être relevée et le clinicien se demandera si celles-ci peuvent avoir un effet sur le niveau d'éveil du patient, sur son fonctionnement mnésique et, d'une manière plus générale, sur son fonctionnement cognitif.

Dans certains contextes, il peut être utile de demander une période de suspension des drogues (un « washout ») afin de tester le fonctionnement cognitif du patient délivré de l'influence de médicaments. Une telle démarche implique bien sûr de s'entendre au préalable avec le médecin responsable.

2.2.7. Age, sexe et latéralité

L'âge du patient et son sexe sont des informations banales et simples à obtenir. Ces données sont bien sûr capitales pour l'analyse des performances obtenues aux tâches pour lesquelles on dispose de normes.

La latéralité manuelle est une donnée également importante à recueillir. Dans un premier temps, on demandera au patient quelle est la main qu'il utilise pour écrire ; on veillera aussi à s'assurer qu'il n'y a pas eu de gaucherie contrariée lors de l'apprentissage de l'écriture, et on interrogera le patient afin de s'assurer s'il est généralement dominant d'une main dans un ensemble d'activités de la vie quotidienne.

Notons toutefois que les questions en relation avec la latéralité sont plus complexes que ce que pourrait laisser supposer la brève présentation qui en est faite ici (voir à ce sujet Seron & Van der Linden, 2000).

2.2.8. Atteintes cérébrales antérieures

On examinera également si le patient n'a pas subi d'atteintes cérébrales antérieures à celle qui a conduit à la consultation actuelle, ou s'il a connu par le passé des difficultés psychologiques majeures ayant nécessité un traitement (hospitalisation ou séances de psychothérapies, etc.) et ayant pu retentir sur certains aspects de son fonctionnement cognitif.

> Dans certaines situations d'expertises, il arrive que l'on doive examiner un patient qui a encouru deux traumatismes crâniens successifs séparés par quelques mois ou plusieurs années, et de se voir interrogé sur les conséquences spécifiquement liées soit au premier, soit au deuxième accident. Le neuropsychologue doit dans ce contexte se montrer extrêmement prudent. En effet, s'il peut paraître légitime que les parties concernées sur le plan économique essaient de savoir quelle est la part de responsabilité propre qu'elles ont à assumer, sur le plan clinique il est quasi impossible, lors de la réalisation d'un bilan, d'indiquer duquel des deux accidents antérieurs proviennent les déficits observés, sauf dans les cas rares où les deux traumatismes ont entraîné des sémiologies contrastées en liaison avec une localisation différente des lésions. Dans les situations où plusieurs accidents se sont produits, les données anamnestiques seront à nouveau essentielles : Qu'a fait le patient après le premier accident ? A-t-il pu mener à nouveau une vie normale sur le plan social et professionnel ? Retravaillait-il normalement à temps plein au moment du deuxième accident ? Etc.

2.2.9. L'intérêt de l'interrogatoire direct

Même lorsqu'il a eu au préalable accès au dossier médical et neuropsychologique, le neuropsychologue doit réinterroger le patient afin qu'il puisse raconter personnellement ce qui lui est arrivé. Cette démarche permet de comparer ce que le patient raconte à ce qui se trouve consigné dans son dossier. L'interrogatoire direct permet en outre de se faire une première idée de la prise de conscience des troubles et aussi de voir, parmi l'ensemble des déficits, ceux que le patient place au premier plan.

En cas de différences importantes entre le dossier du patient et le récit qu'il fournit, plusieurs cas de figures peuvent se présenter :

– le patient peut être incapable d'évoquer des événements parce qu'il n'y a plus accès du fait de **problèmes mnésiques**, ce qui n'est pas rare dans les cas de traumatismes crâniens ou de démences ;

– le patient peut ne pas évoquer correctement des événements parce **qu'il est confus** (on risque alors d'être confronté à des confabulations, à des fausses reconnaissances, à des dyschronologies, etc.);

– le patient peut ne pas fournir des informations correctes ou complètes parce qu'il les a **réinterprétées** ou parce que, pour des raisons psychologiques, il ne souhaite pas les évoquer lors de l'examen.

En fait, demander à un patient d'évoquer une partie de sa vie, l'histoire de sa maladie et les signes psychologiques qui se sont manifestés à cette occasion est une activité complexe qui fait appel à un ensemble de capacités parmi lesquelles les capacités d'auto-observation (qui sont variables selon les sujets), les capacités d'évocation et de récupération (les données actuelles sur le fonctionnement de la mémoire autobiographique devant être prise en compte), ou encore les capacités d'expression du patient (nous reviendrons sur ce point dans l'exposé des plaintes). Les réponses qu'il donnera dépendront également de ses présupposés sur les objectifs de l'examen, de la manière dont il ressent les questions et des objectifs qu'il pense sous-jacents à chacune d'entre elles.

Par ailleurs, lorsqu'on interroge un patient, il n'est pas rare qu'il vienne accompagné (d'un conjoint, d'un enfant, d'un parent plus âgé...) à l'examen. L'accompagnant présent à l'anamnèse peut avoir tendance à venir régulièrement au secours du patient pour ajouter des détails, contredire, appuyer ou développer ses propos. Dans certains cas, l'accompagnant peut devenir encombrant et se substituer en permanence au patient. Il est alors indispensable de contrôler cette situation. Une manière utile de procéder est de toujours s'adresser en premier au patient (le cas échéant, en demandant explicitement au proche de le laisser parler en premier) et de ne s'adresser à l'accompagnant que lorsque le patient a dit tout ce qu'il savait. Les propos de l'accompagnant peuvent alors servir à compléter, nuancer ou infirmer les informations fournies par le patient. Lorsque d'entrée de jeu on laisse la personne proche prendre la parole pour répondre aux questions, on court le risque de ne pas savoir ce que le patient sait lui-même de sa maladie et comment il la ressent.

Signalons qu'il serait erroné de penser que toute contradiction entre les propos tenus par le patient et ceux de l'accompagnant signifie nécessairement que le patient n'est pas conscient de ses troubles ou qu'il les minimise. Les causes de désaccord peuvent en effet être d'origines diverses, et elles ne signifient pas toutes que l'accompagnant soit plus fiable. Dans le domaine de la mémoire par exemple, les difficultés mnésiques du patient ne sont pas repérables avec la même facilité par le proche. S'il est facile de repérer une difficulté d'évocation lorsqu'elle survient dans une situation de conversation ou suite à l'absence du patient à un rendez-vous, il est plus difficile de savoir précisément ce qu'il peut avoir retenu d'une lecture ou d'une émission de télévision qu'il a regardée. Ainsi, même si les évaluations des proches sont en moyenne mieux corrélées avec les résultats obtenus par le patient aux tests de mémoire, l'analyse des proches ne peut se rapporter qu'aux troubles mnésiques (ou autres) présentant un caractère public (Sunderland, Harris & Baddeley, 1984).

2.3. La description des déficits cognitifs

L'anamnèse neuropsychologique vise bien sûr à cerner la nature et l'étendue des plaintes cognitives. Dans un premier temps, on a intérêt à aborder cette question de manière ouverte et relativement générale, en essayant autant que possible de ne pas induire les réponses. On demandera au patient de quoi il se plaint ou ce qui ne va pas d'un point de vue psychologique ou mental (des questions possibles sont : «De quoi vous plaignez-vous?», «Qu'est-ce qui a changé depuis votre accident, votre maladie...?», etc.). Dans un second temps, l'examinateur passera à des questions plus précises sur l'ensemble des éléments du fonctionnement cognitif dont ne lui aurait pas parlé le patient.

Les informations fournies par les patients sont évidemment extrêmement variables d'un cas à l'autre. De multiples facteurs sous-tendent cette variabilité. Parmi ces facteurs, on relèvera : la tendance préexistante ou non à l'auto-observation, la gravité des troubles, les capacités de prise de conscience, les conséquences manifestes ou non du déficit, la nature du déficit, l'enjeu de l'examen, le désir de ne pas perdre la face, la peur de ne pas être cru, la recherche d'une compensation financière, les capacités d'expression et d'auto-description du patient (la finesse du vocabulaire, l'habitude à la prise de parole), etc.

Dans ce processus de recueil d'informations, le neuropsychologue essayera d'être aussi précis que possible. Les patients n'ont pas comme les psychologues l'habitude de décrire leurs comportements ou leurs processus mentaux et, si certains d'entre eux arrivent à donner des descriptions assez précises de leurs troubles, la plupart fournissent des comptes-rendus assez pauvres et imprécis dans leur formulation. On se trouve alors confronté à des énoncés du type : «j'ai mal à la tête», ou encore «la mémoire, j'ai tout perdu», «pour parler, ça ne va plus», «depuis l'accident ce n'est plus pareil, tout a changé», etc. Il appartient au neuropsychologue d'arriver à faire émerger de ces descriptions très générales et vagues un tableau plus précis. Pour ce faire, il pourra s'appuyer sur trois domaines de connaissance : (1) ses connaissances relatives à la sémiologie et aux syndromes neuropsychologiques ; (2) ses connaissances relatives au fonctionnement cognitif et à ses troubles ; (3) ses connaissances sur les variables à prendre en compte dans l'analyse fonctionnelle des déficits.

2.3.1. *Connaissances relatives à la sémiologie et aux syndromes neuropsychologiques*

A partir de ses *connaissances de la sémiologie associée aux atteintes cérébrales*, le clinicien ira à la recherche des signes habituellement rencontrés dans telle ou telle complexe syndromique. Il recherchera les **associations de troubles** les plus fréquemment rencontrées et constitutives des grands syndromes classiques.

> Par exemple, si un patient signale une difficulté dans les activités de calcul, on se demandera si d'autres troubles tels qu'une apraxie constructive, une agnosie digitale et une confusion gauche-droite, ne sont pas présents, constituant le cœur habituel du syndrome de Gerstmann, etc.

2.3.2. *Connaissances relatives au fonctionnement cognitif et à ses troubles*

A partir de ses *connaissances en psychologie et en neuropsychologie cognitive*, le neuropsychologue peut tenter de cerner au mieux la nature des composants déficitaires.

> Par exemple, si un patient se plaint de ne plus pouvoir, au cours d'une conversation, produire un mot attendu, on lui demandera s'il ne trouve pas la forme du mot (les sons qui le composent) ou s'il connaît encore le mot à dire (il pourrait l'écrire, par exemple) mais n'arrive pas à le prononcer (à exécuter les mouvements articulatoires) ou encore s'il a par moments une fuite ou un blocage des idées (comme un blanc) et ne sait plus alors ce qu'il voulait dire, etc.

La prise en compte de modèles cognitifs au moment de l'interrogatoire permettra aussi de préciser, à l'intérieur d'une fonction, quel sous-système se trouve le plus probablement perturbé.

> Ainsi, lors du recueil d'une plainte mnésique, le clinicien peut déjà, dans son anamnèse, établir au moins approximativement quel sous-système mnésique est concerné. Le patient éprouve-t-il des difficultés dans la manipulation d'objets ou dans l'apprentissage de nouvelles routines ? A-t-il un déficit dans l'évocation des noms propres et des noms de personnes ? Se perd-il dans des environnements qu'il connaissait auparavant ? Se souvient-il des visages connus antérieurement ? Etc.

2.3.3. Connaissances sur les variables à prendre en compte dans l'analyse fonctionnelle des déficits

A partir de ses *connaissances sur l'analyse fonctionnelle des conduites*, le neuropsychologue tentera de cerner au mieux les conditions de déclenchement ou de persistance des troubles. Nous reviendrons sur ce point plus tard car il concerne un élément essentiel de l'anamnèse en condition d'expertise et qui se rapporte à l'évaluation du handicap.

Quel que soit le domaine de connaissances qui guide son évaluation, le neuropsychologue devra souvent procéder en demandant au patient d'essayer de se souvenir et de décrire des **épisodes concrets** au sein desquels le trouble s'est manifesté. Par exemple, à un patient qui déclare simplement «j'oublie tout depuis mon accident», on demandera qu'il rappelle, s'il le peut, le dernier oubli qu'il a eu et qu'il essaie d'en préciser les circonstances (qui a remarqué l'oubli, a-t-il eu des conséquences fâcheuses, était-ce une activité répétitive, un événement exceptionnel, quand avait été présentée l'information dont il devait se souvenir, etc.).

2.4. Le passé scolaire et professionnel du patient

Obtenir des informations sur le passé scolaire et professionnel du patient est un des objectifs essentiels de l'anamnèse, car l'évaluation d'un déficit se fait en référence à un ensemble d'hypothèses sur le fonctionnement intellectuel et cognitif antérieur du patient et sur ses domaines particuliers de compétence. La sévérité d'un déficit se mesure idéalement par l'amplitude du changement qu'il introduit par rapport à l'état prémorbide supposé. Comme, dans la plupart des cas, les patients n'ont pas fait l'objet d'évaluations cognitives avant leur accident, cet état antérieur peut être inféré à partir de données anamnestiques. Il peut aussi être estimé au moyen de certains tests réputés habituellement mieux résister que d'autres aux atteintes cérébrales (bien que ceci doive se faire avec une certaine prudence; voir par exemple Powell *et al.*, 2003).

Au niveau de l'anamnèse, deux éléments sont essentiels : la scolarité du patient et son activité professionnelle. D'une manière générale, il est nécessaire dans ces matières d'aller au-delà de repères descriptifs non approfondis tels que : le patient a fait des études primaires, il possède un diplôme d'études moyennes ou techniques A2, il exerce la profession de plombier, d'agent des postes, de médecin ou d'ingénieur. Il est recommandé de procéder à une interview plus détaillée afin d'obtenir un descriptif assez précis des *trajectoires scolaires et professionnelles* du patient.

Par exemple, en ce qui concerne la scolarité, il est utile de demander au patient dans quel établissement il a fait ses études primaires ; s'il était un bon ou un mauvais élève ; s'il a redoublé une année ; quelles étaient les matières dans lesquelles il excellait et celles pour lesquelles il se trouvait à la traîne. L'entretien concernant les études primaires devra aussi permettre de préciser s'il n'y a pas eu de retard d'apprentissage, de troubles de la lecture, du calcul ou de l'écriture (enseignement spécial, cours privés, séances d'orthophonie, etc.).

On enquêtera avec la même précision sur les études secondaires. Si le patient se décrit comme un élève moyen ou faible, on tentera de savoir pourquoi (absence de motivation, mauvais encadrement familial, limite intellectuelle, intérêt limité à quelques matières, etc.). Lorsqu'il y a eu des changements d'école ou de section, on essayera de savoir pourquoi (raisons familiales ou choix d'une école ou d'une section plus faibles). Enfin, lorsqu'un patient vient d'un autre pays, et particulièrement d'un pays en voie de développement, il est utile d'essayer de savoir à quel type de scolarité il a été exposé et dans quelle langue il a appris à lire et à écrire.

Sur le plan de l'activité professionnelle, on aura le même souci de précision. Il ne suffit en effet pas de savoir que quelqu'un est médecin ou directeur d'entreprise pour se faire une idée correcte de son fonctionnement cognitif habituel. L'ensemble des dimensions à prendre en compte pour situer une activité professionnelle concerne : la trajectoire professionnelle du patient (a-t-il commencé au bas de l'échelle, a-t-il progressé dans ses compétences ?), le degré des responsabilités qu'il assume, le poids relatif dans son travail des situations de prises d'initiatives, de résolution de problèmes ou, au contraire, des situations conduisant à l'exercice répétitif de routines automatisées. Lorsque l'examinateur n'arrive pas à se représenter en quoi consiste réellement l'activité professionnelle d'un patient, une stratégie toujours utile consiste à lui demander de décrire dans le détail une journée habituelle de travail.

Si les informations sur le passé scolaire et professionnel antérieur paraissent capitales, c'est bien sûr afin d'être en mesure d'interpréter le niveau actuel de performances.

> Par exemple, un homme qui, après une atteinte cérébrale, obtient à la WAIS-R un Quotient Intellectuel situé dans la moyenne est sans doute significativement handicapé s'il était auparavant un professeur d'université de haut niveau.

Il est souvent difficile d'estimer sur la base des informations anamnestiques le niveau d'efficience intellectuelle prémorbide. Mais sur le plan de l'efficience scolaire, si le sujet est jeune, il est parfois possible d'obtenir du patient ou de l'établissement scolaire (avec son autorisation) l'ensemble de ses notes scolaires (pour l'estimation du niveau prémorbide, voir *supra*).

2.5. Prise de conscience et réactions aux troubles

En neuropsychologie, on parle d'une manière générale d'**anosognosie** pour signaler le fait qu'un patient n'a pas une conscience normale de ses troubles. C'est une question complexe et par ailleurs intéressante sur le plan théorique (voir Prigatano & Schacter, 1991). Au niveau de l'anamnèse, on sera sensible à plusieurs points : le patient signale-t-il des troubles ou vient-il à l'examen sans savoir ce qu'on lui veut? Si le patient est conscient de ses troubles, en est-il affecté? En effet, on peut rencontrer des patients qui, bien que conscients de leurs troubles (c'est-à-dire capables d'en signaler l'existence), ne paraissent pas en être pour autant affectés, ou en diminuent l'importance (on parle alors d'anosodiaphorie pour qualifier cette apparente indifférence aux troubles).

La prise de conscience des troubles pourra, dans une étape ultérieure, faire l'objet d'analyses plus détaillées. Il y a en effet des degrés dans la prise de conscience : un patient peut savoir qu'il se trompe parfois de mots parce que quelqu'un le lui a fait remarquer ou parce que l'erreur de langage qu'il a commise a une conséquence externe immédiate dont il prend conscience. Il peut aussi — et c'est un phénomène différent — prendre conscience d'une erreur de langage dès qu'il l'a produite et tenter ainsi de s'auto-corriger immédiatement. Dans le domaine de la mémoire, un sujet peut prendre conscience d'un oubli parce qu'il est confronté à un indice qui l'évoque (par exemple, rencontrer une personne et se souvenir qu'on détient une information à lui transmettre sans savoir laquelle : «j'ai quelque chose à vous dire, mais je ne sais plus quoi»); il peut à l'inverse ne prendre conscience d'un oubli que parce que quelqu'un lui réclame les informations qu'il détient. Ces phénomènes sont qualitativement différents et renvoient à des perturbations cognitives sous-jacentes différentes également.

On se souviendra aussi que certains patients peuvent donner l'impression qu'ils ne prennent pas conscience de leurs troubles parce qu'ils veulent sauver la face ; ils présentent alors des réactions de déni : «je n'ai jamais su dessiner», «je n'ai pas mes bonnes lunettes», «il y a longtemps que je ne calcule plus», etc.

Rappelons que l'anosognosie est un terme initialement utilisé par Babinsky (1914, 1918) pour décrire le cas de patients atteints d'une hémiplégie gauche et qui semblaient ne pas en prendre conscience. Peu avant, Anton (1896, 1898) avait rapporté deux observations de non prise de conscience de troubles lors d'un cas de cécité et lors d'un cas de surdité. Par la suite, d'autres formes d'anosognosie ont été décrites dans le cadre de l'aphasie (Rubens & Garret, 1991), du syndrome frontal (Stuss, 1991), de la démence (McGlynn & Kaszniak, 1991), des troubles de la mémoire (Schacter, 1991). Aujourd'hui, ce terme indique d'une manière plus générale une non prise de conscience ou une prise de conscience amoindrie d'un trouble cognitif ou d'un déficit sensori-moteur acquis après une lésion cérébrale, quel que soit le domaine concerné (mémoire, déclin intellectuel, etc.). De nombreuses recherches sont menées pour tenter de comprendre les soubassements cognitifs et neurophysiologiques des mécanismes de prise de conscience des troubles.

Au niveau clinique, le neuropsychologue est confronté à trois problèmes : (1) comment établir l'existence de phénomènes anosognosiques ? (2) comment en évaluer la sévérité ? et (3) comment les distinguer de mécanismes d'origine psychologique comme le « déni » actif des troubles ?

En clinique courante, au moment de l'anamnèse, l'anosognosie s'évalue habituellement sans recourir à des procédés d'évaluation standardisés. En fait, le clinicien se pose la question de signes anosognosiques lorsqu'il observe un écart entre la description que donne le patient de ses troubles et ce qu'il est lui même en mesure d'observer, entre ce que dit le patient et ce qui est rapporté par les proches, ou encore entre les déclarations du patient et les résultats qui seront plus tard enregistrés aux tests neuropsychologiques.

A côté de cette appréciation clinique, certaines méthodes ont cependant été élaborées. Par exemple, Cutting (1978) a mis au point un questionnaire d'anosognosie pour l'hémiplégie composé de questions d'abord assez générales (comme « Pourquoi êtes-vous ici ? » ou « Que vous arrive-t-il ? ») complétées par une série de questions plus précises et se rapportant au membre paralysé. Bisiach, Vallar, Perani, Papagno et Berti (1986) ont proposé un score en quatre points utilisable à la fois pour l'hémiplégie et pour l'hémianopsie, et qui a par la suite été utilisé par de nombreux auteurs (voir notamment Starkstein, Fedoroff, Price, Leiguarda & Robinson, 1992, 1993) :

0   *Pas d'anosognosie* : le trouble consécutif à l'accident cérébral est spontanément rapporté et mentionné par le patient en réponse à une question d'ordre général sur ses plaintes.

1   *Anosognosie légère* : le trouble n'est rapporté que suite à une question spécifique relative à la force musculaire des membres ou à l'intégrité du champ visuel.

2   *Anosognosie modérée* : le patient reconnaît l'existence du trouble uniquement après qu'il ait été mis en évidence au cours de l'examen neurologique.

3   *Anosognosie sévère* : le patient ne reconnaît pas son déficit même après des questions précises et la mise en évidence de son existence lors de l'examen neurologique.

D'autres questionnaires plus généraux ont été mis au point dans le but de cerner différents aspects de l'anosognosie (voir par exemple Anderson & Tranel, 1989, dans Seron & Van der Linden, 2000).

Il existe enfin d'autres *indices de nosognosie* qui peuvent être recueillis par l'*observation directe du patient*, notamment dans le domaine du langage et de la mémoire. Ainsi, les aphasiques commettent en situation de conversation (et donc lors de l'interview anamnestique) des erreurs de langage de différents types : manques du mot, mots déformés, paraphasies phonémiques ou sémantiques, jargon, etc. Certains patients, lorsqu'ils rencontrent une difficulté ou commettent une erreur, indiquent par divers procédés qu'ils en sont conscients : ils signalent explicitement la difficulté qu'ils rencontrent («je ne trouve pas ce mot», «c'est mal prononcé, hein?», etc.), ou encore ils réalisent en temps réel des essais de correction. D'autres patients, qui présentent des troubles de la mémoire rétrograde, confabulent lors de l'interview, sans recul critique face aux questions répétées de l'examinateur. Ainsi, la présence de certains signes peut laisser supposer, selon les cas, l'existence d'une bonne ou d'une mauvaise prise de conscience des troubles. Il faut cependant se méfier d'interprétations trop rapides ; par exemple, certains patients confabulateurs savent qu'ils confabulent, mais ils signalent qu'ils ne peuvent contrôler leur tendance à évoquer des souvenirs inappropriés.

2.6. L'évaluation des handicaps

Entre un déficit cognitif tel qu'il se révèle à un examen neuropsychologique et la notion de handicap, il y a bien évidemment un écart considérable. La présence d'un déficit cognitif signale simplement que certains traitements de l'information se réalisent mal chez un patient, alors que la notion de handicap renvoie aux difficultés que le patient rencontre dans sa vie quotidienne. Dans le contexte d'une expertise, l'évaluation du handicap lié aux dysfonctionnements cognitifs est évidemment de toute première importance (voir aussi, sur ce point, le chapitre «Les spécificités de l'expertise»).

Pour de nombreux troubles dont la présence n'est pas permanente, on veillera à faire préciser **les contextes d'apparition**, **la durée et la fréquence** ainsi que **l'évolution** depuis le début de la maladie ou de l'accident. Par exemple, à un patient qui signale des oublis, le neuropsychologue essayera de lui en faire préciser la nature. Il demandera dans quels contextes et à quels moments ils se produisent (dans un environnement bruyant, en cas de fatigue, de céphalées, de stress ou de surcharge mentale, lors d'activités régulières ou au contraire exceptionnelles, etc.).

Dans la plupart des cas, un examen neuropsychologique ne permet pas de se prononcer avec suffisamment de finesse sur l'étendue des handicaps résultant d'une atteinte cérébrale (sauf peut-être lorsque les troubles cognitifs sont sévères). L'anamnèse peut bien sûr aider à estimer l'étendue des handicaps mais, si la lésion est récente et que le patient est encore hospitalisé, il n'a pas encore eu l'occasion d'expérimenter concrètement les difficultés qu'il rencontrera pour reprendre ses activités habituelles ; dans ce cas, les problèmes ne se marqueront que plus tard, lorsque le patient aura à nouveau été confronté à des situations naturelles et habituelles de la vie quotidienne. De même, il peut arriver que la mesure de l'impact sur les activités quotidiennes d'un patient ayant subi un traumatisme crânien léger ou modéré ne puisse se faire qu'au moment de la reprise de l'activité professionnelle (parce que les contraintes imposées par cette activité sur le fonctionnement cognitif dépassent les capacités du patient).

Parmi les paramètres responsables des handicaps et auxquels le clinicien sera sensible, on peut citer (sans être exhaustif) les points suivants :

– les **variables temporelles** : certains patients signalent la survenue de difficultés n'apparaissant qu'après un certain temps de travail mental (on dira qu'ils présentent de la fatigabilité mentale). Par exemple, certains patients se plaignent de ne plus pouvoir lire au-delà d'un quart d'heure ou d'une demi-heure (ensuite, les lignes se brouillent, leurs yeux picotent, ou encore la lecture se fait de manière automatique sans véritable compréhension du texte qui défile sous leurs yeux...). Certains patients signalent aussi que leur efficience intellectuelle oscille selon le moment de la journée (mise en forme lente le matin, ou au contraire décompression mentale totale après leur journée de travail, etc.).

– **la surcharge mentale** : certains patients mentionnent des oublis, des distractions, des difficultés de concentration, des difficultés de raisonnement dans des contextes particuliers qui tous semblent indiquer des limitations de capacités de traitements ; les difficultés apparaissent quand ils ont plusieurs choses à faire en même temps, quand ils sont en train de faire quelque chose et qu'on les dérange dans leur activité, quand ils doivent réaliser une activité sous contrainte temporelle, quand on leur demande d'aller plus vite que d'habitude, quand ils doivent travailler dans un environnement inhabituel ou dans un environnement bruyant, quand ils doivent résoudre un problème (donner un avis, examiner un dossier, effectuer une évaluation, réaliser des calculs...) qui comporte un nombre élevé de données (ils diront par exemple être alors incapables de considérer l'ensemble des données simultanément).

– **le caractère inhabituel ou routinier de l'activité** : il n'est pas rare de rencontrer des patients qui affirment se tirer d'affaire dans tout un ensemble de situations auxquelles ils peuvent faire face en activant des routines (ou des séquences de conduites surapprises), et qui ne signalent des difficultés d'adaptation que lorsqu'ils sont confrontés à des situations nouvelles exigeant l'élaboration de conduites différentes de celles qu'ils ont habituellement à leur disposition.

> Lors de l'interview d'un patient présentant une démence débutante, il arrive par exemple que le patient se tire assez bien d'affaire, qu'il réponde dans le champ sémantique

défini par les questions, qu'il utilise des formules de politesse adaptées, et qu'il soit capable de décrire des activités de sa vie quotidienne. Ces conduites de communication sociale surapprises peuvent en début de démence résister au processus dégénératif, et le patient donne alors assez bien le change. Le clinicien ne prend pas toujours conscience du caractère très général des réponses fournies tant l'interaction se passe bien. Souvent, ce n'est qu'au moment de la passation des tests que les déficits apparaissent.

– **la fréquence d'apparition des situations-problèmes** : une difficulté d'adaptation peut n'avoir qu'une importance relative si les situations dans lesquelles elle se manifeste sont rares. La notion de handicap inclut en effet une référence à la fréquence d'exposition aux situations problèmes.

Présenter des difficultés d'expression orale dans des situations de conversation à plusieurs est plus gênant pour un délégué commercial en contact permanent avec la clientèle que pour un comptable travaillant dans ses livres et dans un bureau isolé.

– **Sur le plan de l'activité professionnelle**, un nombre considérable de variables interviendront dans la définition du handicap. Il n'est pas possible de les signaler toutes ici. Relevons, de manière non exhaustive, le rythme de travail, le fait de travailler seul ou en équipe, le niveau de responsabilité exercé, la présence ou pas de contrôles externes sur l'activité, l'ambiance au milieu de travail, l'expérience du sujet, son niveau habituel d'investissement, et bien sûr le retentissement des troubles cognitifs sur les activités les plus fréquentes.

On se méfiera ici d'un a priori classique qui consiste à imaginer que seules les professions intellectuelles recrutent les processus cognitifs à un haut niveau de précision et de rapidité. S'il est évident qu'un avocat ayant des difficultés à mettre en mémoire les éléments d'un dossier ou à les évoquer en temps réel lors d'une plaidoirie sera gravement handicapé dans l'exercice de sa profession, on oublie souvent qu'il en va de même dans beaucoup d'autres professions ; par exemple, un conducteur de taxi ou un magasinier qui présenteraient des troubles de la mémoire ou de l'orientation spatiale seront tout aussi handicapés dans leurs activités professionnelles.

Au-delà de la démarche anamnestique, signalons que différents procédés d'évaluation peuvent être utilisés ; certains d'entre eux seront amplement présentés dans les différents chapitres consacrés à l'évaluation des différentes fonctions cognitives. On notera cependant qu'à ce niveau, la démarche qui consiste à comparer la performance d'un patient à une norme n'est pas nécessairement la plus adéquate. Ce qui intéresse un patient, ce n'est pas de savoir s'il tape à la machine à une vitesse considérée comme étant dans la norme ; la question est de savoir si la vitesse et la précision de frappe correspond soit au niveau d'exigence d'un employeur, soit au niveau de confort souhaité par le patient pour ses activités. Un procédé utile ici et parfois utilisé dans les échelles d'activités quotidiennes consiste à comparer l'activité du patient à un « critère de référence » pour l'activité examinée (Miller, 1991). Par exemple, on ne se demande pas si un patient s'habille à une vitesse comparable à celle d'une population adulte, mais s'il est capable de s'habiller seul le matin en dix minutes. Les critères seront donc ceux d'autonomie, de précision et de rapidité.

En recueillant des informations sur les situations-problèmes auxquelles le patient est exposé dans sa vie quotidienne, on veillera à lui faire préciser **les astuces ou les systèmes d'aide qu'il a déjà élaborés lui-même pour y faire face**. Ceci est surtout intéressant pour les cas chez qui les désordres cognitifs sont anciens (soit qu'ils se sont installés insidieusement au cours des dernières années, soit que le patient consulte pour un accident cérébral déjà ancien). Nombreux sont en effet les patients qui, suite à l'apparition de troubles de la mémoire, ont décidé de se servir de leur agenda d'une manière plus systématique ou ont appris à saluer les gens dont ils ont oublié le nom en utilisant des formules vagues qui leur permettent de masquer leurs oublis. Dans d'autres cas, ce que l'on recueillera ce sont des indications sur des **stratégies d'évitement** : les patients évitent les situations à risque (réunions de famille, conversations à plusieurs, etc.)

Le recueil d'informations sur les stratégies palliatives mises en place par le patient et/ou son entourage est fondamental, car il permettra d'analyser à quels fonctionnements cognitifs ces stratégies font appel ou en quoi elles allègent le travail mental requis. De plus, elles seront des témoins indirects de la prise de conscience qu'a le patient ou son entourage de l'étendue et de la spécificité de ses troubles. Si les stratégies spontanément mises en place par le patient s'avèrent inefficaces, on tentera de comprendre les raisons de cet échec.

2.7. L'anamnèse comme première évaluation cognitive

L'anamnèse est bien sûr aussi une situation de face à face avec le patient. Des questions lui sont posées, auxquelles il tente de fournir des réponses. L'anamnèse se présente ainsi comme une première situation d'examen au sein de laquelle le patient est engagé dans un ensemble d'activités cognitives qui consistent à comprendre les messages qui lui sont adressés, à élaborer et produire des réponses compréhensibles, et à évoquer des souvenirs relatifs à sa vie personnelle (activité professionnelle, vie familiale) récente et ancienne.

Tout en recueillant les informations qu'il recherche, le clinicien sera bien évidemment sensible à la manière dont le patient se comporte au cours de l'anamnèse. Comprend-il les questions immédiatement ou faut-il les lui répéter? Doit-on utiliser des formulations simples? Est-on obligé de faire des gestes pour se faire comprendre? Le patient semble-t-il lire sur les lèvres? Doit-on parler à voix anormalement élevée? Le patient fait-il attention? Respecte-t-il l'alternance des rôles, par exemple s'arrête-t-il de parler quand on lui adresse la parole? Le patient produit-il des énoncés qui sont compréhensibles? Ces énoncés sont-ils bien formés, ou peut-on y déceler différents troubles de l'expression orale (mots déformés, manques du mot, mauvaises sélections lexicales, prononciation inadéquate, erreurs de syntaxe, digressions nombreuses, réponses paucisyllabiques, etc.)? Les réponses sont-elles cohérentes et en rapport avec la question? Y a-t-il des éléments de confusion mentale? Le patient se contredit-il? Y a-t-il des éléments de persévération idéique (revient-il toujours sur le même thème de conversation)? Etc.

Quelle est la richesse et la précision d'évocation de ses souvenirs personnels (les lieux, les dates, les noms des personnes ayant participé aux événements qu'il rapporte, le nom des sociétés qui l'ont employé, etc.)? Est-il capable d'organiser les éléments de sa vie dans un ordre chronologique adéquat, ou mêle-t-il des périodes différentes? L'attitude du patient durant l'anamnèse est également à relever. Le patient est-il collaborant? Manifeste-t-il de l'irritation, voire de l'opposition? Est-il au contraire exagérément familier, euphorique ou puéril? Etc.

Chapitre 4
L'évaluation des fonctions mnésiques

1. INTRODUCTION

Comme nous l'avons vu, les traumatismes crâniens constituent — et de très loin — l'étiologie la plus fréquemment rencontrée en situation d'expertise. Il n'est dès lors pas étonnant de constater que les difficultés mnésiques auxquelles le neuropsychologue est le plus souvent confronté dans ce contexte sont, d'une part, les problèmes de mémoire à court terme (ou de mémoire de travail) et, d'autre part, les problèmes de mémoire épisodique. En effet, à côté des troubles attentionnels et exécutifs (qui sont décrits dans les chapitres suivants), les plaintes principales des patients traumatisés crâniens concernent ces deux niveaux du fonctionnement mnésique. Pour cette raison, nous nous limiterons à présenter ici l'évaluation des troubles de la mémoire de travail et de la mémoire épisodique. Ceci ne signifie bien évidemment pas que, dans des cas particuliers, d'autres types de difficultés de mémoire ne puissent pas être rencontrés (comme par exemple des troubles de la mémoire sémantique). Pour l'évaluation de ceux-ci, le lecteur consultera avec profit d'autres sources (par ex., Meulemans, Desgranges, Adam & Eustache, 2003 ; Van der Linden, Meulemans, Belleville & Collette, 2000).

Un autre aspect de l'évaluation qui aurait pu trouver sa place ici concerne les comportements d'exagération (ou de simulation) des troubles auxquels il convient que le neuropsychologue soit attentif dans le cadre d'expertises médico-légales. Bien que la majorité des outils destinés à objectiver ce type de comportement consistent en des tests de mémoire (voir Meulemans, 2003), nous renvoyons le lecteur au chapitre «L'exagération et la simulation des troubles», où cette problématique particulière sera traitée de manière plus détaillée.

Enfin, pour les raisons évoquées en introduction à cet ouvrage, rappelons qu'il est important, lorsqu'on sélectionne une épreuve d'évaluation, de prendre en compte les qualités psychométriques de celle-ci, et en particulier la qualité des normes disponibles. Le but du bilan neuropsychologique d'expertise étant d'objectiver et de quantifier un déficit, il importe en effet de disposer d'outils solides sur le plan normatif, ce qui est précisément une faiblesse d'un certain nombre d'épreuves issues de courants plus récents en neuropsychologie.

2. CADRE THÉORIQUE GÉNÉRAL

Considérer la mémoire comme un système unitaire ne correspond plus ni à l'état actuel de nos connaissances sur le fonctionnement mnésique, ni à ce que l'on sait des relations cerveau-mémoire. En effet, il est généralement admis aujourd'hui en neuropsychologie qu'il n'existe pas «une» mémoire, mais un ensemble de systèmes mnésiques indépendants (quoique interagissant les uns avec les autres), et que ces différents systèmes sont sous-tendus par des régions cérébrales distinctes (Schacter, Wagner & Buckner, 2000; Tulving, 1995).

Si la psychologie cognitive (dont le but est de comprendre le fonctionnement cognitif par des travaux réalisés chez le sujet normal) a contribué au développement de ce type de conception, ce sont très clairement les travaux menés en neuropsychologie cognitive qui ont apporté le plus d'arguments en faveur de ces modèles. De ce point de vue, une observation qui s'est avérée déterminante a été celle des dissociations (et, plus particulièrement, des «doubles dissociations»), chez les patients cérébrolésés, entre différents niveaux du fonctionnement mnésique. Selon l'interprétation qui est la plus communément retenue en neuropsychologie, ces dissociations reflètent le caractère multiple du fonctionnement mnésique. Plus spécifiquement, les modèles actuels considèrent que «la mémoire» s'organise autour de différents systèmes et sous-systèmes de stockage de l'information et que, au sein de ces systèmes, différents mécanismes sont mis en œuvre.

Le paradigme de la double dissociation tient une place importante en neuropsychologie, dans la mesure où il a contribué à déterminer l'indépendance entre des systèmes cognitifs. Le principe en est le suivant : lorsque, pour rendre compte d'activités différentes, on postule l'existence de deux systèmes de traitement différents (A et B), si un patient X présente un déficit dans les tâches faisant intervenir le système A et pas de déficit dans les tâches faisant intervenir le système B, et qu'un patient Y présente le tableau inverse, c'est-à-dire un déficit dans les tâches faisant intervenir le système B et pas de déficit dans les tâches faisant intervenir le système A, on se trouve face à une double dissociation entre les systèmes de traitement A et B. C'est ce type d'observations qui a conduit à considérer que la mémoire à court terme et la mémoire à long terme constituent des systèmes relativement indépendants. Si un patient amnésique échoue aux épreuves de mémoire à long terme alors qu'il a des performances normales en mémoire à court terme, ce n'est pas simplement parce que les tests de mémoire à court terme sont plus faciles que les tests de mémoire à long terme. En effet, la dissociation inverse a également été décrite : des patients présentent des déficits en mémoire à court terme, sans trouble de la mémoire à long terme. Cette double dissociation suggère que ces deux niveaux du fonctionnement mnésique peuvent être considérés comme indépendants l'un de l'autre (voir Seron, 1993; Shallice, 1995).

Parmi les différentes pathologies neuropsychologiques dont l'étude a contribué à la compréhension que l'on se fait aujourd'hui du fonctionnement mnésique, une place toute particulière doit être faite au syndrome amnésique. En effet, le syndrome amnésique est caractérisé par un déficit majeur affectant un niveau particulier du fonctionnement mnésique (la mémoire épisodique) accompagné, pour certains patients tout au moins, d'une préservation des autres niveaux de fonctionnement (la mémoire de travail, la mémoire procédurale ainsi que, pour certains patients, la mémoire sémantique). Ce type de dissociation, particulièrement impressionnante dans le cas du syndrome amnésique, peut difficilement s'interpréter dans le cadre d'un modèle qui envisagerait la mémoire comme un système unique indivisible ; au contraire, les observations réalisées chez les patients amnésiques ont apporté des arguments déterminants en faveur des conceptions modulaires de la mémoire, aujourd'hui dominantes en neuropsychologie.

Cette diversité des fonctions mnésiques, admise aujourd'hui au plan théorique, rencontre également la grande diversité des plaintes de mémoire qu'expriment les patients cérébrolésés : ne pas pouvoir composer le numéro de téléphone qu'on vient de lire dans l'annuaire, ne pas se souvenir du nom de ses collègues de travail (ou de ses propres enfants), ou au contraire se souvenir de leur nom mais ne pas reconnaître leur visage, oublier de prendre ses médicaments ou de se rendre à ses rendez-vous, ne pas être capable d'apprendre à utiliser la télécommande de son téléviseur, avoir des difficultés à mémoriser le contenu d'un cours, ne pas pouvoir suivre une conversation réunissant plusieurs interlocuteurs, oublier la soupe qui cuit sur le feu, ne pas se souvenir de l'histoire que raconte le film vu il y a une semaine, etc. Tous ces problèmes, que l'on peut qualifier sans hésiter de problèmes de mémoire, renvoient néanmoins à des difficultés de nature parfois très différente et dont le neuropsychologue doit bien comprendre la spécificité — en particulier s'il envisage une rééducation.

Lorsqu'on aborde le fonctionnement mnésique, deux grandes distinctions peuvent être faites :

1. La distinction entre la mémoire à court terme (ou mémoire de travail) et la mémoire à long terme. Cette distinction renvoie à l'existence d'un système de mémoire temporaire et à capacité limitée d'une part (la mémoire de travail), et à notre capacité d'apprentissage, c'est-à-dire de mémorisation d'informations pendant des périodes de temps potentiellement infinies, d'autre part (la mémoire à long terme).

2. Et, au sein de la mémoire à long terme, la distinction entre différents systèmes mnésiques qui conduit à isoler la mémoire épisodique, la mémoire sémantique, la mémoire procédurale et les systèmes de représentation perceptive.

En neuropsychologie clinique, l'examen de la mémoire prévoit l'exploration de ces différents systèmes de mémoire par l'administration d'épreuves spécifiques. En situation d'expertise, cependant, l'évaluation du fonctionnement mnésique se limite le plus souvent à une évaluation de la mémoire de travail et de la mémoire épisodique. Nous nous attarderons donc plus spécifiquement sur les éléments théoriques relatifs à ces deux «systèmes» de mémoire, ainsi que sur leur évaluation dans l'examen neuropsychologique.

3. LA MÉMOIRE DE TRAVAIL

La mémoire de travail (ou mémoire à court terme) nous permet de stocker (c'est-à-dire de maintenir activées) un certain nombre d'informations, le temps nécessaire à la réalisation d'une tâche particulière. Le stockage des informations dans la mémoire de travail est caractérisé, d'une part, par la quantité limitée d'informations qui peuvent y être stockées et, d'autre part, par la brièveté de ce stockage. A titre d'exemple, une situation typique faisant intervenir un stockage d'informations en mémoire de travail est celle où, après avoir recherché un numéro de téléphone dans l'annuaire, nous devons le «garder présent à l'esprit» le temps nécessaire pour le composer. Cet exemple illustre bien le caractère limité de la quantité d'informations qui peut être stockée (un numéro trop long nous poserait des difficultés) ainsi que du temps pendant lequel elle est stockée (le numéro de téléphone reste «activé» pendant les quelques secondes nécessaires pour le composer... pour être ensuite très rapidement «oublié»).

Mais la mémoire de travail n'a pas seulement pour fonction de stocker de manière relativement «passive» des informations; elle a également pour tâche de traiter cette information. Les fonctions de traitement de l'information en mémoire de travail, qui sont en réalité proches d'un certain nombre de fonctions dites «exécutives» (voir le chapitre «L'évaluation des fonctions exécutives»), sont variées : il s'agit aussi bien de gérer les transferts d'information entre la mémoire de travail et la mémoire à long terme que d'assurer la «mise à jour» permanente des informations au sein de la mémoire de travail, ou encore de distribuer les ressources de traitement nécessaires à la réalisation simultanée de différentes sous-tâches.

Cette fonction de traitement de la mémoire de travail peut être illustrée par l'exemple du calcul mental. Lorsque nous effectuons un calcul mental (par exemple, «415 – 217»), il nous faut à la fois stocker les deux nombres ainsi que le type d'opération à réaliser. Par ailleurs, et en même temps que nous devons garder en mémoire ces informations, nous devons rechercher en mémoire à long terme les procédures de résolution de ce type de problème (procédures particulières apprises à l'école), et ensuite les appliquer aux nombres stockés. La mise en œuvre des procédures de calcul va elle-même générer des résultats intermédiaires qui feront à leur tour l'objet d'un stockage temporaire. Cet exemple illustre bien la double fonction de la mémoire de travail : le stockage des informations et la gestion de l'ensemble des traitements qui doivent être réalisés sur ces informations.

C'est pour souligner cette fonction de «traitement» que le terme «mémoire de travail» est aujourd'hui souvent préféré, en neuropsychologie cognitive, à celui de «mémoire à court terme».

La mémoire de travail est donc impliquée dans le maintien d'informations à des fins d'utilisation immédiate. Le modèle de la mémoire de travail de Baddeley et Hitch (1974; Baddeley, 1986) constitue encore la proposition théorique la plus influente (en particulier en neuropsychologie clinique) pour rendre compte des processus de maintien à court terme de l'information. Selon ce modèle, la rétention temporaire et la manipulation de l'information lors de différentes activités cognitives reposent sur le fonctionnement coordonné de trois sous-composantes principales : (1) la boucle phonologique, qui est responsable du maintien de l'information verbale; (2) le registre visuo-spatial, qui stocke temporairement les informations de nature visuo-spatiale; (3) et l'administrateur central, qui consiste en un système central de gestion attentionnelle dont l'objectif est de coordonner les opérations des deux autres sous-composantes ainsi que de gérer le passage des informations entre ces sous-systèmes spécialisés et la mémoire à long terme. L'administrateur central doit en outre procéder à la sélection stratégique des actions les plus efficaces.

Le modèle de la mémoire de travail proposé par Baddeley et Hitch nous permet de mieux comprendre le rôle joué par la mémoire de travail dans différents domaines de la cognition. Il est aujourd'hui établi qu'une atteinte de la mémoire de travail peut avoir des répercussions importantes sur différents niveaux du fonctionnement cognitif, qu'il s'agisse des capacités de raisonnement, de compréhension, d'apprentissage de vocabulaire ou encore de lecture (pour une revue, voir Gathercole & Baddeley, 1993; Logie, 1993; Van der Linden & Poncelet, 1998).

Outre l'exemple du calcul mental évoqué plus haut, un patient avec un déficit important de la mémoire de travail pourra présenter des difficultés dans les activités suivantes :

– Problèmes de compréhension orale : la compréhension de phrases longues et complexes nécessite une bonne mémoire de travail ; ainsi par exemple, une phrase comme «Pierre, le cousin de la voisine de Gisèle qui est partie l'an dernier terminer ses études au États-Unis, s'est installé comme garagiste» nécessite de garder en mémoire de travail l'information «Pierre» donnée en début de phrase pour que celle-ci soit comprise.

– Difficultés à suivre les conversations réunissant plusieurs interlocuteurs (réunions de travail...).

– Difficultés à effectuer deux ou plusieurs tâches en même temps (situation pourtant très fréquente dans la vie quotidienne).

– Difficultés dans toutes les tâches qui nécessitent de «garder en tête», pendant quelques secondes, une certaine quantité d'informations (comme un numéro de téléphone qu'on vient de lire, une phrase dictée que la dactylo doit taper à la machine, une instruction d'utilisation d'une machine, etc.).

3.1. Évaluation de la mémoire de travail

Dans le contexte de l'expertise, le neuropsychologue doit porter une attention toute particulière aux difficultés affectant la mémoire de travail ; on sait en effet que des déficits à ce niveau (surtout en ce qui concerne l'administrateur central) sont fréquemment observés chez les patients traumatisés crâniens.

Sur base du modèle de Baddeley (1986), l'évaluation de la mémoire de travail nécessite donc de prendre en compte, d'une part, l'administrateur central, cette composante du modèle impliquée dans le contrôle et la gestion des ressources de traitement et, d'autre part, les systèmes esclaves que sont la boucle phonologique et le registre visuo-spatial.

L'évaluation de la boucle phonologique et du registre visuo-spatial (dont la fonction, rappelons-le, est respectivement de stocker l'information verbale et visuo-spatiale) se fait à l'aide des tâches classiques d'empan — empan verbal pour la boucle phonologique, empan visuo-spatial pour le registre visuo-spatial[1].

Test d'empan de chiffres. Le principe de ce test est très simple : il s'agit pour le patient de répéter dans l'ordre des séries de chiffres de plus en plus longues (tableau 2). Cette tâche permet de mesurer l'«empan verbal» du sujet, qui correspond dans ce cas à la série de chiffres la plus longue que le patient a pu répéter sans erreur. La tâche la plus classique est le subtest de mémoire de chiffres extrait de l'échelle d'intelligence

	Essai 1	Essai 2
Empan de 3	5 – 8 – 2	4 – 1 – 7
Empan de 4	6 – 4 – 3 – 9	5 – 8 – 4 – 2
Empan de 5	4 – 2 – 7 – 3 – 1	9 – 3 – 8 – 1 – 3
Empan de 6	6 – 1 – 9 – 4 – 7 – 3	3 – 7 – 1 – 8 – 2 – 5
Empan de 7	5 – 9 – 1 – 7 – 4 – 2 – 8	2 – 8 – 4 – 6 – 1 – 9 – 3

Tableau 2 — Exemples de séquences de chiffres pour la tâche d'empan de chiffres.

pour adultes de Wechsler (WAIS-III; Wechsler, 1997) ou de l'échelle clinique de mémoire de Wechsler (MEM-III; Wechsler, 2001).

Block-tapping test ou Test de Corsi (Milner, 1971). Cette tâche est comparable à l'empan de chiffres, si ce n'est que le sujet doit reproduire des séquences de plus en plus longues de frappes sur des cubes disposés sur une planche (voir figure 3). Ce test mesure donc l'« empan visuo-spatial » du patient. Signalons qu'il existe également une version de cette épreuve (comportant dix cubes) dans la nouvelle échelle clinique de mémoire de Wechsler (MEM-III; Wechsler, 2001).

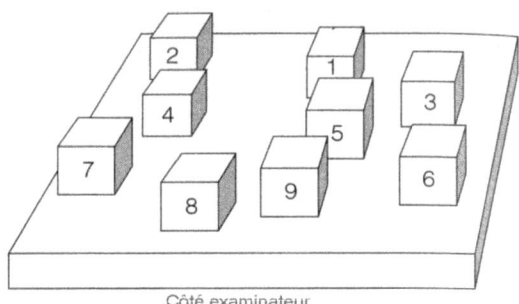

Figure 3 — Le block-tapping test ou test de Corsi.

L'évaluation des capacités de traitement en mémoire de travail devrait elle aussi être incluse dans tout bilan neuropsychologique d'expertise. Des déficits au niveau de l'administrateur central ont en effet été montrés chez les patients traumatisés crâniens (voir Azouvi, Jokic, Aboussaid *et al.*, 1994). En outre, l'évaluation de l'administrateur central permet de rencontrer une plainte souvent émise par ces patients, et qui concerne la difficulté à effectuer des tâches différentes de façon simultanée.

Si l'évaluation de ce niveau du fonctionnement mnésique apparaît nécessaire, y compris en situation d'expertise, une certaine prudence dans l'interprétation des résultats est de rigueur. En effet, rares sont encore les épreuves évaluant les capacités de traitement en mémoire de travail pour lesquelles on dispose de normes suffisamment étendues. Pour cette raison, il faudrait éviter de conclure à un déficit à ce niveau au départ des résultats observés à une seule épreuve ; ainsi, une performance à une épreuve ne devrait être interprétée comme étant déficitaire qu'après confrontation avec d'autres résultats obtenus à des épreuves évaluant des processus similaires et après avoir pris la mesure des difficultés rencontrées par le patient dans sa vie quotidienne.

Divers tests peuvent être utilisés pour évaluer les capacités de traitement en mémoire de travail ; le plus connu est probablement le test de Brown-Peterson (voir l'adaptation informatisée de Meulemans, Coyette & Van der Linden, 2003, en cours de normalisation), où il s'agit de placer le patient dans une situation impliquant à la fois le stockage et le traitement d'une information : il doit mémoriser des séries de trois consonnes, réaliser ensuite une tâche interférente (comme par exemple une tâche de répétition de paires de chiffres à l'envers), puis ensuite répéter les trois consonnes vues initialement ; la difficulté de la tâche peut varier en fonction du type de tâche interférente ainsi que de la longueur de l'intervalle entre la présentation des trois consonnes et leur rappel (voir le tableau 3).

Avec une épreuve telle que le test de Brown-Peterson, il arrive qu'on observe un pattern de résultats caractérisé par des performances parfois moins bonnes pour les intervalles plus courts que pour les plus longs. Ceci peut traduire la présence de lacunes attentionnelles ou d'un déficit d'attention soutenue qui se manifeste par l'incapacité du patient à maintenir un niveau attentionnel constant pendant toute la durée de la tâche.

Une autre épreuve (le subtest «mémoire de travail») est proposée dans la batterie TEA de Zimmermann et Fimm (1994), où il est demandé au patient de traiter, de manière continue, un flux d'informations en mémoire de travail. La tâche consiste à comparer un stimulus donné avec

Phase d'encodage	Tâche interférente (durée de l'intervalle)		Phase de récupération
G-K-S	1-3 ; 2-5 ; 7-4	(5 sec.)	?-?-?
J-D-C		(0 sec.)	?-?-?
R-L-Q	8-4 ; 1-7 ; 9-5 ; 4-2 ; 3-7 ; 2-1	(10 sec.)	?-?-?
H-T-R	6-5 ; 3-1 ; 8-9 ; 3-7 ; etc.	(20 sec.)	?-?-?

Tableau 3 — Exemples extraits du test de Brown-Peterson.

Figure 4 — Exemple d'une séquence de chiffres extraite du test de mémoire de travail de la TEA.

un stimulus présenté antérieurement : le sujet voit apparaître à l'écran des chiffres, l'un après l'autre, et doit réagir lorsqu'un chiffre est identique à l'avant-dernier chiffre présenté, ce qui implique une « mise à jour » continue de la mémoire de travail (voir la figure 4). Enfin, le test de rappel en ordre inverse de séries de chiffres (subtest de mémoire de chiffres de la WAIS-III ou de l'échelle clinique de mémoire de Wechsler) constitue lui aussi une manière simple et relativement rapide (mais certainement insuffisante si appliquée isolément) d'évaluer le bon fonctionnement de la mémoire de travail.

4. LA MÉMOIRE À LONG TERME

Contrairement à la mémoire de travail, la quantité d'information qui peut être stockée en mémoire à long terme est potentiellement infinie : il n'y a pas de limites à nos possibilités d'apprentissage ! De même, la durée de stockage est elle aussi potentiellement illimitée. Des souvenirs peuvent resurgir, par exemple à l'occasion d'un événement particulier, alors qu'on les croyait perdus.

Mais, comme nous l'avons vu, la « mémoire à long terme » doit être considérée comme un concept générique qui englobe lui-même différents systèmes de mémoire relativement indépendants les uns des autres : si se souvenir de ce qu'on a mangé au restaurant hier soir, pouvoir dire que Paris est la capitale de la France ou se montrer capable de rouler à vélo sont des exemples qui relèvent bien chaque fois de la mémoire à long terme, on sait par contre qu'ils dépendent chacun de mécanismes cognitifs et de structures cérébrales bien différents.

Dans le premier cas (se souvenir de ce qu'on a mangé au restaurant hier soir), on parle de **mémoire épisodique**. C'est elle qui nous permet de nous remémorer des événements, des « épisodes » personnellement vécus, en étant capables de les restituer dans leur contexte d'apprentissage. C'est en outre à la mémoire épisodique que l'on fait généralement allusion lorsqu'on parle de « mémoire » : je me souviens avoir fait telle chose à tel endroit, je me souviens avoir vu telle information au journal télévisé hier soir, je me souviens de ce que m'a dit mon voisin la semaine dernière, je peux restituer le chapitre du cours que j'ai étudié hier, etc. Dire d'une personne qu'elle a «une bonne mémoire», c'est souvent dire qu'elle a une bonne «mémoire épisodique». La mémoire épisodique est un niveau du fonctionnement mnésique fondamental; sans mémoire épisodique, nous ne serions pas ce que nous nous sommes : c'est par la mémoire épisodique que nous nous constituons notre histoire personnelle, et dès lors que nous sommes capables de nous projeter dans l'avenir. C'est la mémoire épisodique qui est dramatiquement altérée dans le fameux «syndrome amnésique». Chez ces patients, le déficit mnésique est tel qu'on parle alors d'«oubli à mesure» : le patient amnésique semble «oublier» les événements au fur et à mesure qu'ils surviennent. De façon heureusement moins dramatique, mais néanmoins parfois significativement handicapante, les déficits de mémoire épisodique constituent (avec les problèmes de mémoire de travail) les déficits mnésiques les plus fréquemment rencontrés chez les patients traumatisés crâniens.

Le deuxième exemple (pouvoir dire que Moscou est la capitale de la Russie) renvoie quant à lui à la **mémoire sémantique**. Celle-ci rassemble les connaissances que nous avons du monde qui nous entoure : connaissances concernant les faits (le Maroc est un pays situé en Afrique, Kennedy est mort assassiné...), les concepts (le sens des mots de la langue, en particulier) ainsi que celles à propos des comportements appropriés dans des situations données (par exemple, la connaissance concernant ce qu'il faut faire lorsqu'on va au restaurant). La distinction principale entre mémoire sémantique et mémoire épisodique est le fait que l'information stockée en mémoire sémantique est «décontextualisée» : je sais que Moscou est la capitale de la Russie, mais je ne sais plus ni où ni comment je l'ai appris. Les déficits affectant la mémoire sémantique sont plus rares que ceux affectant la mémoire épisodique, et s'observent généralement dans le cadre de pathologies spécifiques (comme dans le cas des «démences sémantiques», par exemple).

Enfin, le troisième exemple («je suis capable de rouler à vélo») concerne la **mémoire procédurale**. La mémoire procédurale nous permet d'apprendre des «habiletés» (motrices, perceptives...) aussi diverses que taper à la machine, utiliser la souris d'un ordinateur, nager, jouer au tennis, peler des pommes de terre, utiliser le percolateur, etc. Les situations dans lesquelles intervient la mémoire procédurale sont en réalité infinies. Il n'est pratiquement pas d'activité que nous pouvons réaliser sans que la mémoire procédurale y intervienne d'une manière ou d'une autre. Ce qui caractérise généralement l'apprentissage procédural (songeons à l'apprentissage de la dactylo), c'est qu'il se fait de manière progressive et qu'il s'automatise petit à petit, jusqu'à devenir difficilement verbalisable (on «sait» rouler à vélo, mais est-on capable d'expliquer comment on fait?). Là aussi, les difficultés en mémoire procédurale sont plus rarement rencontrées chez les patients traumatisés crâniens, à moins que des lésions soient observées au niveau de certaines régions spécifiques (le cervelet ou certaines régions sous-corticales, en particulier).

Le modèle proposé en 1990 par Tulving et Schacter (figure 5) reste la formulation théorique de référence pour rendre compte, en neuropsychologie clinique notamment, des différents niveaux du fonctionnement mnésique. Tulving et Schacter postulent en effet, en plus de la mémoire de travail, l'existence de différents systèmes mnésiques à long terme : (1) la mémoire procédurale, qui sous-tend l'apprentissage et la rétention des habiletés perceptivo-motrices ou cognitives ainsi que le conditionnement ; (2) la mémoire sémantique, qui concerne le stockage des concepts et des connaissances générales sur le monde ; (3) la mémoire épisodique, qui permet de se souvenir d'expériences personnellement vécues et du contexte (spatial, temporel...) dans lequel elles ont été vécues ; et (4) les

MÉMOIRE À LONG TERME

MÉMOIRE ÉPISODIQUE	Souvenirs d'événements personnellement vécus (lieu des dernières vacances, menu du déjeuner de la veille...).
MÉMOIRE SÉMANTIQUE	Connaissances générales sur le monde (sens des mots de la langue, concepts, connaissances scolaires...).
MÉMOIRE PROCÉDURALE	Procédures d'action automatisées et difficilement verbalisables (habiletés perceptivo-motrices et cognitives diverses : jouer du piano, dactylographier, rouler à vélo...).
SYSTÈMES DE REPRÉSENTATION PERCEPTIVE	Stockage de la représentation structurale (de la forme) des mots, des objets, etc.

Figure 5 — Systèmes de mémoire à long terme (selon Tulving & Schacter, 1990).

systèmes de représentation perceptive (P.R.S.), qui stockent des informations pré-sémantiques relatives à la structure des mots, des objets, etc., et dont une fonction serait de faciliter le traitement perceptif de stimuli déjà rencontrés (voir, pour une formulation récente de ce modèle, Tulving & Markowitsch, 1998).

Nous nous limiterons ici à une description plus détaillée du fonctionnement de la mémoire épisodique.

4.1. La mémoire épisodique

La fonction de la mémoire épisodique est la récupération *consciente* des expériences passées d'événements et de situations. Le souvenir épisodique se caractérise donc par le fait que nous prenons conscience d'avoir vécu un événement dans le passé, comme si nous voyagions dans le temps afin de revivre cet épisode («je me souviens de cette discussion que nous avons eue hier soir dans ce restaurant»). Ce type de conscience, qui nous permet d'appréhender nos expériences subjectives et qui est associé à la mémoire épisodique, a été appelé conscience *autonoétique*. Cette conscience autonoétique se distingue de la conscience *noétique* qui caractérise la mémoire sémantique et qui désigne l'état de conscience que nous éprouvons lorsque nous pensons à quelque chose que nous savons («je sais que Moscou est la capitale de la Russie»).

Tulving et Markowitsch (1998) suggèrent que la mémoire sémantique (qu'ils appellent «déclarative»[2]) dépend des régions corticales para-hippocampiques, tandis que la mémoire épisodique dépend de l'hippocampe ainsi que, pour une part, de l'intervention des lobes frontaux.

4.2. Fonctionnement de la mémoire épisodique

S'intéresser au fonctionnement de la mémoire épisodique, c'est avant tout s'interroger d'une part sur les mécanismes qui nous permettent d'encoder une information, et d'autre part sur ceux qui nous permettent de récupérer un souvenir épisodique stocké en mémoire.

L'encodage est le processus par lequel les caractéristiques d'un stimulus ou d'un événement sont traitées et converties en une trace mnésique. La qualité de cet encodage dépendra notamment de la profondeur avec laquelle il est réalisé (voir la théorie des niveaux de traitement proposée par Craik & Lockhart, 1972) : on peut par exemple encoder un stimulus sur base d'une analyse centrée principalement sur les caractéristiques physiques de celui-ci ; à l'opposé, l'encodage peut être réalisé au départ des caractéristiques sémantiques, «profondes», du stimulus. Il est évident que de la qualité de l'encodage dépendront la robustesse et la durabilité de la trace mnésique ainsi créée, et donc la récupération de cette information. Notons toutefois que, dans certaines situations, un avantage peut être donné à un encodage «superficiel» (c'est-à-dire basé sur les caractéristiques de surface) : c'est le cas lorsque la récupération de l'information se fait elle aussi sur base des mêmes caractéristiques (par exemple, une recherche de mots sur base de leur rime).

Quoi qu'il en soit, d'une façon générale, il est clair aujourd'hui que plus l'encodage permet l'élaboration d'une trace mnésique riche, élaborée et distincte, meilleure en sera la récupération ultérieure. Pour favoriser cet encodage, le sujet cherchera à relier l'information qu'il doit mémoriser à des connaissances préexistantes (en mettant par exemple en œuvre des stratégies d'organisation et de catégorisation de l'information), ou encore il veillera à enrichir au maximum l'information cible des caractéristiques contextuelles (physiques, émotionnelles...) qui l'accompagnent, favorisant ainsi la création d'un souvenir distinctif ainsi que la possibilité de recourir à des indices multiples au moment de la récupération.

Certains troubles de la mémoire épisodique peuvent affecter la qualité de la liaison entre les différents éléments (les «traits») qui vont constituer un épisode. Ainsi, on parlera de trouble de la mémoire «de source» lorsque le patient est capable de récupérer certains éléments de l'épisode, mais ne peut plus se souvenir ni de quand ni de comment ces éléments ont été appris (phénomène pouvant conduire à un certain nombre de distorsions mnésiques, telles que des faux souvenirs par exemple).

Quant à la récupération en mémoire épisodique, elle est sous-tendue par deux grands types de mécanismes. D'une part, des processus associatifs simples, basés par exemple sur la familiarité, et qui nous permettent d'accéder à une information mémorisée par le biais de mécanismes d'activation automatiques; ces processus associatifs permettent donc, dans la mesure où il existe un recouvrement suffisant entre l'information contenue dans l'indice de récupération et dans la trace mnésique, d'accéder automatiquement à un souvenir en mémoire épisodique. D'autre part, des processus stratégiques, impliquant davantage d'«effort cognitif», et par lesquels nous réalisons une recherche active en mémoire. Dans ce deuxième cas, un objectif des opérations de récupération sera d'élaborer des indices de récupération de plus en plus spécifiques, permettant ainsi d'aboutir à l'information recherchée; en d'autres termes, ces mécanismes de recherche active visent à réinstaller un contexte de récupération et à trouver un (ou des) indice(s) de récupération à partir duquel (desquels) les processus associatifs pourront opérer. Notons que c'est à ce niveau que la qualité de l'encodage se révèle déterminante : un indice de récupération ne sera efficace que si l'information contenue dans cet indice a bien été encodée (c'est le principe de spécificité d'encodage proposé par Tulving, 1983). Dès lors, lorsque les indices de récupération fournis à un sujet afin de récupérer un épisode ne contiennent pas suffisamment d'informations spécifiques pour que les processus associatifs se mettent en place avec succès, ils doivent être élaborés par le sujet de manière à ce qu'ils recouvrent suffisamment la trace en mémoire.

Enfin, signalons que la récupération d'informations stockées en mémoire implique également la mise en œuvre de mécanismes de vérification dont le but est de déterminer si l'information récupérée correspond bien à l'épisode recherché.

Tous ces mécanismes d'encodage et de récupération stratégique sont, selon Shallice (1988), sous la dépendance de mécanismes de contrôle (les «fonctions exécutives»), eux-mêmes sous-tendus par les lobes frontaux. Ainsi, la capacité à réaliser un encodage profond de l'information à mémoriser de même que la capacité à mettre en œuvre une stratégie de récupération efficace en mémoire épisodique peuvent toutes deux se trouver altérées suite à une lésion du cortex frontal ; on ne s'étonnera dès lors pas d'observer des difficultés de mémoire épisodique spécifiques chez les patients présentant un syndrome dysexécutif («frontal»).

En réalité, il apparaît de plus en plus clairement (en particulier grâce aux études utilisant l'imagerie cérébrale) que la mémoire épisodique fait intervenir un vaste réseau cérébral incluant le système hippocampique, les régions frontales ainsi que diverses régions postérieures. Par ailleurs, des déficits affectant des facteurs plus généraux, aspécifiques, tels une réduction de la vitesse de traitement ou encore des difficultés d'inhibition, peuvent également avoir des répercussions sur le bon fonctionnement des mécanismes d'encodage ou de récupération. On comprend dès lors mieux pourquoi les déficits affectant la mémoire épisodique sont aussi fréquents après une lésion cérébrale (qu'il s'agisse d'une lésion focale ou d'une altération neurologique plus diffuse).

4.3. Évaluation de la mémoire épisodique

Pour la mémoire à long terme, comme nous l'avons vu, l'examen se limite dans de nombreux cas à l'évaluation de la mémoire épisodique, et ce en particulier dans le contexte de l'expertise médico-légale. En effet, outre les problèmes de mémoire de travail, les plaintes mnésiques des patients traumatisés crâniens concernent généralement l'apprentissage de nouvelles informations depuis l'accident (difficultés en mémoire antérograde), les connaissances acquises antérieurement demeurant préservées (une amnésie rétrograde d'importance variable peut néanmoins également être observée dans certains cas).

> On parle de mémoire antérograde pour qualifier la récupération d'informations apprises depuis l'installation de la lésion cérébrale, et de mémoire rétrograde pour le rappel d'informations plus anciennes, acquises avant la lésion (soit durant la période prémorbide). L'«oubli à mesure» caractéristique de l'amnésie sévère est la forme la plus grave d'un déficit en mémoire antérograde : le patient amnésique est incapable d'apprendre toute nouvelle information en mémoire épisodique depuis la survenue de la lésion cérébrale.

Avec certains patients, il pourra être nécessaire d'évaluer également d'autres systèmes de mémoire à long terme, comme par exemple la mémoire sémantique ou la mémoire procédurale. Dans la plupart des cas de traumatismes crâniens légers ou modérés, ces systèmes mnésiques restent cependant intacts. Pour ces raisons, nous n'aborderons ici que l'évaluation de la mémoire épisodique.

Le neuropsychologue dispose de très nombreuses épreuves pour évaluer la mémoire épisodique. Certaines d'entre elles permettent par exemple de déterminer dans quelle mesure le problème de mémoire du patient provient d'une difficulté spécifique liée à l'encodage ou à la récupération de l'information. L'évaluation de la mémoire épisodique implique également (comme c'est le cas pour la mémoire de travail) d'envisager l'apprentissage d'informations verbales et non verbales. A titre d'illustration, nous décrirons deux épreuves de mémoire épisodique verbale (le California Verbal Learning Test et le test de rappel sélectif de Buschke) et une épreuve évaluant la mémoire épisodique visuo-spatiale (le Test des Portes).

4.3.1. *California Verbal Learning Test (CVLT)*

Pour la mémoire épisodique verbale, une épreuve comme le California Verbal Learning Test (CVLT; Delis, Freeland, Kramer & Kaplan, 1988) peut être considérée comme une épreuve de base dont l'adaptation française, bénéficiant d'une large normalisation, sera prochainement disponible (voir Deweer, Benoît, Ergis *et al.*, 2003). Dans l'arsenal des outils d'évaluation à la disposition du neuropsychologue pour évaluer la mémoire épisodique verbale, le CVLT peut aujourd'hui être considéré comme un substitut avantageux au très classique test des 15 mots de Rey. En effet, le CVLT est un outil récent dont les critères d'élaboration sont davantage conformes aux critères de qualité que l'on peut attendre d'une épreuve moderne (notamment en ce qui concerne les critères de sélection des mots et les indices qualitatifs qui peuvent être dégagés de l'épreuve). Le CVLT implique la mémorisation d'une liste de 16 mots appartenant à quatre catégories sémantiques différentes. La liste est présentée à cinq reprises (c'est la phase d'apprentissage) au patient qui, après chaque présentation, doit rappeler le plus grand nombre de mots. Après ces cinq essais, une deuxième liste de 16 mots est présentée au patient ; cette liste comporte à nouveau quatre catégories, dont deux figuraient également dans la première liste. Cette deuxième liste n'est présentée qu'une seule fois, et le patient doit essayer d'en répéter un maximum de mots. Ensuite, il lui est demandé de rappeler le plus grand nombre de mots de la première liste (celle qui lui avait été présentée à cinq reprises) ; après ce rappel libre, un rappel indicé a lieu, pour lequel il est demandé au patient de rappeler les mots de chacune des catégories sémantiques. Un nouveau rappel libre suivi d'un rappel indicé a lieu vingt minutes plus tard.

Le CVLT peut être utilisé en situation d'expertise parce qu'il dispose d'un bon étalonnage en français et parce qu'il permet d'évaluer le fonctionnement mnésique du patient dans une situation où aucune aide ne lui est fournie au moment de l'encodage (ce qui n'est pas le cas d'autres épreuves évaluant la mémoire épisodique verbale). Il est en effet important de voir comment le patient traite l'information de manière «spontanée»; plus particulièrement, avec le CVLT, il sera intéressant de voir dans quelle mesure le patient utilise les catégories sémantiques (qui ne lui sont à aucun moment signalées lors de la phase d'apprentissage ; en outre, les mots ne sont pas présentés regroupés par catégorie, mais de manière «mélangée») pour faciliter sa mémorisation du matériel. Un tel indice peut aider le neuropsychologue à déterminer si le patient est capable d'effectuer un traitement «en profondeur» des mots à mémoriser. En effet, comme nous l'avons vu, certaines difficultés mnésiques sont caractérisées par une difficulté chez le patient à effectuer un encodage riche et élaboré de l'information ; le CVLT peut se révéler sensible à ce type de difficulté.

4.3.2. Le test de rappel sélectif (Buschke, 1973)

Avec certains patients, toutefois, une épreuve comme le CVLT peut s'avérer trop peu sensible. Cela peut être le cas avec des patients de bon niveau socioculturel, ayant subi un traumatisme crânien léger, et se plaignant de difficultés légères ou discrètes de mémoire, insuffisantes pour les empêcher de travailler mais qui sont néanmoins susceptibles d'avoir un effet négatif sur leur rendement professionnel. Avec de tels patients, le neuropsychologue pourrait décider d'emblée d'utiliser une autre épreuve, plus sensible à des difficultés légères de mémoire : le test de rappel sélectif (Buschke, 1973). La plus grande difficulté du test de rappel sélectif tient d'une part à la construction du matériel (15 mots à mémoriser, ne pouvant être regroupés en catégories), et d'autre part à la procédure d'administration utilisée : à chaque essai, seuls sont fournis au patient les mots qu'il n'a pas rappelés à l'essai précédent. Pour sa part, le patient doit chaque fois essayer de rappeler un maximum de mots de la liste, y compris ceux qui ne viennent pas de lui être représentés. La version française du test de rappel sélectif vient de bénéficier d'un étalonnage et fera l'objet d'une publication prochaine (Van der Linden, Adam, Poitrenaud & Coyette, 2003).

4.3.3. *Autres épreuves verbales*

D'autres épreuves, comme par exemple le test de Grober et Buschke (1987; Calicis, Wyns, Van der Linden & Coyette, 1991) ou le test de Buschke 48 items (Adam & Van der Linden, 2003), peuvent compléter cette évaluation de la mémoire à long terme verbale en apportant des informations intéressantes sur le plan cognitif. Ces deux épreuves se distinguent du CVLT et du test de rappel sélectif par le fait que, cette fois, la procédure oblige le patient à traiter l'information d'une certaine manière — en fait, à un niveau sémantique. Pour ce faire, le patient doit, lors de la phase d'encodage, citer parmi les mots qui lui sont présentés celui qui correspond à une certaine catégorie sémantique; cette recherche d'un mot sur base de sa catégorie sémantique implique (par définition) qu'un traitement sémantique soit effectué sur le mot à mémoriser. L'intérêt consiste ici notamment à voir si la difficulté observée lors du rappel persiste lorsqu'un encodage élaboré a été réalisé initialement. Le test de Buschke 48 items repose sur la même logique, si ce n'est que le nombre de mots à mémoriser est cette fois significativement plus important (48 mots contre 16 dans le test de Grober et Buschke), ce qui rend cette tâche plus sensible à des difficultés discrètes de mémoire. Signalons que ces deux épreuves (test de Grober et Buschke ; test de Buschke 48 items) peuvent apporter des informations utiles quant au caractère «dysexécutif» d'un problème de récupération en mémoire : la comparaison des performances du patient en rappel libre et en rappel indicé (c'est-à-dire lorsque la catégorie sémantique de chaque mot est fournie au patient) peut être indicative d'un déficit particulier dans la mise en œuvre de stratégies «effortful» de recherche en mémoire ; ces épreuves peuvent dès lors se révéler intéressantes dans le cadre du diagnostic différentiel entre certaines pathologies (telles que certaines formes de démences, ou encore pour les troubles de mémoire observés chez les patients dépressifs).

4.3.4. Le Test des Portes

Les épreuves permettant d'évaluer la mémoire épisodique non verbale sont à la fois moins nombreuses et moins élaborées. Elles consistent pour la plupart à présenter au patient des items qu'il doit mémoriser, et ensuite à lui demander de reconnaître (ou éventuellement de reproduire) ces items parmi des distracteurs. La difficulté principale dans laquelle on se trouve lorsqu'on veut évaluer la mémoire épisodique non verbale est de pouvoir disposer d'outils qui ne peuvent être traités verbalement... ce qui s'avère généralement impossible.

Pour l'évaluation de la mémoire épisodique visuo-spatiale, nous nous limiterons à citer ici le test des Portes et Visages (Baddeley, Emslie & Nimmo-Smith, 1994); cette épreuve consiste à présenter au patient 24 photos de portes; il doit ensuite reconnaître chacune de ces portes lorsqu'elle est présentée avec trois distracteurs. Le test est divisé en deux parties (12 photos par partie), qui diffèrent par la plus ou moins grande difficulté du test de reconnaissance (dans la partie B, les portes distractrices sont visuellement plus proches des portes cibles).

5. BATTERIES D'ÉVALUATION

En neuropsychologie cognitive, la logique qui sous-tend l'évaluation d'un niveau particulier du fonctionnement cognitif consiste à identifier, au sein d'une architecture cognitive, le ou les niveaux altérés, ceci en référence à un modèle théorique du fonctionnement cognitif normal. Si adopter une telle logique s'avère indispensable lorsqu'on cherche à identifier aussi précisément que possible les altérations cognitives présentées par un patient, il faut par contre admettre qu'elle est insuffisante, en particulier dans le contexte de l'expertise. Comme nous l'avons déjà souligné, les outils d'évaluation conçus dans cette perspective manquent encore parfois de certaines qualités psychométriques telles qu'un étalonnage solide. Nous manquons encore trop souvent de normes précises, envisageant les différents groupes d'âge et les différents niveaux socio-culturels; avec le test de Brown-Peterson (décrit ci-dessus), par exemple, nous n'avons que peu d'idée du niveau de performance attendu chez une personne faiblement scolarisée.

Dès lors, il peut encore s'avérer nécessaire de compléter l'examen par l'utilisation d'outils d'évaluation solides au plan psychométrique, mêmes s'ils présentent par contre des limites quant à leur capacité à identifier précisément la nature de tel ou tel déficit. Autrement dit, on perd sur le plan qualitatif ce qu'on gagne au plan quantitatif. Ceci explique la complémentarité des deux manières d'envisager l'évaluation des capacités cognitives dans le contexte de l'expertise.

Parmi les épreuves bénéficiant d'une solide normalisation, citons l'échelle clinique de mémoire, dont la troisième version, qui a été récemment éditée en langue française (MEM-III; Wechsler, 2001), apporte des améliorations substantielles par rapport aux précédentes (voir Desgranges & Eustache, 2003). La MEM-III comporte quatorze subtests et propose systématiquement les trois modes de récupération (rappel libre, rappel indicé et reconnaissance). Les subtests sont les suivants : (1) Mémoire logique : le sujet doit mémoriser deux textes courts, qu'il doit ensuite rappeler (en condition de rappel immédiat et différé puis de reconnaissance); pour le deuxième texte (plus dense que le premier), le sujet a la possibilité de le lire deux fois. (2) Reconnaissance de visages : on présente au sujet 24 photos en couleur montrant des visages (Européens, Africains, Asiatiques...), puis on lui administre une tâche de reconnaissance (de type OUI-NON); le test prévoit également une reconnaissance différée. (4) Les mots couplés : apprentissage de huit paires de mots (sans lien sémantique entre les mots) avec rappel immédiat et différé du second mot de chaque paire; le test prévoit également une reconnaissance différée pour les paires de mots. (5) Scènes de famille : le sujet visionne pendant dix secondes quatre scènes mettant en situation les membres d'une famille, puis doit évoquer (en situation de rappel immédiat et différé) les activités des différents personnages présents ainsi que leur localisation dans la scène. (8) Séquences lettres-chiffres : le sujet doit répéter des séries de plus en plus longues composées de lettres et de chiffres en remettant ceux-ci dans l'ordre numérique et alphabétique ; ce test implique donc à la fois stockage et traitement, et permet de mesurer les capacités de l'administrateur central de la mémoire de travail. (9) Mémoire spatiale : on demande au sujet de reproduire en ordre direct et en ordre inverse, en situation de rappel immédiat, des séries de frappes sur des cubes disposés sur une planche (comportant 10 cubes).

Il faut ajouter, à ces neuf sous-tests, cinq sous-tests présentés comme optionnels : (1) Information et orientation immédiate : ce test comporte des questions simples sur des données biographiques et sur l'orientation spatio-temporelle du sujet. (2) Liste de mots : apprentissage en quatre essais d'une liste comportant douze mots, suivi de la présentation d'une liste interférente, puis du rappel de la première liste; un rappel différé est prévu, ainsi qu'une épreuve de reconnaissance oui-non. (3) Reproduction visuelle : mémorisation et rappel immédiat de cinq dessins géométriques, puis reproduction visuelle différée et test de reconnaissance (oui-non); ce sous-test inclut également une épreuve de copie ainsi qu'un test de discrimination. (4) Contrôle mental : le sujet doit compter de 1 à 20, réciter l'alphabet, les jours de la semaine et les mois de l'année, puis refaire les mêmes tâches mais à rebours; il doit ensuite compter de 6 en 6 en intercalant chaque fois un jour de la semaine. (5) Mémoire des chiffres : tâche classique d'empan de chiffres avec répétition en ordre direct et en ordre inverse.

Cette batterie, dont l'administration demande environ 60 minutes (sans compter les tests optionnels), permet de calculer de nombreux indices (mémoire immédiate, différée, visuelle...). Avec cette échelle, le clinicien dispose donc d'une batterie standardisée, solide sur le plan normatif et offrant des informations qu'il conviendra de recouper avec des observations issues des épreuves cognitives.

6. POUR UNE ÉVALUATION «ÉCOLOGIQUE»

En situation d'expertise (comme d'ailleurs dans toute situation d'évaluation neuropsychologique), l'évaluation des difficultés de mémoire ne peut se limiter à l'administration d'épreuves standardisées. Pour pertinentes qu'elles soient au plan théorique (et donc nécessaires pour identifier la nature précise d'un trouble), elles ne peuvent suffire à appréhender la complexité et la diversité des situations dans lesquelles les patients rencontrent des difficultés dans leur vie quotidienne. Or, il s'agit là d'une dimension fondamentale de l'évaluation, dans la mesure où l'objectif ultime n'est évidemment pas de déterminer combien de mots sur seize le patient est capable de rappeler, mais bien de comprendre l'impact de son déficit mnésique sur ses activités quotidiennes ou professionnelles. Ceci nous permet de souligner une fois de plus l'importance de l'anamnèse, qui consiste en un entretien privilégié avec le patient (et avec ses proches), dont le neuropsychologue expérimenté doit être capable d'extraire des renseignements importants pour sa bonne compréhension du contexte dans lequel les difficultés se manifestent (voir le chapitre «Principes de l'évaluation cognitive et de l'anamnèse en neuropsychologie»).

Cependant, au-delà de cet entretien, il peut être intéressant d'utiliser certains outils plus «écologiques», conçus spécifiquement pour évaluer les troubles mnésiques dans la vie quotidienne. C'est par exemple le cas du Questionnaire d'Autoévaluation de la Mémoire (Q.A.M.) de Van der Linden, Wyns, Coyette, von Frenckell et Seron (1989), qui a pour objectif l'exploration du fonctionnement global de la mémoire, de la fréquence des troubles mnésiques dans différentes activités quotidiennes et de l'influence de facteurs non mnésiques sur l'efficacité de la mémoire. Le QAM se compose de 64 questions groupées en dix rubriques : conversations (exemple : « avez-vous des difficultés à suivre le fil d'une conversation qui se déroule avec une seule personne parce que vous oubliez ce qui vient d'être dit ? »), films et livres, personnes, mode d'emploi des objets, connaissances générales, lieux, actions à effectuer, vie personnelle, distraction, influence de facteurs non mnésiques (fatigue, stress, etc.); une question générale — « avez-vous des problèmes de mémoire dans la vie quotidienne ? » — est proposée en début et en fin de questionnaire. Le patient répond à chaque question sur une échelle comportant six niveaux (de « jamais » à « toujours »). Certaines questions concernent les capacités d'apprentissage d'informations nouvelles, d'autres la récupération d'informations acquises (après un intervalle de rétention court ou long). Si le patient vient accompagné d'un proche informé de sa vie quotidienne, il est indiqué de faire également remplir le questionnaire à ce dernier, la confrontation des deux évaluations pouvant s'avérer intéressante, notamment pour déterminer le degré de conscience qu'a le sujet de ses troubles. Dans un cadre d'expertise, l'intérêt de ces outils est cependant uniquement d'ordre descriptif; leur caractère « transparent » peut susciter certains patients (et certains proches) à répondre aux questions en exagérant la sévérité des troubles. Néanmoins, utilisés avec prudence, ils permettent au neuropsychologue d'affiner sa compréhension de l'impact des déficits cognitifs sur les activités quotidiennes.

7. CONCLUSION

L'évaluation des troubles de la mémoire dans le contexte de l'expertise a beaucoup profité des progrès réalisés ces dernières années dans la compréhension que l'on a du fonctionnement mnésique « normal », mais aussi du développement de nouveaux outils d'évaluation et d'une meilleure connaissance des séquelles d'une lésion cérébrale sur le fonctionnement mnésique. Ces outils issus des travaux réalisés en neuropsychologie cognitive nous permettent aujourd'hui d'améliorer grandement, d'un point de vue qualitatif, la compréhension que peut se faire le neuropsychologue des difficultés mnésiques de son patient, non seulement en ce qui concerne les niveaux du fonctionnement mnésique (les « systèmes mnésiques ») qui sont préservés ou altérés mais aussi, à l'intérieur de ceux-ci, l'intégrité des mécanismes intervenant dans le traitement de l'information mémorisée (en particulier sur le plan de l'encodage et de la récupération).

Néanmoins, comme nous l'avons souligné, un réel effort devrait être entrepris dans les années qui viennent sur le plan de la recherche clinique, dans le but de parvenir à un étalonnage solide des épreuves issues de la neuropsychologie cognitive, étalonnage prenant en compte la diversité socioculturelle qui caractérise aujourd'hui nos sociétés. Le neuropsychologue se trouve en effet le plus souvent démuni lorsqu'il a pour mission d'évaluer les séquelles mnésiques d'un patient issu par exemple d'un milieu immigré socialement peu favorisé. Des travaux sont actuellement menés dans cette perspective, qui devraient conduire à une meilleure compréhension de l'influence de l'origine culturelle sur la performance aux épreuves cognitives «classiques» et, *in fine*, au développement d'outils spécifiquement adaptés à ces populations. Notons que ces développements sont nécessaires, non seulement pour la situation de l'examen neuropsychologique d'expertise, mais pour toute situation d'évaluation neuropsychologique, et notamment celle dont l'objectif est de proposer une rééducation au patient.

NOTES

[1] Dans une perspective cognitive, l'évaluation de la boucle phonologique et du registre visuo-spatial peut être beaucoup plus fouillée que ce que nous présentons ici. Ceci sera en particulier le cas lorsque le neuropsychologue cherchera à identifier la nature précise d'un déficit en mémoire à court terme, par exemple dans la perspective d'une rééducation. Dans le contexte de l'expertise, la présentation qui est faite ici de l'évaluation de la mémoire de travail suffit néanmoins dans la plupart des cas.

[2] Le terme de «mémoire déclarative» est utilisé par Tulving et Markowitsch (1998) pour regrouper les caractéristiques et les propriétés communes à la mémoire sémantique et la mémoire épisodique. Pour ces auteurs, le terme de «mémoire sémantique» ne concernerait que les aspects langagiers de la mémoire déclarative.

Chapitre 5
L'évaluation des troubles de l'attention

1. INTRODUCTION

Les troubles de l'attention sont extrêmement fréquents à la suite des atteintes traumatiques du système nerveux central (Ponsford & Kinsella, 1992; Van Zomeren, 1981, 1994; Van Zomeren & Van den Burgh, 1985). Il s'agit donc d'une dimension de l'activité cognitive à prendre en compte lors de l'évaluation neuropsychologique réalisée dans le cadre de l'expertise médico-légale. En effet, sur la base d'une revue de la littérature regroupant dix études consacrées à des patients traumatisés crâniens, Leclercq, Deloche et Rousseau (2002) observent des troubles attentionnels en moyenne dans 34,4 % des cas. Ce pourcentage est encore plus élevé lorsque l'on inclut dans ce relevé la fatigue (signalée dans 43,6 % des cas), la somnolence (32 %) et le ralentissement (37,3 %). De plus, dans une étude européenne et multicentrique récente, parmi les plaintes rapportées tant par les conjoints que par les patients, celles relatives aux désordres de l'attention et au ralentissement sont les plus souvent rencontrées (avant les déficits mnésiques et les tendances dépressives).

Dans le contexte de l'expertise, c'est-à-dire généralement plusieurs années après l'atteinte cérébrale, les plaintes attentionnelles sont variées, mais les patients se plaignent le plus souvent :

– De difficultés de concentration, qui surviennent généralement lors d'une activité intellectuelle soutenue. Ces difficultés apparaissent de manière plus ou moins précoce, et il n'est pas rare qu'elles soient suivies de céphalées. Selon les cas, les patients se plaignent d'être incapables de se concentrer parce qu'ils pensent à d'autres choses (c'est le *brain walking* : un défaut de contrôle qui conduit à l'intrusion de pensées distractrices); d'autres se plaignent d'avoir le cerveau vide et de ne pas pouvoir s'activer mentalement (*brain blanking* : défaut de mobilisation des capacités de traitement, ce qui conduit à une inertie mentale).

– D'une importante fatigabilité, qui peut s'accroître au cours de la journée, pour atteindre un maximum dans la soirée; ces difficultés peuvent se manifester par des difficultés lexicales dans les conversations (le patient ne trouve plus ses mots) ou encore se traduire par une fuite des idées (il ne sait plus où il en est dans son récit), etc.

Les patients signalent également, à des degrés divers : un ralentissement de leur fonctionnement mental, une moins grande rapidité de réaction, la présence de distractions en grand nombre, des difficultés à réaliser plusieurs choses en même temps, et des oublis en mémoire prospective.

Si les désordres attentionnels sont presque toujours présents après un traumatisme sévère (Van Zomeren & Van den Burg, 1985), ils sont également signalés avec une fréquence et une sévérité initiale comparables après les traumatismes modérés et légers (Bernstein, 1999 ; Binder, 1986) mais, dans ce dernier cas, la récupération est généralement meilleure et plus rapide (McLean, Temkin, Dikmen & Wyler, 1983). On notera cependant que certains travaux insistent sur la persistance à long terme des déficits attentionnels (Oddy, Coughlan, Tyerman & Jenkins, 1985) et sur l'absence de relation entre la sévérité du traumatisme et l'amplitude des déficits attentionnels (Zoccolotti, Matano, Deloche *et al.*, 2000).

On notera par ailleurs que les difficultés attentionnelles interagissent avec les autres composantes du fonctionnement cognitif. Il en résulte que certains patients peuvent se plaindre de difficultés attentionnelles qui sont en fait secondaires à l'existence de difficultés cognitives d'une autre nature. Ainsi, l'importante fatigabilité fréquemment rapportée par les patients cérébrolésés peut tout autant signaler une diminution première de leur capacité à mobiliser normalement leurs ressources attentionnelles, que résulter d'un effet sur leur fonctionnement attentionnel de difficultés cognitives situées ailleurs. Ces difficultés cognitives (difficulté d'accès lexical, de raisonnement, de calcul mental, etc.) obligent les patients à mobiliser davantage, dans la réalisation de certaines tâches, leurs ressources attentionnelles lesquelles, bien qu'elles soient intactes, se trouvent alors plus rapidement épuisées.

Sauf lorsqu'ils sont sévères et conduisent à des comportements désorganisés (confusion mentale, désorientation spatiale ou temporelle, production de propos incohérents, réactivité gravement altérée, etc.), les troubles de l'attention peuvent passer inaperçus lors de l'entretien clinique. Leur mise en évidence et leur évaluation précise requiert donc toujours l'administration de tests spécialisés.

En neuropsychologie, l'évaluation des troubles de l'attention est sans doute le domaine qui a le plus bénéficié de l'apparition de la micro-informatique ; différents tests informatisés ont été créés et sont aujourd'hui à la disposition des cliniciens. Ces logiciels permettent de mesurer avec précision les différentes dimensions du fonctionnement attentionnel, de caractériser les troubles des patients et d'en établir l'amplitude.

D'une manière générale, les cliniciens en neuropsychologie suivent, dans l'examen des déficits attentionnels, les orientations théoriques de la psychologie cognitive qui propose de fragmenter l'attention en différents composants. Le postulat théorique sous-jacent à ces travaux est que chacun de ces composants est sous-tendu par des réseaux neuronaux différents qui peuvent dès lors se trouver sélectivement altérés à la suite d'une atteinte cérébrale. Nous présenterons donc les méthodes d'évaluation de l'attention utilisées dans l'expertise neuropsychologique en suivant cette perspective analytique des processus attentionnels et en indiquant pour chacun d'entre eux quels sont aujourd'hui les outils à disposition.

2. LES DIFFÉRENTS COMPOSANTS DU FONCTIONNEMENT ATTENTIONNEL ET LEUR EXAMEN

Le terme d'attention recouvre aujourd'hui un ensemble de processus censés intervenir dans l'ensemble des traitements sous-tendant les comportements et les activités mentales. L'analyse des processus attentionnels est complexe, et une tâche aussi élémentaire qu'un temps de réaction simple, au sein de laquelle on demande au sujet de répondre le plus vite possible à un stimulus projeté sur un écran, implique *a minima* que le sujet soit capable (1) d'orienter son attention vers la source de stimulation, (2) d'identifier le stimulus et de le reconnaître comme pertinent, (3) de décider d'y réagir, (4) de sélectionner la réponse appropriée et (5) d'activer le programme moteur correspondant.

Pour rendre compte des différents composants de l'attention, les psychologues ont élaboré divers cadres théoriques qui proposent des fragmentations parfois sensiblement différentes du fonctionnement attentionnel. Ces diverses propositions théoriques ne sont pas aujourd'hui unifiées dans une synthèse d'ensemble, ce qui bien sûr ne facilite pas le travail des cliniciens. Cependant, en neuropsychologie, les méthodes d'examen ont été influencées principalement par les perspectives théoriques de Posner (voir Posner & Boies, 1971, et Posner & Rafal, 1987). Pour l'essentiel, nous suivrons donc les distinctions proposées par cet auteur.

2.1. L'alerte attentionnelle

Posner considère l'alerte comme une dimension de base de l'éveil, qui indique un état hypothétique de préparation dans lequel se trouverait le système nerveux central et qui affecterait notre disposition à traiter une information et à y répondre. On distingue, selon la longueur des périodes temporelles concernées, l'alerte phasique et l'alerte tonique.

L'*alerte tonique* renvoie aux fluctuations, tout au long de la journée, de cette disposition à traiter l'information. En règle générale, on est par exemple plus efficace tôt dans la journée que tard dans l'après-midi ou dans la soirée. Ces oscillations correspondent aux cycles veille/sommeil et sont liées à divers paramètres neurochimiques et physiologiques qui rendent compte des modifications de l'état d'éveil en fonction du moment de la journée. L'alerte tonique s'examine habituellement par des méthodes électroencéphalographiques.

Si les neuropsychologues ne testent le plus souvent pas l'alerte tonique en tant que telle[1], ils seront cependant sensibles aux variations de performances qui peuvent résulter des oscillations du niveau d'éveil. Ils seront par exemple attentifs au fait que certaines personnes présentent une chute de leur niveau d'éveil après le repas de midi, et que certains patients examinés en début d'après-midi sont ainsi privés de la sieste qu'ils font habituellement à ce moment-là de la journée.

L'*alerte phasique* correspond quant à elle à un changement soudain et transitoire de l'éveil suite à la présentation d'un signal avertisseur (comme, par exemple, lorsque quelqu'un crie «attention»). Cet état présente une composante motrice (préparation à l'action) et une composante perceptive (préparation à traiter le stimulus). L'alerte tonique s'accompagne d'un ensemble de réactions neurophysiologiques décrites par Sokolof (1963) dans le *réflexe d'orientation* : dilatation de la pupille, décélération cardiaque, réaction électrodermale, apparition de potentiels évoqués corticaux lents du type VCN ou onde d'attente. Ce changement de réactivité survient dès 100 ms après la présentation du signal avertisseur, et atteint une amplitude optimale entre 500 et 1.000 ms[2].

En clinique courante, la réaction d'alerte se mesure au moyen d'épreuves de temps de réaction simple dans lesquelles un signal avertisseur précède à des intervalles variables les stimuli cibles auxquels le sujet doit répondre. Pour certains intervalles, la réaction aux stimuli cibles est plus rapide : le sujet réagit plus rapidement au second stimulus par comparaison à sa présentation isolée. On considère que le signal avertisseur a permis à l'individu de se préparer à réagir, ce qui a pour effet de

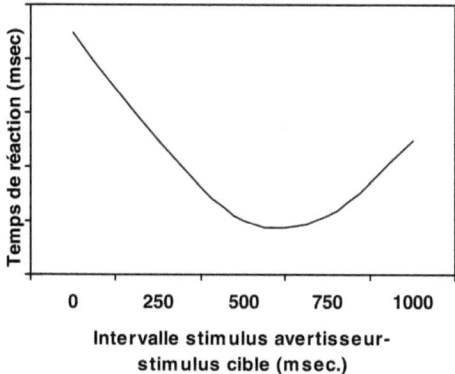

Figure 6 — Répartition des temps de réaction à une épreuve d'alerte phasique, en fonction de l'intervalle entre le stimulus avertisseur et le stimulus cible.

raccourcir le temps de réaction. C'est ce gain qui correspond à la réaction d'alerte. Cette mobilisation attentionnelle fait cependant l'objet de contraintes temporelles : pour des délais « signal avertisseur-stimulus cible » très courts (de l'ordre de 50 à 100 millisecondes), le signal avertisseur a un effet négatif sur le temps de réaction. En fait, au moment de l'arrivée du stimulus cible, le sujet est encore occupé à traiter le signal avertisseur. Ensuite, avec l'allongement de l'écart signal avertisseur-stimulus cible, on voit s'améliorer le temps de réaction jusqu'à ce qu'il atteigne une valeur optimale qui survient, selon la tâche, entre 500 et 1.000 ms. Au-delà de cette limite, les temps de réaction s'allongent jusqu'à ce que le bénéfice du signal avertisseur ait complètement disparu (voir figure 6).

L'administration d'épreuves dans lesquelles on fait systématiquement varier l'écart signal avertisseur-stimulus cible permet de départager le ralentissement dû à la composante motrice (vitesse d'exécution du mouvement) de celui qui concerne la composante attentionnelle centrale (vitesse de traitement du stimulus).

Par exemple, si un individu est ralenti suite à un problème situé au niveau de la composante d'exécution motrice, et que la réaction centrale d'alerte est maintenue, il présentera une fonction d'alerte identique à celle d'un sujet normal, mais décalée vers le haut. Par contre, si le déficit est central, les pentes de la courbe seront modifiées et l'optimum d'alerte sera soit retardé, soit absent (figure 7).

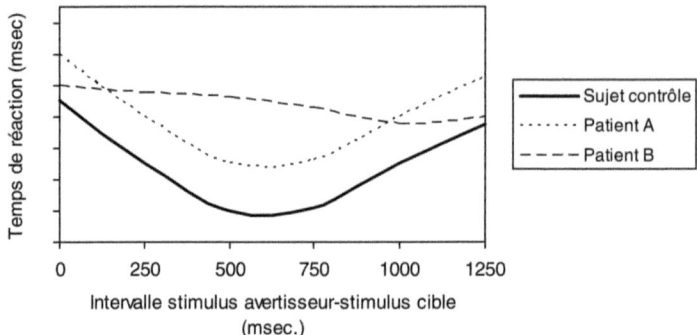

Figure 7 — Répartition des temps de réaction pour trois sujets : un sujet contrôle, un patient présentant un ralentissement moteur (Patient A) et un patient présentant un déficit d'alerte plus central (Patient B).

Dans la pratique clinique, les tests d'alerte sont assez simples à programmer sur ordinateur; la batterie TEA de Zimmermann et Fimm (1994) propose un test de ce type. Certaines épreuves permettent par ailleurs de comparer les réactions d'alerte selon que le stimulus avertisseur est auditif ou visuel (Seron, Coyette, Deloche, Frederix & Hirsbrunner, 1985).

2.2. L'attention sélective ou focalisée

L'attention sélective décrit le mécanisme qui consiste à donner la priorité au traitement d'une catégorie de stimuli par rapport à une autre. L'attention sélective est une condition de base du fonctionnement cognitif; on ne peut en effet entreprendre aucune action en traitant l'ensemble des stimuli présents dans l'environnement ou en scrutant l'ensemble des informations dont on dispose en mémoire à long terme. La conduite d'actions orientées vers un but implique ainsi que l'on ne traite que les éléments de l'environnement (interne et externe) qui sont pertinents par rapport à l'activité en cours. La focalisation attentionnelle peut être réalisée volontairement par le sujet ou être déclenchée par des stimuli extérieurs inattendus ou suffisamment puissants.

Plusieurs situations peuvent être envisagées. La sélectivité peut se rapporter à des aspects élémentaires de l'environnement, comme certaines caractéristiques physiques simples des stimuli. Elle peut aussi se rapporter à des dimensions cognitives plus complexes, par exemple de nature sémantique. Par ailleurs, les opérations de sélectivité se distinguent selon qu'elles concernent des sources différentes de stimulations (par exemple : dans une assemblée, ne suivre qu'une conversation parmi plusieurs en cours — c'est la situation dite de la «cocktail-party»), des stimuli différents en provenance d'une même source, ou encore selon qu'elles se rapportent à la localisation des stimuli dans l'espace.

Si le concept d'attention sélective est, le plus souvent, présenté et testé en rapport à des stimuli externes, il est important de l'étendre aux événements internes tels que les contenus mentaux ou les états somatiques.

> Par exemple, un patient peut être incapable de suivre un cheminement mental parce que, en cours de route, des pensées intrusives surgissent et dévient sa trajectoire idéique. Lorsque le trouble est sévère, il peut entraîner une véritable confusion mentale. Si le patient s'engage dans un récit, on observe des incohérences dans le propos, de brusques changements thématiques, une fuite des idées et de nombreuses digressions.

Sur le plan théorique, les recherches en psychologie tentent de déterminer quels procédés sont mis en œuvre pour sélectionner un stimulus parmi d'autres. Une question centrale, encore débattue aujourd'hui, se rapporte au moment où cette sélection a lieu. Par exemple, selon le modèle dit du «pipeline» de Broadbent (Broadbent, 1958), lorsque deux stimuli sont présentés en parallèle, ils sont traités simultanément dans un registre sensoriel (tampon ou buffer sensoriel). Ensuite, un des stimuli reçoit la priorité, tandis que l'autre reste en attente avant d'être traité. Dans ce modèle strictement sériel, l'information passe d'un registre sensoriel à un registre à court terme avant d'être stockée à long terme. Le filtrage de l'information est donc très précoce. Mais ce modèle ne permet pas de rendre compte de toutes les données sur l'attention sélective, et notamment du fait que, dans certaines situations, un traitement parallèle d'informations différentes présentées en même temps a été démontré. Divers modèles alternatifs ont dès lors été proposés. Parmi ceux-ci, celui de Treisman (1964), qui constitue une adaptation du modèle de Broadbent, postule que l'information à laquelle le sujet ne prête pas attention fait néanmoins l'objet d'un traitement, mais que celui-ci est atténué. Treisman postule également des biais de sélection de traitement selon les attentes du sujet. D'autres théories, comme celles de Deutch et Deutch (1963), mettent au contraire l'accent sur un filtrage tardif de l'information qui surviendrait au moment de l'émission de la réponse. Les modèles postulant un filtrage précoce sont plus économiques en ce sens qu'ils laissent plus de capacités attentionnelles disponibles pour le traitement de l'information pertinente. Mais il semble aujourd'hui que les modèles postulant un traitement flexible rendent mieux compte des données empiriques à disposition.

Il existe un nombre considérable de méthodes et de tests pour mesurer l'attention sélective. Il s'agit tantôt d'épreuves papier-crayon, tantôt d'épreuves de chronométrie mentale (mesure des temps de réaction).

Dans le domaine auditif, on a parfois recours à la méthode dite de l'écoute dichotique. Cette méthode consiste à faire entendre au sujet deux messages auditifs différents en même temps aux deux oreilles, tout en lui demandant de ne prêter attention qu'aux stimuli présentés à l'une des deux oreilles pour ensuite les répéter à voix haute. Cette technique, qui est à l'origine des travaux sur l'attention sélective, est cependant sujette à divers biais méthodologiques qui ont conduit à son abandon dans les pratiques d'évaluation clinique en neuropsychologie.

Les tests les plus utilisés pour évaluer l'attention sélective utilisent la modalité visuelle. Ils consistent généralement en des tâches de discrimination ou de recherche visuelle. Le sujet est invité à repérer des stimuli-cibles parmi un ensemble de stimuli-distracteurs. Les mesures d'efficience correspondent le plus souvent au temps mis pour repérer les cibles et au nombre d'omissions ou d'erreurs éventuelles.

Dans les tests papier-crayon, on utilise le plus souvent des signes, des dessins ou des lettres présentés en lignes que le sujet parcourt le plus rapidement possible en vue de repérer les cibles. Parmi les tests les plus connus, on mentionnera le test des barrages de signes de Zazzo (barrage simple et double; Zazzo, 1969), le test de barrage de lettres et de chiffres de Diller (1982) et le test des cloches de Gauthier, Dehaut et Joanette (1989). Mais, dans le monde francophone en tout cas, l'un des tests les plus utilisés aujourd'hui est le D2 de Brickenkamp (1966).

Dans le D2 de Brickenkamp, le sujet doit barrer le plus rapidement possible et à raison de 20 secondes par ligne les lettres «d» lorsqu'elles sont associées à deux apostrophes placées soit l'une au-dessus et l'autre en dessous, soit les deux au-dessus ou les deux en dessous de la lettre. Ce test, simple à administrer, permet l'analyse en continu de la performance du sujet tant en rapidité qu'en qualité. Il est en outre rapide à appliquer et bien standardisé (Brickenkamp, 1966; Spreen & Strauss, 1991) (Figure 8).

```
        "  "  "       '  '      "     "  "   '  "        '          "    '   '   "   '
d  d  p  d  d  d  p  p  d  p  d  d  d  d  d  p  d  p  d  d  d  p  p  d  d  d  d  d
"  '     '       "  "  "  '  '  "     "        '  '  "  "  "     '        "    '  "  "
```

Figure 8 — Extrait d'une des lignes du test D2 (le test en comporte 20). Le sujet doit barrer le plus rapidement possible, à raison de 20 secondes par ligne, tous les «d» entourés de deux traits.

L'attention sélective peut aussi être examinée par des épreuves de chronométrie mentale sous la forme de temps de réaction à choix multiples où des stimuli divers sont présentés au sujet qui doit identifier parmi ceux-ci un stimulus cible et y répondre. Le sujet doit donc analyser chaque stimulus, identifier les cibles et ensuite décider de répondre.

Dans la batterie de tests TEA de Zimmerman et Fimm (1994), deux tests d'attention sélective sont proposés (il s'agit en fait de deux conditions différentes du test Go/NoGo); l'un et l'autre consistent en des épreuves de temps de réaction à choix. Dans chacune de ces épreuves, le sujet doit répondre en appuyant le plus rapidement possible à l'apparition de stimuli cibles à l'écran; dans la version simple, il n'y a qu'un stimulus cible et un distracteur; dans la version plus complexe, cinq patterns sont présentés au sujet, qui ne doit répondre qu'à l'apparition de deux de ces patterns. Le programme enregistre les temps de réaction, le nombre de réponses correctes (c'est-à-dire d'appuis sur la touche réponse lorsque l'item-cible est présenté) ainsi que le nombre de fausses réponses et d'omissions; en outre, comme pour tous les autres tests de la batterie TEA, le programme calcule la médiane, la moyenne et l'écart type des temps de réaction du sujet.

2.2.1. Un cas particulier : l'attention sélective spatiale

Si l'attention sélective visuelle peut porter sur la nature du stimulus à traiter, elle peut également se rapporter à sa position dans l'espace. Sous l'impulsion des travaux princeps de Posner, l'attention sélective spatiale a fait l'objet de nombreux travaux en neuropsychologie. On distingue dans l'attention spatiale une *attention spatiale ouverte* (le sujet est en mesure d'orienter son corps, sa tête et son regard vers la source de stimulation, comme dans la réaction d'orientation) et l'*orientation spatiale couverte* où le sujet, sans orienter ou déplacer ses récepteurs sensoriels en direction de la source de la stimulation, est cependant capable d'en privilégier le traitement. L'attention spatiale couverte a pu être établie en montrant qu'un sujet réagit plus rapidement à un stimulus présenté dans son espace visuel gauche (ou droit) si une flèche présentée en vision centrale le prévient du côté (gauche ou droit) d'apparition du stimulus, alors même qu'il n'a pas le temps d'orienter son regard ou sa tête en direction des stimuli.

Une procédure classique pour mesurer l'attention sélective spatiale consiste à demander au sujet de réagir à un stimulus-cible précédé par un stimulus avertisseur qui indique la localisation gauche ou droite d'apparition de la cible, et qui sert donc d'indice spatial. Dans un test de ce type, la cible apparaît dans deux conditions différentes : soit sous indiçage valide — la cible est annoncée d'un côté et elle apparaît effectivement de ce côté (ceci se produit dans la majorité des essais, soit environ 80 %); soit sous indiçage invalide — la cible est annoncée d'un côté et elle apparaît de l'autre. Un paradigme de ce type permet de mesurer plusieurs sous-composantes de l'orientation spatiale : la capacité d'*engager son attention* dans un secteur de l'espace, la capacité de *déplacer son attention* d'une localisation à une autre, et enfin la capacité de *désengager son attention* d'un point de l'espace (figure 9).

Ce paradigme est repris dans plusieurs batteries informatisées d'évaluation de l'attention : la batterie TEA de Zimmerman et Fimm (1994) et la batterie Zorglub de Seron et collaborateurs (1985). Dans le cadre de l'expertise, l'attention sélective spatiale ne doit

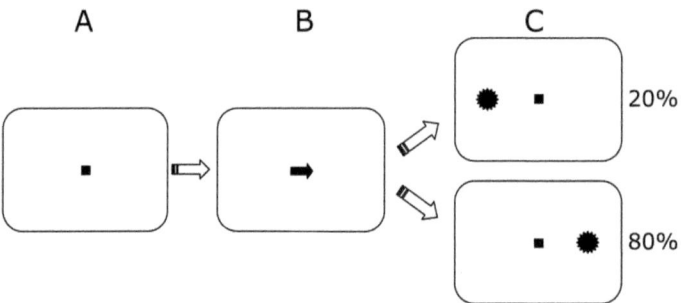

Figure 9 — Schéma d'une épreuve informatisée type évaluant l'attention sélective spatiale. Après la présentation à l'écran d'un point de fixation (A), une flèche (B) indique le lieu probable d'apparition d'un stimulus cible (C) auquel le sujet devra répondre le plus rapidement possible. Dans 20% des cas, le stimulus apparaît du côté opposé à celui indiqué par la flèche.

être examinée que si l'anamnèse laisse penser que le patient a présenté des signes d'héminégligence, et plus généralement s'il existe des indications en faveur d'une atteinte pariétale postérieure.

L'attention spatiale sélective est recrutée dans de nombreuses situations de la vie quotidienne. Par exemple, lorsqu'on attend quelqu'un pour un rendez-vous, il est habituel que l'on oriente sélectivement son attention vers l'endroit d'où nous pensons que la personne doit arriver. L'attention sélective couverte est également illustrée dans des situations de la vie quotidienne, lorsque nous prêtons attention à quelqu'un soit auditivement, soit visuellement, et que nous ne désirons pas que l'on nous remarque (par exemple, dans une situation de cocktail!).

2.2.2. Attention sélective, inhibition et flexibilité

Comme on l'a vu, l'attention sélective renvoie donc à la capacité du sujet à investir les ressources de traitement dont il dispose sur les éléments pertinents de la situation ou de la tâche qu'il doit réaliser; ceci nécessite également la mise en œuvre de mécanismes d'inhibition des informations non pertinentes ou distractrices. L'attention sélective est donc traditionnellement vue comme impliquant un double mécanisme :

1) l'activation de processus de centration sur l'objet de l'attention;

2) l'inhibition active d'éléments distracteurs potentiellement perturbateurs et pouvant interférer avec la focalisation.

Il ressort donc de ceci que l'évaluation des capacités d'attention sélective nécessite également d'évaluer la capacité du sujet à inhiber des informations non pertinentes, ou sa capacité à résister aux interférences. Nous ne présenterons pas ici les outils à la disposition du neuropsychologue pour évaluer les capacités d'inhibition. En effet, on se trouve ici à cheval avec un autre domaine du fonctionnement cognitif, étroitement lié aux fonctions attentionnelles : les fonctions exécutives.

Il en va de même pour un autre niveau du fonctionnement attentionnel ou exécutif, à savoir les capacités de flexibilité mentale. La flexibilité mentale renvoie à la notion de *shifting* attentionnel, c'est-à-dire à la capacité du sujet à passer alternativement d'un type de traitement à un autre. La flexibilité est à nouveau un concept assez proche de celui d'attention sélective, dans le sens où les situations nécessitant des capacités de flexibilité mentale font également appel aux capacités d'attention sélective (puisqu'il s'agit chaque fois de déplacer le «focus attentionnel», c'est-à-dire de prêter sélectivement son attention à une tâche puis à l'autre, ou au traitement d'un type d'information puis d'un autre); la flexibilité fait également intervenir les capacités d'inhibition : passer de manière efficace d'une tâche à l'autre requiert d'inhiber alternativement les éléments de la tâche qui était pertinente précédemment. Il s'agit là, sans aucun doute, d'un niveau fondamental du fonctionnement cognitif : nous sommes en permanence contraints de *shifter* d'une tâche à l'autre.

Aussi bien les capacités d'inhibition que les capacités de flexibilité cognitive font partie du bilan général du fonctionnement attentionnel. Très souvent, dans le rapport neuropsychologique, les résultats du patient aux épreuves d'inhibition et de flexibilité sont mentionnés dans la section «fonctions attentionnelles». Cependant, comme nous l'avons dit, on se trouve là dans une zone qui relève aussi bien des fonctions attentionnelles que des fonctions exécutives. Dans le présent ouvrage, puisque ces fonctions d'inhibition et de flexibilité relèvent de ce qu'on appelle le «contrôle attentionnel», nous avons choisi d'aborder les outils d'évaluation des capacités d'inhibition et de flexibilité dans le chapitre «L'évaluation des fonctions exécutives».

2.3. Capacités de traitement – ressources attentionnelles

La quantité de ressources attentionnelles dont nous disposons est limitée. Au-delà d'un certain niveau de sollicitation, il ne nous est plus possible de faire face. En fait, la capacité d'accomplir plusieurs tâches ou de traiter plusieurs sources de stimulations simultanément résulte de plusieurs facteurs parmi lesquels la *nature* des tâches (plus les deux tâches à réaliser conjointement sont proches, plus elles recrutent des processus similaires qui risquent de se trouver en compétition), leur *complexité* (à niveau d'expertise égale, plus une tâche et complexe, plus elle sollicite de ressources) et le *degré d'expertise* du sujet (plus un sujet est expérimenté dans la réalisation d'une activité, moins il doit allouer de ressources attentionnelles à la réalisation de celle-ci).

> De nombreux exemples de l'influence du niveau d'expertise sur les capacités attentionnelles peuvent être rencontrés dans la vie quotidienne. Ainsi, un jeune conducteur qui apprend à conduire sa voiture doit, pour ce faire, mobiliser l'essentiel de ses ressources attentionnelles. Il ne peut en même temps écouter la radio, mener une conversation avec un passager ou fumer une cigarette. Au contraire, pour un conducteur chevronné, la réalisation d'une deuxième tâche en plus de la conduite ne posera que peu de problèmes.

Dans les tâches doubles, il est d'observation courante de voir la performance s'améliorer avec la pratique. On considère habituellement que ce progrès est dû au fait que, avec la pratique, la réalisation de chacune des tâches demande de moins en moins de ressources attentionnelles ; on dira qu'elles sont réalisées au moyen de processus principalement automatiques.

> Un *processus* est généralement considéré comme *automatique* s'il est rapide, déclenché obligatoirement par la présence d'un stimulus, inaccessible à la conscience et sans effet interférent sur la réalisation d'autres traitements.

> Au contraire, un *processus contrôlé* est consommateur de ressources attentionnelles, partiellement au moins accessible à la conscience et peut entrer en interférence avec la réalisation d'autres tâches elles aussi consommatrices de ressources attentionnelles.

Les capacités attentionnelles sont très importantes à examiner car, dans la vie de tous les jours, nous sommes régulièrement amenés à accomplir plusieurs activités en même temps. Par exemple, conduire une voiture et choisir une station émettrice de radio, préparer un repas tout en bavardant avec un copain, écouter de la musique en rédigeant du courrier, etc. Cette capacité d'allouer simultanément des ressources attentionnelles à plusieurs tâches requiert une répartition efficace des capacités attentionnelles. Ceci implique d'une part de disposer d'une certaine *quantité* de capacités attentionnelles, et d'autre part de les allouer stratégiquement selon les exigences des sous-tâches.

On mesure habituellement les capacités attentionnelles en plaçant les sujets dans des tâches doubles. D'une manière générale, on procède de la façon suivante : dans un premier temps, le sujet est confronté à chacune des deux tâches isolément, et sa performance en tâche simple est enregistrée. Dans un deuxième temps, le sujet est soumis à la réalisation conjointe des deux tâches. Il est alors possible de comparer pour une tâche, dite de référence, le niveau de performance en condition simple et en condition double. Si les exigences de la tâche double dépassent les capacités attentionnelles du sujet, ses performances à la tâche de référence diminuent sensiblement par rapport à celles qui sont obtenues en condition simple.

Sur le plan clinique, la mise au point de tâches doubles est souvent complexe. Le premier problème concerne la sensibilité des tâches. Il faut en effet trouver une tâche double qui ne soit ni trop facile, ni trop difficile. Pour être sensible et praticable, une tâche double doit dépasser les capacités de traitement des sujets sans pour autant créer une situation telle que les performances se détériorent de manière trop marquée. Un autre problème concerne la stabilité des performances. En effet, la comparaison des performances à une tâche réalisée isolément ou en condition de double tâche exige que la performance du sujet à la tâche simple ne soit plus en évolution.

Un test d'attention divisée habituellement utilisé est celui de la batterie de Zimmermann et Fimm (1994). Dans ce test, le sujet doit réagir simultanément à des stimuli visuels et sonores qui lui sont présentés de manière continue et simultanée. Sur le plan visuel, il doit réagir dès que des croix qui apparaissent sur un écran forment un pattern particulier et, sur le plan auditif, dès qu'il détecte une irrégularité dans une alternance continue de sons.

2.4. La vigilance ou attention soutenue

Les capacités attentionnelles d'un sujet peuvent aussi se mesurer sur une échelle de temps plus longue; les psychologues parlent ici, selon le cas, d'attention soutenue ou de vigilance. Bien que certains auteurs considèrent les deux termes comme étant synonymes en clinique, on a pris l'habitude de les distinguer en fonction des conditions de stimulations auxquelles sont soumis les sujets. On parlera d'attention soutenue si les sujets sont confrontés à un rythme continu de stimulations à traiter, exigeant de leur part une activité dense et ininterrompue; on parlera de vigilance dans les situations monotones où les stimuli à traiter sont rares.

> Par exemple, conduire sa voiture la nuit sur une autoroute déserte relèverait de la vigilance, alors que conduire un taxi un jour de semaine à Paris relèverait de l'attention soutenue.

Dans les examens d'expertise qui visent à évaluer les capacités de reprise d'un travail professionnel normal ou à horaire réduit, l'examen de l'attention soutenue constitue un aspect très important de l'investigation neuropsychologique. Il se peut en effet qu'un sujet cérébrolésé soit capable de mobiliser des ressources attentionnelles suffisantes pendant une courte période de temps, mais qu'il signale se sentir fatigué après deux heures de travail ou avoir mal à la tête après une demi-heure de lecture d'un texte. Dans un nombre considérable de métiers, le maintien d'un bon niveau d'attention soutenue et/ou de vigilance est important (surveillance de machine-outil, conduite d'un autobus ou d'un taxi, etc.).

2.4.1. *L'attention soutenue*

Dans le cadre d'un examen neuropsychologique de routine, il n'est le plus souvent pas possible de tester l'attention soutenue pendant de très longues périodes de temps; généralement, les tests d'attention soutenue n'excèdent pas la demi-heure. Les épreuves d'attention soutenue se caractérisent par un enregistrement en continu de la rapidité et de la qualité des performances du sujet. Les troubles de l'attention soutenue peuvent en effet se manifester de deux façons principales : par une fatigabilité excessive qui se marque par un ralentissement de la performance dans la dernière partie de l'épreuve, ou par la présence de lapsus attentionnels qui correspondent à des oscillations de la performance qui surviennent pour de courtes durées et qui se traduisent soit par un allongement soudain des temps de réaction, soit par une diminution sensible du rythme de travail du patient.

Plusieurs situations sont utilisées pour évaluer l'attention soutenue. Certaines consistent à soumettre le sujet à des tests papier-crayon recrutant de manière répétitive et à des niveaux de difficulté variables les fonctions cognitives du sujet; d'autres sont des tests informatisés au sein desquels une activité continue est requise.

Un test classiquement utilisé chez les anglo-saxons est le «Paced Auditory Serial Addition Task» (PASAT) de Gronwall et Sampson (1974). Dans ce test, on présente des séries aléatoires de chiffres de 1 à 9 que le sujet doit additionner à voix haute les uns à la suite des autres. Ce test permet de mesurer les capacités de traitement du sujet dans une tâche qui requiert (1) l'enregistrement d'un stimulus, (2) son addition au résultat antérieur, (3) la production d'une réponse orale, et (4) la mise en mémoire des résultats intermédiaires. On peut bien sûr faire varier la complexité du test en modifiant le rythme de présentation des stimuli. Par exemple, avec un écart de 4 secondes entre les nombres, le test paraîtra relativement facile; par contre, au rythme d'un chiffre toutes les deux secondes, certains patients vont se trouver en difficulté (Gronwall, 1977; Stuss *et al.*, 1987, 1988). On se souviendra cependant que cette tâche n'est pas sans rapport avec les habiletés arithmétiques antérieures des sujets, et qu'elle est sensible aux effets de pratique. Par ailleurs, la meilleure manière de contrôler le rythme de présentation des stimuli est bien sûr de fabriquer une version informatisée du test. À notre connaissance, il n'existe pas de normes en français se rapportant au PASAT, mais une version informatisée de ce test est en cours d'élaboration à Lille.

Un autre test fréquemment utilisé est l'épreuve d'ordination de chiffres de Rey. Il s'agit d'une épreuve dans laquelle le sujet doit réécrire dans l'ordre ordinal des séries de huit chiffres de 1 à 9 présentés horizontalement et dans un ordre aléatoire. Ce test est administré pendant vingt minutes et le nombre de chiffres ordonnés est évalué toutes les minutes. Cette évaluation temporelle des performances permet ainsi le recueil d'éventuelles oscillations d'efficience ainsi que la comparaison des dix premières minutes du test avec les dix dernières. Habituellement, chez les sujets normaux, le niveau de performance est comparable aux deux sous-parties du test (on considère que l'habituation à l'épreuve a tendance à provoquer une amélioration de la performance, tandis qu'avec le temps une diminution de la motivation exercerait une influence négative sur la performance, ces deux tendances s'annulant en quelque sorte).

D'autres tests informatisés peuvent également servir à mesurer l'attention soutenue. Ainsi, comme le signalent justement Leclercq et Zimmermann (2000), le sous-test «mémoire de travail» de la batterie de Zimmermann et Fimm (1994) peut être utilisé pour mesurer l'attention soutenue (voir aussi le chapitre «L'évaluation des fonctions mnésiques»). Dans ce test, le sujet doit en permanence indiquer si le nombre qui lui est présenté est identique soit au nombre qui le précède (condition 1), soit à l'avant-dernier nombre qui a été présenté (condition 2). Comme cette tâche présente les stimuli à comparer à un rythme élevé, elle est également saturée en attention soutenue.

Dans l'interprétation qu'il fera de la performance de son patient aux tests d'attention soutenue, le neuropsychologue devra garder à l'esprit le problème de sensibilité parfois soulevé par ces épreuves. Il n'est pas rare en effet d'être confronté à des patients qui se plaignent de difficultés dans la réalisation de leurs activités professionnelles, mais seulement après avoir accompli plusieurs heures de travail en continu. Les troubles se manifestent par exemple seulement après une ou deux heures de concentration intellectuelle sur un texte ou un problème à résoudre; ou encore, les difficultés ne surviennent qu'en fin de journée, après plusieurs heures de travail. Dans un tel contexte, il peut être intéressant de veiller à présenter l'épreuve d'attention soutenue à la fin de l'examen neuropsychologique plutôt qu'à son début, c'est-à-dire après que le sujet ait déjà travaillé avec le neuropsychologue pendant deux bonnes heures. Une autre manière d'aborder ce problème consiste à proposer un test d'attention soutenue au tout début de l'examen et de le réadministrer ensuite in extenso en fin d'examen, et de confronter les résultats obtenus lors de ces deux passations. On se souviendra cependant que, si ce type de stratégie est utile, on ne dispose pour la plupart des tests d'aucune information solide quant aux effets test-retest.

La question du test-retest est importante dans l'examen du fonctionnement attentionnel et ce problème n'a pas, à ce jour, bénéficié suffisamment de l'intérêt des chercheurs. À titre d'exemple, dans un travail récent sur les effets d'un traitement de la narcolepsie sur les fonctions attentionnelles, Rondia (2001) a administré à quatre reprises, à une semaine d'intervalle et au même moment de la journée, quatre sub-tests de la batterie TEA de Zimmermann et Fimm à un groupe contrôle de sujets normaux : l'alerte, l'attention divisée, l'incompatibilité et la vigilance. D'une manière générale, des progrès ont été observés pour tous les sous-tests entre la première et la deuxième passation. Ce n'est qu'ensuite qu'il y a une tendance à la stabilité de performances.

2.4.2. *La vigilance*

La vigilance correspond à la capacité que présente un sujet à se tenir prêt à réagir efficacement à des stimulations discrètes, peu fréquentes et survenant à des intervalles temporels variables. Les travaux sur la vigilance trouvent leur origine dans les opérations de contrôle au radar effectuées en Angleterre lors de la deuxième guerre mondiale. Dans ces situations, il s'agissait donc de rester attentif dans des activités de surveillance de longue durée et portant sur la détection d'événements rares (l'arrivée de V2). Le pêcheur qui attend que le poisson morde à l'appât, le chasseur à l'affût, les surveillants devant leurs consoles vidéos (aéroports, centrale thermonucléaire, gardes de nuit, etc.) constituent de bons exemples d'activités recrutant la vigilance.

Pour l'examen de la vigilance, on présente aux sujets des épreuves au sein desquelles ils sont soumis à des stimulations non pertinentes et ne doivent réagir qu'aux signaux pertinents rares et espacés dans le temps. Dans ce cas également, on évalue l'évolution temporelle de la performance. Une autre procédure pour mesurer des modifications attentionnelles sur de plus longues périodes de temps consiste à administrer un test de temps de réaction en début, au milieu, et à la fin d'un examen neuropsychologique. Dans le cas où on utiliserait cette méthode, on se méfiera cependant des rebonds attentionnels qui font qu'un sujet fatigué peut néanmoins se mobiliser le temps du passage d'une épreuve.

La batterie TEA de Zimmermann et Fimm (1994) propose différentes épreuves de vigilance informatisées. Dans chacune d'elles, il s'agit pour le sujet de surveiller l'apparition de stimuli cibles (tels que, par exemple, de discrètes variations d'amplitude dans les déplacements verticaux d'une ligne à l'écran) ; l'apparition des stimuli est peu fréquente et la tâche dure 30 minutes.

3. QUELQUES PRÉCAUTIONS PARTICULIÈRES

Lors de l'examen des processus attentionnels, le neuropsychologue sera sensible au fait qu'aucun test dit d'attention ne mesure exclusivement les mécanismes attentionnels intervenant dans la tâche. En effet, le fonctionnement attentionnel intervient dans l'ensemble des activités cognitives (mémoire, perception, raisonnement, langage, orientation dans l'espace et le temps, etc.). Il en résulte que les tests construits pour évaluer les diverses composantes de l'attention sont également sensibles aux composantes perceptives, représentationnelles et motrices de la tâche. Il est donc impérieux, lorsqu'un patient présente une performance déficitaire à un test d'attention, de s'assurer que l'origine du déficit réside bien dans une mobilisation inadéquate des processus attentionnels et qu'il ne résulte pas d'un déficit perceptif, moteur ou cognitif central.

<small>On doit ainsi rappeler qu'avant d'interpréter un déficit à un test d'attention, il faut s'assurer de l'absence d'hypoacousie ou de phosphènes[3] post-lésionnels si les stimulations sont auditives, et de l'absence de baisse d'acuité visuelle, de troubles de l'oculomotricité ou d'altérations du champ visuel, si le matériel est visuel. Ceci renvoie à une réalité clinique plus générale qu'il convient de garder à l'esprit : aucun résultat à un test ne peut être interprété de manière isolée. Ainsi, dans un test d'attention soutenue comme le PASAT au cours duquel le sujet est invité à additionner de manière continue et à un rythme prédéterminé les deux derniers chiffres présentés par l'examinateur, le déficit peut être dû à des troubles du calcul plutôt que des capacités d'attention soutenue. Ou encore, à un test comme le Trail Making Test (voir le chapitre « L'évaluation des fonctions exécutives »), au sein duquel il convient de relier ensemble des chiffres dans l'ordre croissant, ou de relier alternativement et dans l'ordre croissant des lettres et des chiffres, un déficit peut résulter d'un trouble dans le traitement des nombres, d'un défaut de récupération des suites des lettres de l'alphabet ou encore d'un déficit de l'exploration visuelle de l'espace proche, etc.</small>

Dans l'examen des performances des sujets aux tests d'attention, on est régulièrement confronté à une difficulté interprétative qui tient à la manière dont le sujet se comporte dans la tâche. Dans la plupart des tests présentés pour la mesure des processus attentionnels, l'examinateur demande en effet au patient d'une part de réagir le plus vite possible, et d'autre part de ne pas commettre d'erreurs. Cette double consigne est importante et elle peut, si elle n'est pas bien comprise ou pas bien suivie, conduire à des choix stratégiques particuliers. Ainsi, en cas de dépassement de leurs capacités attentionnelles, les sujets peuvent, selon les situations, réagir différemment. Par exemple, un sujet essaiera de répondre le plus vite possible à toutes les stimulations au risque de se tromper ou, au contraire, réagira plus lentement mais en essayant de ne pas commettre d'erreurs, quitte à choisir de ne pas répondre une fois sur deux s'il ne contrôle pas lui-même l'apparition des stimuli (c'est le problème du *speed/accuracy trade-off*; voir aussi, à ce sujet, le chapitre « L'évaluation des fonctions exécutives »).

Il conviendra aussi de tenir compte des médicaments que prend le patient (antidépresseurs et anti-épileptiques notamment) car certains d'entre eux peuvent influencer les processus attentionnels. Et le clinicien sera également sensible aux états d'anxiété et aux états dépressifs sévères qui peuvent entraîner une diminution des performances aux tests attentionnels.

Enfin, rappelons que, lors de la réalisation de la plupart des activités quotidiennes, nous sommes amenés à passer d'une tâche à une autre (*déplacement* ou *shifting attentionnel*), à interrompre une activité pour y revenir ensuite, à sélectionner les stimuli pertinents, à organiser des séquences d'activités (*planification*), à accéder à des connaissances en mémoire, à évaluer en fonction d'un but les résultats intermédiaires obtenus (*monitoring*), etc. Ceci requiert à l'évidence des mécanismes de contrôle attentionnel qui dirigent l'action en cours et la réorientent le cas échéant. Un modèle général de contrôle de l'action a été proposé par Shallice et Norman. Ce modèle considère que nos actions peuvent se dérouler à différents niveaux d'automaticité, qui vont de la simple routine d'action aux niveaux les plus élevés du contrôle volontaire de l'action. Ces problèmes seront traités en détail dans le chapitre consacré à l'évaluation des fonctions exécutives, dont on soulignera à cette occasion l'importance dans le cadre de l'expertise.

NOTES

[1] L'examen de l'alerte tonique est proche de l'examen de la vigilance, que certains auteurs rapprochent d'ailleurs de l'alerte (voir Parasuraman, Warm & See, 1998).
[2] Certains travaux contemporains suggèrent l'existence d'une étroite parenté entre l'alerte attentionnelle et l'attention spatiale focalisée. Dans la première, le focus attentionnel varierait selon un gradient temporel tandis que, dans la seconde, il serait déterminé par des paramètres spatiaux. Quoi qu'il en soit, il existe aujourd'hui des travaux en imagerie cérébrale montrant un assez large recouvrement des aires cérébrales activées lors des deux types de tâches d'attention (Coull & Nobre, 1998; Coull *et al.*, 2000).
[3] Le phosphène est une hallucination visuelle simple (points lumineux, éclairs...) produite par l'atteinte ou la stimulation du cortex occipital primaire (voire du cortex temporal si l'hallucination concerne tout le champ visuel).

Chapitre 6
L'évaluation des fonctions exécutives

1. INTRODUCTION

Le fonctionnement exécutif doit être examiné de manière très régulière dans le cadre des expertises médico-légales. Les fonctions exécutives sont en effet fréquemment fragilisées à la suite de lésions frontales ; elles sont également sensibles aux atteintes diffuses du système nerveux central. Dans la mesure où les atteintes frontales et diffuses sont fréquentes après un traumatisme crânien, l'examen des fonctions exécutives est quasi obligatoire. Une autre raison qui conduit à examiner le fonctionnement exécutif tient à son importance dans l'adaptation du sujet aux situations de la vie journalière.

Il reste bien difficile aujourd'hui de définir avec précision ce que sont les fonctions exécutives et de cerner l'ensemble des situations dans lesquelles elles sont recrutées. Un accord existe cependant pour considérer qu'elles correspondent à un ensemble de processus cognitifs qui se trouvent activés lorsque le sujet doit faire face à des situations nouvelles. Le fonctionnement exécutif se délimite ainsi par opposition au fonctionnement routinier. En fait, chaque fois que le répertoire de nos habiletés apprises, de nos habitudes, de nos réflexes ne nous permet pas d'affronter adéquatement une situation, le fonctionnement exécutif est susceptible d'intervenir. Le fonctionnement exécutif couvre ainsi un ensemble de processus cognitifs dont la fonction essentielle est de garantir l'adaptation du sujet aux situations nouvelles.

Les déficits du fonctionnement exécutif peuvent passer inaperçus dans de nombreuses activités de la vie quotidienne, chaque fois que le sujet peut réaliser celles-ci de manière routinière, sans y prêter particulièrement attention (faire sa toilette, se préparer une tasse de café, conduire sa voiture, etc.). Au contraire, dès que, au sein de ces activités, le répertoire des routines apprises ne suffit plus, le sujet doit se désengager de ses habitudes pour produire des comportements nouveaux et adaptés, dont il doit contrôler l'adéquation. Les fonctions exécutives regroupent de la sorte des processus cognitifs distincts, dont l'inventaire n'est pas clairement établi à ce jour. On y retrouve toutefois des mécanismes tels que : l'inhibition de réponses prédominantes, l'initiation de comportements nouveaux, la planification de l'action, la génération d'hypothèses, la flexibilité cognitive, le jugement, la prise de décision, le contrôle des effets de l'action, le changement de stratégie, etc.

La présence de troubles dysexécutifs modérés à sévères constitue toujours un handicap dans la vie quotidienne des patients. Lorsque le déficit est sévère, il est fréquent qu'il constitue un handicap insurmontable pour la reprise d'une activité professionnelle autonome et responsable. La plupart des activités professionnelles exigent en effet la prise d'initiatives, l'adaptation à des changements et l'évaluation des effets des actions entreprises. Il est évident par ailleurs que les troubles exécutifs dont souffre un patient auront un impact variable selon le type d'activité professionnelle dans laquelle il se trouve engagé et, plus spécifiquement, selon la quantité de situations peu structurées ou nouvelles qu'il aura à affronter, ou encore selon son degré de responsabilité et d'autonomie.

De nombreux travaux ont été récemment consacrés aux fonctions exécutives ; il en a résulté des progrès évidents dans la compréhension des troubles affectant ces fonctions, ainsi que dans la création d'épreuves nouvelles visant à l'évaluation de différentes dimensions du fonctionnement exécutif. La plupart des épreuves et des tests nouvellement créés manquent cependant de normes bien établies et de standardisation dans les procédures et les consignes de passation. Il en résulte que leur usage dans le contexte d'une expertise doit se faire avec précaution. La prudence dans l'utilisation et l'interprétation des tests visant à évaluer les fonctions exécutives se pose avec une acuité d'autant plus grande qu'il a été établi que le fonctionnement exécutif entretient des rapports étroits avec le fonctionnement intellectuel (Duncan, Johnson, Swales & Freer, 1997 ; Duncan, Seitz, Kolodny et al., 2000). En effet, depuis de très nombreuses années, les psychologues définissent l'intelligence comme la capacité d'adaptation de l'individu aux situations nouvelles et complexes. Cette définition est très proche de celle adoptée par les neuropsychologues pour leur description du fonctionnement exécutif. Il conviendra donc, dans l'interprétation de déficits à des tests exécutifs, de dissocier ce qui relève de l'atteinte cérébrale de ce qui renvoie aux limites du fonctionnement intellectuel antérieur du sujet.

Avant de présenter les méthodes d'évaluation des fonctions exécutives, nous rappellerons brièvement les caractéristiques générales du fonctionnement exécutif, ainsi que les principales élaborations théoriques qui ont tenté d'en rendre compte (pour plus de détails, le lecteur consultera avec profit le chapitre de Van der Linden, Meulemans, Seron, Coyette, Andrès & Prairial, 2000, ainsi que le livre de Van der Linden, Seron, Le Gall & Andrès, 1999).

2. LES CARACTÉRISTIQUES DU FONCTIONNEMENT EXÉCUTIF

Les fonctions exécutives interviennent lorsque le sujet doit développer des comportements efficaces et appropriés au-delà du registre habituel de ses routines. Dans l'évaluation du fonctionnement exécutif, il n'est pas facile de postuler *a priori* qu'il y aura, pour une tâche donnée, recrutement effectif de processus exécutifs. En fait, comme on le verra par la suite, la même tâche réalisée à différents moments dans le temps ou réalisée par différents sujets peut, selon les cas, faire ou non intervenir des mécanismes exécutifs. Malgré cette relative indécision, plusieurs critères ont été proposés comme indicatifs de la présence de processus exécutifs. Rabbitt (1997) en a isolé huit que nous reprenons ci-dessous :

1. La nouveauté : le contrôle exécutif est requis lors de la *réalisation de tâches nouvelles*, pour lesquelles le sujet ne dispose pas de plans ou de routines d'actions en mémoire. Ce critère ne doit pas être confondu avec celui de complexité. Une tâche complexe, mais familière pour le sujet, peut en effet être réalisée sans contrôle exécutif ; alors qu'une tâche simple, mais nouvelle, peut requérir un contrôle attentionnel.

2. Un contrôle exécutif serait nécessaire lors de la *recherche délibérée d'informations en mémoire*. Ce critère distingue la récupération automatique d'informations en mémoire à long terme de la recherche active et planifiée d'informations spécifiques.

3. Les fonctions exécutives seraient également nécessaires *pour initier de nouvelles séquences de comportements* tout en *interrompant des séquences en cours, ou en supprimant (inhibant) des réponses habituelles*. En d'autres termes, elles interviendraient chaque fois qu'il s'agit de modifier, en fonction des exigences de la tâche, l'allocation de ressources attentionnelles, afin de passer d'une séquence de comportements à une autre.

4. Le contrôle exécutif serait indispensable pour empêcher la production de réponses non appropriées dans un contexte particulier.

5. Le contrôle exécutif interviendrait également pour coordonner la réalisation simultanée de deux tâches et contrôler les exigences propres à chacune d'entre elles.

6. Les fonctions exécutives seraient également recrutées dans le monitoring de l'action afin de (1) détecter et corriger des erreurs, (2) modifier un plan lorsqu'il s'avère qu'il n'aboutira pas au résultat attendu, (3) identifier les opportunités pour atteindre un but plus favorable, et, le cas échéant, (4) mettre en place un nouveau plan d'action.

7. Le contrôle exécutif participerait aussi au maintien de l'attention de façon soutenue sur de longues périodes de temps, ce qui permet de contrôler le déroulement de longues séquences de comportements.

8. Enfin, une dernière caractéristique des conduites exécutives serait que, contrairement aux comportements non exécutifs, elles sont accessibles à la conscience.

Ces critères mis en avant par Rabbitt ont l'avantage de fournir une première approximation des contextes dans lesquels le fonctionnement exécutif survient. On retiendra cependant que ces critères ne doivent pas tous être remplis simultanément pour faire référence au fonctionnement exécutif. Ainsi, même si le critère de nouveauté est souvent considéré comme essentiel par la plupart des auteurs, il n'est pas nécessairement présent dans les tâches impliquant la recherche délibérée d'informations en mémoire ou dans celles exigeant le maintien d'une attention soutenue.

On retiendra également que certains neuropsychologues utilisent les termes de fonctions «frontales» à la place de fonctions exécutives. Cette appellation rend compte du fait que, historiquement, les désordres dysexécutifs ont été observés lors de lésions préfrontales et frontales (voir Luria, 1969, 1973). Les troubles dysexécutifs présents lors d'atteintes frontales importantes étaient alors regroupés sous le terme de «syndrome frontal». Il existe cependant des données dans la littérature qui indiquent que si les fonctions exécutives sont en relation privilégiée avec les lobes frontaux, elles ne s'y trouvent cependant pas associées de manière exclusive. Ainsi, les patients frontaux ne sont pas les seuls à présenter des performances faibles à certaines épreuves censées mesurer les fonctions «frontales». C'est ce constat qui conduit les neuropsychologues à préférer l'expression «fonctions exécutives» à l'appellation ancienne de «fonctions frontales».

3. LES MODÈLES DU FONCTIONNEMENT EXÉCUTIF

En neuropsychologie, la conception actuellement dominante des fonctions exécutives est celle défendue par Shallice (1982, 1988). A son origine, on trouve les travaux de Luria qui considère que les parties anté-

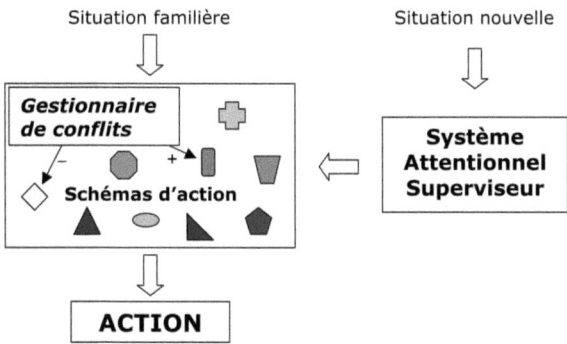

Figure 10 — Le modèle du contrôle attentionnel de Norman et Shallice (1986).

rieures du cortex sont responsables de la régulation de l'activité de l'organisme (Luria, 1973) et la distinction établie en psychologie cognitive entre les comportements automatiques et les conduites volontaires (Schneider & Shiffrin, 1977).

Les fonctions exécutives sont envisagées dans le cadre du modèle de Norman et Shallice (1986) qui a été créé en vue de rendre compte des différents niveaux de contrôle de l'action. Selon ces auteurs, un grand nombre d'activités de la vie quotidienne sont réalisées sans attention particulière, c'est-à-dire de manière automatique ; alors qu'un contrôle attentionnel volontaire s'avère nécessaire lorsqu'une composante de planification ou d'inhibition d'un comportement dominant est requise. Ce modèle est schématisé dans la figure 10.

L'unité fondamentale du modèle est le *schéma d'action*. Le schéma d'action consiste en un ensemble de structures de connaissances contrôlant des séquences d'actions ou de pensées sur-apprises, telles que, par exemple, préparer une tasse de café ou sortir la voiture du garage. L'activation de ces schémas nécessite peu de contrôle attentionnel et est déclenchée par les informations perceptives, ou par le résultat de l'activation d'autres schémas. Chaque schéma possède un seuil d'activation propre, provenant des processus d'excitation et d'inhibition dont il est l'objet. Un schéma particulier sera déclenché dès que son niveau d'activation dépasse un seuil critique. Mais, dans certaines situations, plusieurs schémas d'action se trouvent simultanément activés. Il est alors nécessaire de procéder à la sélection du schéma le plus approprié aux contraintes de la tâche en cours. Ces situations de compétition entre différents schémas sont habituellement prises en charge par des processus semi-automatiques de résolution de conflits (« *Contention Scheduling Mechanism* »), qui sélectionnent un schéma en fonction de son adéquation par rapport à la tâche en cours. Il s'agit d'un processus rapide de déclenchement et de sélection qui obéit à des règles et des critères clairs et qui concerne uniquement les situations familières. La compétition entre schémas est contrôlée au moyen d'un mécanisme d'inhibition collatérale qui empêche deux schémas exigeant les mêmes ressources (cognitives et motrices) d'être sélectionnés simultanément.

Ce mécanisme de résolution de conflits ne permettra cependant pas de gérer toutes les situations de la vie quotidienne. Lorsqu'il s'agit d'aborder un nouveau problème pour lequel il n'existe pas de procédure de solution connue, ou lorsqu'il faut gérer une situation potentiellement dangereuse, un système de contrôle volontaire est nécessaire. Dans le modèle de Norman et Shallice, ce contrôle attentionnel volontaire est assuré par le système attentionnel de supervision (« *Supervisory Attentional System* », ou SAS) qui intervient lorsque la sélection de schémas d'action routiniers ne suffit plus. Ce superviseur attentionnel a également pour fonction de maintenir des buts à long terme, de contrôler l'efficacité d'une stratégie particulière et, éventuellement, d'assurer les changements de stratégies, ou encore de contrecarrer une réponse habituelle forte ou de résister à une tentation. En d'autres mots, ce système supervise l'activité du sujet, ordonne et définit les priorités jusqu'à ce que l'objectif soit atteint. Cette voie de contrôle par le SAS, si elle est plus lente et plus délibérée que celle du gestionnaire de conflits, est aussi plus flexible.

Selon ce modèle, les différents processus exécutifs sont sous la dépendance du SAS. Par ailleurs, Shallice (1988) propose que le siège du système attentionnel superviseur se situe au niveau du cortex préfrontal. Dans cette perspective, un dysfonctionnement frontal est susceptible de perturber le fonctionnement du SAS, et d'entraîner par là même un certain nombre de difficultés cognitives et comportementales caractéristiques du dysfonctionnement exécutif, comme les persévérations, la distractibilité ou encore les troubles de l'inhibition. On notera enfin que Baddeley (1986) a attribué à l'administrateur central de la mémoire de travail des fonctions analogues à celles dévolues au SAS. Il suggère, entre autres choses, que l'administrateur central veille à l'allocation de ressources durant la réalisation simultanée de deux tâches, la modification des stratégies de récupération de l'information, l'attention sélective (et plus particulièrement les processus d'inhibition) et l'activation des informations en mémoire à long terme. Enfin, une autre fonction classiquement attribuée à l'administrateur central est le processus de mise à jour (Morris & Jones, 1990). Ce processus consiste à modifier continuellement le contenu de la mémoire de travail en fonction du traitement d'informations plus récentes, ces informations pouvant être de source interne ou externe (voir aussi le chapitre « L'évaluation des fonctions mnésiques »).

On assiste par ailleurs aujourd'hui, dans les travaux de recherche en neuropsychologie, à l'apparition d'études qui visent à fragmenter le fonctionnement exécutif en le décomposant en différents mécanismes qui pourraient fonctionner en autonomie (au moins partielle) les uns par rapport aux autres, et donc se trouver altérés de manière dissociée lors d'une atteinte cérébrale. Dans cette direction, un travail récent de Miyake, Friedman, Emerson *et al.* (2000) suggère la ségrégation des fonctions exécutives. Il propose la distinction de trois sous-composantes dissociées : la fonction de *mise à jour* (qui modifie le contenu de la mémoire de travail en fonction des nouvelles entrées), la *flexibilité* (qui assure le déplacement volontaire du foyer attentionnel d'une catégorie de stimuli ou d'un processus cognitif à un autre) et l'*inhibition* (qui a pour but d'empêcher l'intrusion des informations non pertinentes). Ce travail de ségrégation est intéressant à deux titres principaux :

– d'une part, il conduit à montrer que les fonctions exécutives sont séparables, mais qu'elles partagent également des processus communs ;

– d'autre part, il souligne le caractère composite des tests classiquement utilisés en neuropsychologie pour explorer le fonctionnement exécutif, en montrant que les trois fonctions exécutives isolées dans cette étude (mise à jour, flexibilité et inhibition) contribuent, mais dans des proportions différentes, à la performance des sujets à ces tests.

Enfin, ces auteurs suggèrent que les capacités d'*attention divisée* (représentant la capacité à distribuer efficacement les ressources de traitement entre différentes tâches réalisées simultanément) pourraient constituer une quatrième fonction, distincte des processus de mise à jour, de flexibilité et d'inhibition.

D'autres approches théoriques du fonctionnement exécutif ont également été proposées (voir Seron, Van der Linden & Andrès, 1999, pour une présentation détaillée de ces modèles). Ces conceptions théoriques alternatives soit constituent un complément aux propositions de Shallice et de Baddeley, en y apportant d'intéressantes nuances (par exemple, Grafman, 1995 ; Schwartz, 1995), soit s'en démarquent de manière plus importante (Goldman-Rakic, 1995 ; Kimberg & Farah, 1993). Ainsi, Damasio (1995), à partir de l'observation du comportement de patients placés dans des situations de prise de risques, a proposé que les patients atteints de lésions frontales (principalement ventrales et médianes) présentent une difficulté spécifique à exprimer des émotions et à ressentir des sentiments dans des situations au sein desquelles ces états internes devraient normalement apparaître. Pour rendre compte de ces difficultés particulières, il a créé la *théorie des marqueurs somatiques*, selon laquelle certaines structures préfrontales seraient requises pour l'acquisition de liens associatifs entre des classes de situations et des états émotionnels habituellement associés à ces situations.

Enfin, un autre modèle, proposé par Schwartz (1995), a examiné la réalisation d'actions routinières telles que «boire une tasse de café» chez des patients porteurs de lésions frontales et a mis en évidence l'existence d'un ensemble d'erreurs particulières (actes manqués, omissions de séquences, substitution d'une séquence par une autre, intrusion d'une séquence inappropriée...). Ces difficultés, non attendues dans le contexte du modèle de Norman et Shallice, conduisent, lorsqu'elles sont importantes, à ce que Schwartz appelle l'*apraxie frontale* ou *syndrome de désorganisation de l'action*. Dans une interprétation récente, Schwartz, Montgomery, Buxbaum *et al.* (1998) proposent que ce syndrome survient lorsqu'il y a à la fois une altération des schémas d'action (suite à une atteinte des régions cérébrales postérieures) et un déficit du contrôle attentionnel de nature frontale. Le déficit postérieur affaiblirait l'activation des sous-routines d'action, empêchant leur sélection rapide et ordonnée. Leur activation correcte demanderait un surcroît de ressources attentionnelles qui, du fait de l'atteinte antérieure, ne seraient pas disponibles.

4. L'ÉVALUATION DES FONCTIONS EXÉCUTIVES

4.1. La spécificité de cette évaluation

L'exploration des fonctions exécutives, que ce soit dans une perspective clinique ou dans un cadre de recherche, est confrontée à différents problèmes méthodologiques (pour une discussion détaillée de ces problèmes, voir Burgess, 1997, et Rabbit, 1997). Un des problèmes principaux concerne la diversité des tâches supposées mesurer les fonctions exécutives et l'importante hétérogénéité des performances des patients lorsqu'ils sont soumis à ces tâches. Une des caractéristiques du fonctionnement exécutif est en effet de s'exprimer dans une variété de situations différentes, en agissant sur le produit des traitements routiniers ou en modulant les schémas automatiques d'action. Il n'y a donc pas de mesure unique permettant d'évaluer le fonctionnement exécutif, et des patients considérés comme dysexécutifs peuvent très bien réussir certains types d'épreuves exécutives tout en échouant à d'autres.

Ceci doit conduire l'évaluateur à ne pas considérer cette hétérogénéité comme un indice de mauvaise collaboration. Ainsi, alors que l'observation de niveaux très hétérogènes de performances à deux tests de dénomination ou à deux tests de mémoire épisodique de structure et de complexité comparables doit amener à se poser un ensemble de questions (erreurs dans les procédures d'administration ou de corrections, présence de fluctuations attentionnelles non repérées, mauvaise collaboration du patient, etc.), la présence d'importantes fluctuations à plusieurs tests exécutifs s'observe régulièrement et ne constitue pas en soi un indice de mauvaise collaboration (voir aussi le chapitre «L'exagération et la simulation des troubles»).

Le critère de nouveauté utilisé dans la définition du fonctionnement exécutif soulève également de délicats problèmes pour l'évaluation. En effet, selon ce critère, une tâche exécutive n'est à strictement parler nouvelle que lors de sa première administration, puisque par définition la nouveauté décroît avec la répétition. Ce critère de nouveauté pose le problème du test et du re-test de patients. Il ne serait en effet possible d'évaluer pleinement le fonctionnement exécutif d'un patient que lors de la première administration d'une épreuve ou, de manière encore plus subtile, que lors des premiers essais à une tâche. Ce problème est particulièrement délicat dans le contexte de l'expertise médico-légale. Il est en effet fréquent que le patient soumis à une expertise ait déjà été testé à plusieurs reprises. Il a par exemple pu avoir déjà subi un bilan neuropsychologique peu après sa lésion cérébrale dans un service de neuropsychologie en vue du diagnostic de ses troubles, et parfois même à plusieurs reprises dans le décours d'une rééducation de ses fonctions cognitives. Enfin, le processus d'expertise lui-même comporte souvent le recours à plusieurs mises au point contradictoires réclamées par les différentes parties en présence. La répétition de tests exécutifs conduit à diminuer leur aspect de nouveauté. Et si, au cours d'évaluations successives, les performances des patients s'améliorent à ces épreuves, cela peut simplement signifier qu'ils se sont familiarisés avec les procédures et les stratégies requises par les tâches, sans pour autant qu'il y ait eu une réelle amélioration de leurs capacités exécutives. Comme nous ne disposons pour la plupart des tests exécutifs d'aucune norme évaluant les bénéfices liés au re-test, il est dangereux d'inférer, au départ d'une amélioration de performance obtenue suite à la ré-administration d'une épreuve, la présence d'un progrès parallèle du fonctionnement exécutif. L'existence des effets de test-retest dans le domaine exécutif, comme dans celui de la mémoire épisodique, implique qu'aucun examen d'expertise ne peut être valablement conduit sans que le neuropsychologue qui le pratique n'ait eu au préalable accès à la liste complète des tests auxquels le patient a déjà été soumis.

> L'accès aux bilans administrés précédemment par d'autres neuropsychologues se trouve parfois en opposition avec la demande formulée par certains experts de procéder à un bilan « en aveugle » afin de ne pas se trouver lors de l'analyse ou de l'interprétation du bilan actuel influencé par la connaissance des résultats obtenus au cours de bilans antérieurs. Si cette démarche est exigée, le neuropsychologue doit alors au moins avoir accès à la liste complète des tests qui ont été administrés afin d'éviter les effets test-retest (ou au moins d'en tenir compte) là où il a des raisons d'en attendre. Dans tous les cas, la meilleure manière de procéder à l'expertise consiste cependant à disposer de l'ensemble des informations relatives au fonctionnement cognitif depuis le début de l'atteinte cérébrale (voir le chapitre « Principes de l'évaluation cognitive et de l'anamnèse en neuropsychologie »).

Enfin, dans l'analyse de l'hétérogénéité des performances, le neuropsychologue se souviendra que le caractère plus ou moins exécutif d'une tâche peut varier selon le degré d'expertise particulier du sujet en fonction de ses compétences particulières antérieures. Il en résulte qu'une même tâche peut exiger d'un patient un contrôle exécutif et être exécutée de façon relativement automatique par un autre. Il faut également noter qu'une tâche non routinière est une situation pour laquelle plusieurs stratégies de réponse sont possibles. Il peut ainsi être parfois difficile d'estimer l'importance relative d'un désordre exécutif entre différents patients en raison de différences dans les stratégies qu'ils mettent en œuvre face aux tâches qui leur sont proposées : certains patients peuvent en effet privilégier la vitesse, et d'autres l'exactitude de leurs réponses. Or, dans de nombreuses tâches exécutives et attentionnelles, il est demandé au patient à la fois de traiter rapidement les informations et de commettre le moins d'erreurs possible. Cette double contrainte est comprise et appliquée différemment par les patients, voire par un même patient à qui on administre deux fois une épreuve. Dès lors, un déficit exécutif à une épreuve se manifestera chez un patient qui cherche prioritairement à ne pas commettre d'erreurs par un ralentissement de sa vitesse de traitement, et chez un autre patient soucieux de réaliser un temps d'exécution aussi rapide que possible par un plus grand nombre d'erreurs. Comment comparer les performances de ces deux patients, sachant que leurs déficits s'expriment au travers d'indices différents ? Heureusement, certaines épreuves proposent le calcul d'un indice global qui prend en compte à la fois la vitesse d'exécution et la qualité des réponses.

Finalement, les tâches utilisées en clinique sont la plupart du temps multi-déterminées dans le sens où, si elles évaluent bien le processus exécutif cible, d'autres processus exécutifs sont également impliqués a minima dans la réalisation de la tâche. Par exemple, l'épreuve de la Tour de Londres, qui est considérée comme une tâche de planification, fait également intervenir des processus inhibiteurs. En effet, le sujet doit empêcher la mise en route des plans d'action qui sont favorables à court terme mais qui en fait éloignent de la solution finale. Par ailleurs, les tâches proposées pour évaluer le fonctionnement exécutif ne sont pas pures puisqu'elles font également intervenir toute une série de processus non exécutifs (tels que les capacités perceptives, les processus langagiers, la vitesse de traitement de l'information...). Par conséquent, la performance des sujets aux épreuves exécutives peut être contaminée par leur difficulté à réaliser les aspects non exécutifs de ces tâches.

Malgré ces difficultés dans l'évaluation du fonctionnement exécutif, un grand nombre d'outils ont été élaborés et sont quotidiennement utilisés en clinique. Nous nous limiterons aux plus représentatifs de la pratique clinique quotidienne. En suivant Collette (2004), nous avons classé ces outils en fonction du type de processus qu'ils explorent principalement. De façon globale, ces outils peuvent être subdivisés en quatre grandes catégories : ceux évaluant le fonctionnement exécutif au moyen d'épreuves de laboratoire ; les épreuves écologiques visant à obtenir une mesure du fonctionnement exécutif dans des situations moins structurées ; les épreuves évaluant spécifiquement les relations entre cognition et émotion dérivées des travaux de Damasio ; les échelles s'intéressant aux modifications comportementales. Cette présentation ne se voulant pas exhaustive, nous renvoyons le lecteur au chapitre de Van der Linden, Meulemans, Seron *et al.* (2000) pour une description plus précise de ces tests.

4.2. Les épreuves classiques d'évaluation du fonctionnement exécutif

4.2.1. *L'évaluation des processus inhibiteurs*

Les troubles des mécanismes inhibiteurs comptent parmi les difficultés cognitives les plus fréquemment décrites suite à une atteinte cérébrale. Le rôle principal des mécanismes d'inhibition est d'empêcher l'intrusion dans la tâche en cours d'informations non pertinentes (Zacks & Hasher, 1997).

L'épreuve la plus utilisée en neuropsychologie clinique pour évaluer les capacités d'inhibition est le test des couleurs de Stroop. Cette épreuve comporte trois parties. Dans la première partie (condition de dénomination), le sujet doit donner la couleur de rectangles colorés (par exemple, des rectangles rouges, verts et bleus) imprimés sur une feuille. Dans la seconde partie (condition de lecture), le sujet lit des noms de couleurs («rouge», «bleu», «vert») écrits en noir sur une feuille. Dans la troisième (condition d'interférence), le sujet dénomme la couleur dans laquelle sont imprimés des noms de couleurs qui évoquent une couleur différente de celle dans laquelle ils sont imprimés (par exemple, le mot «rouge» écrit en vert). Dans cette dernière condition, le sujet doit inhiber le mécanisme de lecture au profit de celui, moins automatique, de dénomination.

Pour chaque condition, on mesure le temps mis pour réaliser la tâche; la sensibilité à l'interférence est mesurée par l'allongement du temps dans la condition d'interférence par rapport à la condition de dénomination, ainsi que par le nombre d'erreurs (corrigées ou pas) commises par le sujet.

L'épreuve de Hayling récemment proposée par Burgess et Shallice (1996) évalue les capacités d'inhibition sémantique. Ce test se compose de deux parties au cours desquelles l'examinateur lit au patient des phrases dont le dernier mot est absent. Le mot absent est facilement prédictible par le contexte général de la phrase. Dans la première partie, dite d'initiation, le sujet doit compléter chaque phrase par le mot sémantiquement approprié (par exemple : «*Au printemps, l'oiseau construit son...*» et la réponse attendue est «*nid*»). Dans la deuxième partie (dite d'inhibition), le complètement doit se faire au moyen d'un mot qui n'entretient aucune relation sémantique avec le reste de la phrase (par exemple : «*Bruxelles est une grande...*», et une réponse acceptable est «*banane*»). Il s'agit donc d'inhiber la réponse dominante, c'est-à-dire celle qui est logiquement attendue dans le contexte de la phrase et qui se trouve activée en mémoire à long terme. La mesure des capacités d'inhibition inclut d'une part la comparaison entre le temps total mis pour achever les deux conditions, et d'autre part le nombre de pénalités obtenues dans la condition B (lorsque le sujet donne le mot relié au contenu de la phrase ou que sa réponse est sémantiquement liée à la cible).

A côté de ces épreuves, on utilise également des épreuves chronométriques de type «go/no-go», qui évaluent la capacité à répondre à certains stimuli cibles tout en inhibant ses réponses pour des stimuli distracteurs. Les difficultés d'inhibition se marquent par la présence de réponses indues à la présentation des distracteurs et par un ralentissement de la vitesse de réaction aux stimuli cibles.

4.2.2. L'évaluation des capacités de flexibilité

La flexibilité concerne la capacité à déplacer le focus attentionnel d'une classe de stimuli à l'autre, qu'il s'agisse de stimuli externes ou de produits mentaux générés par le sujet.

L'épreuve de flexibilité la plus utilisée en clinique est le *Trail-Making Test*. Il s'agit d'une épreuve qui, outre les capacités de flexibilité mentale, fait aussi intervenir des capacités visuomotrices (recherche visuelle). Dans la première partie du test, le sujet doit relier à l'aide d'un crayon et dans l'ordre croissant des nombres disposés aléatoirement sur une feuille. Dans la deuxième partie, il doit relier en alternance et dans l'ordre croissant des nombres et des lettres (1-A-2-B-3-C...). Les déficits de flexibilité se manifesteront par un accroissement important des temps de réalisation à la deuxième partie du test par comparaison à la première, ainsi que par la présence d'erreurs dans l'alternance des nombres et des lettres.

La flexibilité mentale se mesure également dans les épreuves de *fluence verbale*. Dans ces tâches, le sujet doit produire, en un temps limité (par ex., deux minutes), le plus grand nombre de mots appartenant à une catégorie sémantique (*fluence sémantique*), ou commençant par une même lettre (*fluence phonémique*). A côté de la flexibilité lexicale, ces tâches impliquent aussi la capacité d'inhiber la production d'items non pertinents et celle de développer des stratégies de recherche efficaces en mémoire sémantique.

4.2.3. L'évaluation des capacités d'attention divisée

L'attention divisée est mise en œuvre lors de la gestion simultanée de plusieurs tâches différentes; elle implique la capacité à distribuer adéquatement ses ressources de traitement entre les différentes tâches. L'attention divisée est classiquement évaluée au moyen de paradigmes de doubles tâches qui nécessitent à la fois le stockage et le traitement de différents types d'informations. Parmi ces épreuves, le *test de Brown-Peterson* est le plus fréquemment utilisé en clinique. Dans cette tâche, le sujet doit lire et mémoriser des séries de consonnes et, après un intervalle variable, il doit les rappeler dans leur ordre de présentation. Pendant l'intervalle de rétention, le sujet doit en outre réaliser une tâche interférente, dont on peut faire varier le niveau de difficulté (répéter des paires de chiffres à l'envers, ou les additionner, ou encore réciter des suites de syllabes non significatives, etc.). La performance de rappel du sujet dans la condition de double tâche est comparée à celle obtenue dans une condition simple où aucune tâche interférente n'est à réaliser durant l'intervalle de rétention.

Une autre épreuve de double tâche combine une épreuve de poursuite visuomotrice et une épreuve d'empan de chiffres (Baddeley, Logie, Bressi, Della Sala & Spinnler, 1986); dans une autre épreuve, enfin, la double tâche ne comporte pas de composante mnésique : le sujet doit alors réagir à des stimuli présentés simultanément dans deux modalités différentes (comme dans le test d'attention divisée de la batterie TEA de Zimmermann & Fimm, 1994).

La logique interprétative des tâches d'attention divisée consiste toujours à comparer l'étendue du déclin de la performance entre la condition où la tâche est réalisée seule et celle où elle est à réaliser en même temps qu'une tâche secondaire (voir aussi le chapitre «L'évaluation des troubles de l'attention»).

4.2.4. L'évaluation des capacités de planification

Les capacités de planification sont requises dans un grand nombre d'activités quotidiennes, et en particulier dans toutes celles qui présentent une succession d'étapes différentes et qui ne peuvent être résolues au moyen de simples routines d'action, comme par exemple faire du bricolage, préparer un repas, organiser un voyage, etc.

Une des épreuves parmi les plus employées pour examiner les déficits de planification est la Tour de Londres (Shallice, 1982). Cette épreuve propose au patient des problèmes inhabituels de différents niveaux de complexité et dont la solution exige une succession de déplacements à réaliser dans un ordre défini. Le matériel est constitué de trois perles de couleurs différentes et d'un support avec trois tiges de longueurs variables (la petite tige ne peut recevoir qu'une seule perle, la tige moyenne deux perles et la grande trois perles). L'examinateur présente un support-modèle montrant la configuration d'arrivée que le sujet devra atteindre en déplaçant les perles de son propre support en un minimum de mouvements. Le sujet a pour consigne de ne déplacer qu'une perle à la fois. La performance du sujet s'évalue selon différentes mesures, telles que le nombre total de mouvements pour résoudre un problème et le temps total de résolution.

4.3. Les tâches à visée plus écologique

Dans le cadre d'une expertise médico-légale, il peut arriver que l'on veuille administrer au patient des tâches de nature plus écologique cernant davantage les problèmes exécutifs tels qu'ils surviennent dans la vie de tous les jours. Deux tâches s'apparentant aux activités de la vie quotidienne ont été développées par Shallice et Burgess (1991) : la *tâche des six éléments* et la *tâche des commissions multiples*. Ces tâches, au contraire des épreuves présentées plus haut, sont relativement peu structurées et nécessitent du sujet la gestion de toute une série d'activités concurrentes. Dans la tâche des six éléments, le sujet doit réaliser en 15 minutes un total de six tâches simples (en fait, trois tâches divisées en deux parties équivalentes, A et B) : dicter des trajets, dénommer par écrit des dessins d'objets et réaliser des problèmes arithmétiques. La réalisation complète de ces tâches réclame plus de temps que celui dont peut disposer le sujet. Il en résulte qu'il doit estimer combien de temps il peut consacrer à chaque tâche, tout en respectant un ensemble de contraintes de façon à optimiser sa performance. La *tâche des commissions multiples*, qui se déroule dans une rue piétonne non connue du sujet, suit une logique identique : huit tâches simples sont à accomplir (acheter une salade, se trouver à un endroit déterminé à un moment précis, envoyer à l'examinateur une carte postale, etc.) dans un temps limité et en respectant certaines règles.

Ces tâches doivent cependant être utilisées avec précaution dans le domaine de l'expertise car elles ne disposent pas de normes solides; de plus, la variabilité inter-individuelle des performances pourrait, chez les sujets normaux, s'avérer assez importante. Elles ont cependant l'avantage d'être sensibles aux difficultés exécutives de certains patients qui réussissent parfois tout à fait correctement les épreuves classiques mesurant le fonctionnement exécutif.

4.4. Les relations entre émotion et cognition : le test du Casino

Comme l'a souligné Damasio, le comportement est également sous la dépendance de facteurs émotionnels et motivationnels. Certains patients porteurs de lésions frontales sont ainsi capables de raisonner correctement et ne présentent aux tests des fonctions exécutives aucun déficit particulier. Ils sont cependant incapables d'agir de façon adéquate dans des situations concrètes. Dans ce contexte, Bechara, Damasio, Damasio et Anderson (1994) ont conçu une tâche explorant spécifiquement l'influence des facteurs émotionnels sur les processus de prise de décision. Cette tâche, l'*épreuve du Casino*, nécessite que le sujet procède à une évaluation des conséquences de ses choix en termes de coûts et de bénéfices personnels.

Dans ce test, le patient est placé face à quatre tas de cartes, et reçoit une certaine somme d'argent factice chaque fois qu'il retourne une carte, avec la consigne de gagner le plus d'argent possible et d'en perdre le moins possible. Si toute carte retournée entraîne le gain d'une certaine somme, certaines cartes entraînent cependant une pénalité (perte d'argent). L'attribution des gains et des pénalités correspond à des règles que le patient ignore. En fait, deux des tas entraînent des gains élevés mais également des pertes importantes, tandis que les deux autres associent des gains moins élevés à des pertes plus faibles. Au terme d'un certain nombre d'essais, les sujets normaux orientent leurs choix vers les tas où le gain est plus faible mais pour lesquels le bilan des pertes s'avère être *in fine* inférieur à celui des gains, alors que les patients avec lésions ventro-médianes, malgré une bonne compréhension des consignes, se comportent comme des flambeurs et sélectionnent majoritairement les deux tas à risque tout au long de l'épreuve.

4.5. L'évaluation comportementale

Des troubles comportementaux sont également fréquemment rapportés dans le cadre des troubles exécutifs et à la suite des atteintes frontales. Les patients sont d'humeur changeante, incapables d'assumer des responsabilités, et ils peuvent présenter des comportements inadaptés ou asociaux. Pour certains auteurs, il y aurait d'ailleurs une liaison entre troubles dysexécutifs (notamment les déficits des mécanismes d'inhibition) et l'apparition de conduites inadaptées socialement sous la forme de désinhibition comportementale.

Plusieurs outils ont été proposés pour rendre compte de ces modifications comportementales. Mentionnons le questionnaire DEX, issu de la batterie Behavioural Assessment of the Dysexecutive Syndrome (BADS; Wilson, Alderman, Burgess, Emslie & Evans, 1996) et composé de vingt items évaluant les difficultés les plus fréquemment associées au syndrome dysexécutif (changements émotionnels et de personnalité, changements motivationnels et comportementaux, changements cognitifs). Le questionnaire est rempli en parallèle par le patient et par un proche, la comparaison des réponses fournies par le conjoint et le proche permettant d'évaluer la conscience qu'a le patient de ses troubles. Plus récemment, Barrasch, Anderson, Jones et Tranel (1997) ont proposé un outil global d'évaluation destiné à explorer la grande variété de troubles de la personnalité pouvant survenir à la suite de lésions cérébrales acquises, ainsi que la mesure dans laquelle ces troubles représentent un changement par rapport à l'état antérieur à la lésion : l'Iowa Scale of Personality Changes (ISPC). Les renseignements sont obtenus auprès de personnes proches du patient, qui ont eu la possibilité de l'observer dans sa vie quotidienne avant et après l'installation de la lésion (voir, pour une présentation plus détaillée, le chapitre «L'évaluation des modifications de la personnalité»).

5. CONCLUSION

L'évaluation des fonctions exécutives a connu d'importants progrès au cours de ces dernières années. Ces avancées théoriques ont évidemment eu des répercussions importantes sur la pratique clinique. On retiendra cependant que, à côté de ces nouvelles épreuves, certains signes observables avec des tests non prévus pour mesurer ces fonctions peuvent également se révéler intéressants. Ainsi, la présence de déficits dans la planification de la copie de la Figure de Rey peut souligner un déficit de planification. La présence de persévérations lors de la réalisation des séries graphiques alternées telles que proposées par Luria peut aussi être un indicateur de déficit exécutif. D'une manière plus générale, le neuropsychologue pourra également se montrer attentif à certains comportements particuliers manifestés par ces patients et qui peuvent apparaître dans d'autres types de tâches, comme la tendance à s'engager dans une activité avec impulsivité, le non respect des consignes alors que le patient peut encore les rappeler de mémoire, ou encore l'absence de contrôle de l'action et la non correction des erreurs.

Au plan méthodologique, l'évaluation des fonctions exécutives ne va pas sans poser un certain nombre de difficultés. Comme nous l'avons souligné, une de ces difficultés tient aux différences dans les stratégies que les patients mettent en œuvre face aux tâches qui leur sont proposées. C'est notamment le cas lorsque les difficultés des patients peuvent s'exprimer soit par un ralentissement du temps mis pour la réalisation de la tâche, soit par une augmentation du nombre d'erreurs, soit encore par l'association des deux. Dans la condition «interférence» du test de Stroop, par exemple, un déficit des mécanismes inhibiteurs se manifeste typiquement par une augmentation des erreurs de dénomination (le patient ne pouvant s'empêcher de lire le mot écrit); chez certains patients, le même déficit pourra au contraire s'exprimer par un ralentissement significatif de la vitesse de dénomination, lorsque le patient met la priorité sur l'exactitude de ses réponses au détriment de sa vitesse d'exécution. Par ailleurs, un patient, confronté à une tâche, peut choisir une des options possibles et en choisir une autre lors d'une passation ultérieure. Ceci pose toute la question du problème de la fidélité test-retest des tâches exécutives, cruciale en situation d'expertise dans la mesure où il est fréquent qu'un patient subisse des évaluations neuropsychologiques répétées dans le cadre du processus d'expertise.

Rappelons enfin qu'il reste fondamental de confronter les données recueillies lors de l'évaluation neuropsychologique aux informations concernant le comportement du sujet dans sa vie quotidienne. Il est en effet clairement établi aujourd'hui que les troubles exécutifs s'accompagnent fréquemment de modifications comportementales et que, par ailleurs, la situation artificielle de l'examen ne permet pas toujours de mettre en évidence des déficits se marquant dans les situations peu structurées de la vie quotidienne.

Chapitre 7
L'évaluation des modifications de la personnalité

1. INTRODUCTION

Longtemps, l'examen par le neuropsychologue des séquelles psychologiques consécutives à un traumatisme crânien (ou à toute autre forme de lésion cérébrale) s'est limité à l'évaluation de la sphère cognitive. Ceci s'explique au moins en partie par l'évolution plus rapide des connaissances et des modèles décrivant les différents niveaux du fonctionnement cognitif. Le bilan neuropsychologique a ainsi évolué parallèlement au développement des modèles théoriques du fonctionnement mnésique, attentionnel, etc. En ce qui concerne l'évaluation des modifications de la personnalité (nous incluons sous ce terme tous les aspects liés à l'expression et à la perception des émotions, ainsi que, d'une façon générale, les changements affectant la sphère comportementale) et de l'humeur, le flou théorique et terminologique qui caractérise ces niveaux du fonctionnement psychologique explique en partie qu'ils soient longtemps restés à l'écart des préoccupations du neuropsychologue.

Et pourtant, tout le monde s'accorde pour reconnaître non seulement que la survenue d'un traumatisme crânien et de déficits cognitifs peut entraîner un certain nombre de difficultés réactionnelles sur le plan psychoaffectif, mais également que des modifications de la personnalité et de l'humeur peuvent être directement liées à certaines altérations cérébrales spécifiques. L'évaluation des modifications de la personnalité ne peut dès lors plus, aujourd'hui, être purement et simplement écartée de l'examen neuropsychologique. Cette évaluation est d'autant plus nécessaire qu'elle peut contribuer à l'interprétation des déficits cognitifs éventuellement mis en évidence, dans le sens où il appartient au neuropsychologue de déterminer dans quelle mesure ces déficits sont la conséquence de facteurs psychologiques ou organiques, ou d'une combinaison des deux.

Le neuropsychologue doit également être en mesure de déterminer si les facteurs psychologiques contribuant aux symptômes post-commotionnels sont préalables au traumatisme crânien (par ex., des maladies psychologiques préexistantes, une consommation abusive d'alcool, des problèmes psychosociaux...), s'ils constituent une réponse à la lésion elle-même (une réaction émotionnelle à la lésion, un état de stress lié au litige, ou encore une réaction à un préjudice physique) ou encore s'ils peuvent s'expliquer par le type même de lésion subi par le patient.

D'une manière générale, les modifications de la personnalité dont il est question ici renvoient aux changements émotionnels et motivationnels de la personne (Prigatano, 1992), ou encore aux changements dans la manière particulière par laquelle elle interprète et exprime les émotions (Goldstein & Levin, 1989). Les changements émotionnels occasionnés par un traumatisme crânien peuvent avoir un impact négatif sur la capacité de la personne à entretenir des relations personnelles et à participer de manière satisfaisante aux activités sociales et économiques. Ainsi, les proches des patients rapportent souvent que les changements de personnalité peuvent être plus handicapants que d'autres problèmes liés au traumatisme crânien, et qu'ils peuvent perturber davantage la qualité des relations interpersonnelles (Brooks & McKinlay, 1983; Malia, Powell & Torode, 1995). Comme nous le verrons, le nombre relativement limité de travaux décrivant les séquelles émotionnelles d'un traumatisme crânien est en partie attribuable aux problèmes de définition et d'opérationnalisation de ces comportements, de même qu'à la disponibilité limitée de mesures qui évaluent de manière fiable le fonctionnement émotionnel chez les patients cérébrolésés. De plus, le fait que les changements de personnalité survenant après une lésion cérébrale puissent être influencés par la personnalité prémorbide de la personne complique encore davantage la question (Stuss & Benson, 1986).

2. LES RELATIONS CERVEAU-ÉMOTION

Un rôle particulier dans la gestion des réactions émotionnelles est attribué depuis longtemps à l'hémisphère droit. Des lésions hémisphériques droites occasionneraient en effet un ensemble de troubles (indifférence affective, minimisation des troubles, signes de négligence...) qui peut être opposé à un tableau consécutif à des lésions hémisphériques gauches (réactions de détresse, refus de participer aux examens, propos auto-dépréciatifs...). Selon Gainotti (1972), les réactions émotionnelles des patients atteints de lésions cérébrales gauches sont normales en ce sens qu'elles constituent une forme d'adaptation aux troubles présentés par ces patients (difficultés de langage, par exemple); par contre, la désorganisation des conduites émotionnelles présentée par les patients porteurs de lésions hémisphériques droites ne peut être interprétée comme une réaction appropriée à leur situation. Notons toutefois que, pour d'autres auteurs (par ex., Robinson, Kubos, Starr, Reo & Price, 1984), la dépression majeure parfois observée suite à un AVC ne serait pas de nature réactive (contrairement à ce que suggère Gainotti), mais pourrait être due à une lésion spécifique touchant le lobe frontal gauche ainsi que les noyaux de la base qui lui sont reliés.

Par ailleurs, des études montrent une implication importante de l'hémisphère droit dans la reconnaissance et dans la production de la prosodie à valeur émotionnelle (voir Meulemans, Van der Linden, Seron & Juillerat, 2000, pour une synthèse; voir aussi le numéro spécial de la Revue de Neuropsychologie édité par Habib & Bakchine, 1998). De plus, un ensemble de travaux menés sur des groupes de patients et s'intéressant à la reconnaissance des émotions a de manière régulière suggéré l'existence de difficultés particulières après lésions hémisphériques droites par comparaison aux lésions hémisphériques gauches. Enfin, certaines données proposent également une dominance de l'hémisphère droit dans le contrôle de l'expression faciale.

Le rôle particulier joué par les régions frontales a lui aussi été mis en évidence. Ainsi, Davidson (1993, 1998), s'appuyant notamment sur des données issues de travaux en imagerie cérébrale, distingue deux réseaux cérébraux correspondant à un bipolarisation du fonctionnement émotionnel et motivationnel : un «système d'approche» associé aux régions préfrontales gauches, responsable des conduites appétitives et qui génère les affects positifs, et un «système d'évitement» associé aux régions préfrontales droites, permettant l'évitement des situations aversives, et qui génère les affects négatifs tels que par exemple le dégoût ou la peur. Ainsi, différentes données neuropsychologiques suggèrent que l'apparition de symptômes dépressifs serait plus fréquente après lésion préfrontale gauche que droite (Sackheim, Greeberg, Weiman et al., 1982; Robinson et al., 1984); ces données sont appuyées par des études d'imagerie cérébrale, qui montrent que la dépression s'accompagne d'une réduction des activations préfrontales gauches et bilatérales (voir Davidson, Abercrombie, Nitschke & Putnam, 1999).

Il semble en outre que, en ce qui concerne les régions frontales, des distinctions doivent être faites à l'intérieur de chaque hémisphère selon les structures dorsolatérale, ventromédiane et orbitaire impliquées. Le rôle précis de ces différentes structures frontales fait encore l'objet de spéculations. Davidson et Irwin (1999), qui suggèrent qu'un des rôles essentiels de l'émotion consiste à orienter l'action et à organiser les conduites d'une manière consistante vers la réalisation d'un but, proposent que les structures ventromédianes, qui seraient impliquées dans la capacité à se représenter des états émotionnels négatifs ou positifs, joueraient à cet égard un rôle déterminant. Cette proposition est renforcée par les travaux de Damasio (1995), qui montre que les patients avec lésions ventromédianes frontales ne peuvent anticiper les conséquences positives ou négatives de leurs actions et ne manifestent pas les réactions électrodermales présentes chez les sujets normaux lorsqu'ils sont placés dans des situations de choix à risque.

Par ailleurs, au plan neuropsychologique, des modifications de la personnalité, des conduites émotionnelles et de la motivation sont fréquemment rencontrées chez des patients ayant subi une lésion frontale. Ces modifications ont été regroupées en deux grandes classes de troubles : la «pseudo-dépression» et la «pseudo-psychopathie» (Blumer & Benson, 1975; voir aussi Meulemans & Vincent, 1999). La pseudo-dépression, qui serait liée à une altération frontale dorsolatérale, s'accompagne d'une réduction de l'activité spontanée, d'un manque d'intérêt et de motivation pour des activités de la vie quotidienne, ainsi que d'une apparente indifférence affective. Les descriptions cliniques de ces patients font généralement mention d'apathie, d'aspontanéité, ou encore d'adynamie; plus rien ne semble les affecter (c'est la «belle insouciance» décrite par les premiers auteurs). Ce profil comportemental a été qualifié de pseudo-dépression en raison de l'absence de sentiment de tristesse et de désespoir, de réaction catastrophique et d'idées suicidaires. Par ailleurs, la réduction psychomotrice présentée par ces patients ne semble pas refléter un manque réel d'intérêt et de motivation pour les activités, mais plutôt la perte d'un programme d'auto-incitation leur permettant d'entamer normalement des occupations quotidiennes routinières ou plus élaborées (c'est le «loss of drive», ou «perte de l'élan vital», décrit par Stuss, Gow & Hetherington, 1992). Dans le cas de la pseudo-psychopathie, les modifications comportementales sont caractérisées, contrairement à la pseudo-dépression, par une intensification de la tonalité émotionnelle associée à une perte du sens des responsabilités et des conventions sociales. Ces patients, dont les lésions seraient localisées au niveau orbito-frontal, présentent des épisodes de surexcitation et d'euphorie, accompagnés d'impulsivité et de comportements puérils. Leur langage est souvent prétentieux et mégalomaniaque. Ces modifications comportementales, observées fréquemment lors de lésions frontales orbitaires, sont également parfois accompagnées de signes de désinhibition (exhibitionnisme, grossièreté, jeux de mots et commentaires à connotation sexuelle, etc.).

D'autres structures cérébrales sont également impliquées dans l'émotion : l'amygdale, le cortex cingulaire antérieur, le cortex insulaire ou encore le putamen. En particulier, plusieurs données indiquent un rôle important de l'amygdale dans la perception et la production d'affects négatifs (LeDoux, 1996).

3. MÉTHODES D'ÉVALUATION

Si les relations cerveau-émotion ou cerveau-comportement sont de mieux en mieux comprises, les méthodes d'examen systématiques et standardisées des modifications de la personnalité ou du comportement font encore défaut. Comme nous l'avons signalé, ceci s'explique notamment par le fait que l'étude scientifique des processus émotionnels et de la personnalité accuse un certain retard par rapport à l'étude des fonctions cognitives. En outre, on se trouve confronté à un flou terminologique considérable : Stuss et al. (1992) ont répertorié les symptômes cités dans la littérature neuropsychologique pour décrire le « syndrome de la personnalité frontale ». La liste obtenue est remarquable par sa variété : en effet, pas moins de 36 termes sont répertoriés.

De plus, en raison de la grande variété des méthodologies qui ont été utilisées, il est difficile de présenter une synthèse des travaux ayant examiné les séquelles émotionnelles d'un traumatisme crânien : parfois, les études combinent des patients dont la sévérité de la lésion est différente ; d'autres fois, les travaux n'utilisent pas de groupe de contrôle constitué de sujets non cérébrolésés ; et enfin, les mesures utilisées par les différents chercheurs pour évaluer le fonctionnement émotionnel varient considérablement d'une étude à l'autre. Au mieux, on peut dire qu'il existe des données suggérant que des changements émotionnels peuvent être associés à un traumatisme crânien — y compris après un traumatisme crânien léger —, que l'importance des symptômes semble augmenter avec la sévérité de la lésion, et qu'une relation semble exister entre les changements émotionnels et les déficits neuropsychologiques.

L'obstacle le plus important à l'amélioration des connaissances dans ce domaine reste cependant le manque de mesures évaluant de manière fidèle et valide les changements de personnalité en général, et qui de plus conviennent pour une utilisation avec des patients cérébrolésés (Satz, Holsten, Uchiyama et al., 1996). Nous ne nous arrêterons pas ici sur les méthodes projectives (test de Rorschach, TAT, etc.), souvent utilisées mais dont le manque de validité scientifique empêche de les considérer comme des mesures permettant d'évaluer de manière fiable les caractéristiques (et les changements) de personnalité d'un patient cérébrolésé (voir Lilienfeld, Wood & Garb, 2000, et Wood, Lilienfeld, Garb & Nezworski, 2003, pour des revues critiques sur la validité scientifique des techniques projectives; voir aussi Hansenne, 2003). En fait, si l'on s'en tient aux méthodes scientifiques d'évaluation de la personnalité, deux approches différentes ont été suivies chez les populations de patients cérébrolésés : la première approche repose sur l'utilisation des tests objectifs conçus pour évaluer les troubles de la personnalité dans des populations psychiatriques; dans la deuxième approche, les chercheurs se sont attelés à développer des outils spécifiquement conçus pour les patients cérébrolésés.

Citons, comme exemple illustrant la première approche, le cas du Minnesota Multiphasic Personality Inventory (MMPI et MMPI-2; Hathaway & McKinley, 1996). Ce questionnaire, bien que conçu à l'origine pour être utilisé avec des patients psychiatriques, a subi une analyse factorielle pour identifier les items qui sont sensibles aux problèmes de personnalité et aux troubles cognitifs de patients cérébrolésés (e.a., Gass & Wald, 1997; Hamilton, Finlayson & Alfano, 1995). Le MMPI peut donc se révéler utile dans le cadre de l'évaluation neuropsychologique. Néanmoins, le MMPI présente un certain nombre de faiblesses qui peuvent limiter son application avec des patients cérébrolésés (Nelson & Cicchetti, 1995; Satz et al., 1996). La première faiblesse du MMPI tient au fait que le patient répond lui-même aux questions qui sont posées; ceci peut être problématique en neuropsychologie, dans la mesure où, en l'absence d'évaluation par un observateur extérieur (un parent, un proche...), les réponses peuvent s'avérer non fiables dès le moment où on se trouve face à un patient présentant une altération de ses capacités d'insight ou encore de ses capacités mnésiques et attentionnelles — ce qui est le cas de beaucoup de traumatisés crâniens. De plus, le fait que les caractéristiques de personnalité prémorbide ne soient pas prises en considération peut être problématique, et ce pour deux raisons principalement : d'une part, il est vraisemblable que la personnalité prémorbide puisse influencer la nature des changements émotionnels résultant d'une lésion cérébrale (Stuss & Benson, 1986); d'autre part, sans évaluation des caractéristiques de personnalité du patient avant la lésion cérébrale, il est difficile de prendre la mesure des changements qui ont eu lieu suite à cette lésion. Une autre difficulté liée à l'utilisation du MMPI tient à la longueur du test, qui peut en empêcher l'utilisation avec des patients présentant des problèmes comportementaux (agitation...) susceptibles d'interférer avec la capacité à compléter des questionnaires longs (Levin, High, Goethe et al., 1987). Enfin, les items composant le questionnaire furent développés pour être utilisés avec des patients psychiatriques et, comme tels, n'ont pas été conçus spécifiquement pour mesurer les changements de personnalité associés avec une lésion cérébrale acquise.

Une approche alternative s'est développée depuis une vingtaine d'années, visant à utiliser des mesures conçues explicitement pour être utilisées avec des populations cérébrolésées, et ce dans le but de répondre aux questions et aux problèmes soulevés par les mesures de la personnalité existantes (voir Meulemans *et al.*, 2000, pour une présentation plus complète des différentes échelles existantes). Une de ces mesures est la Neurobehavioural Rating Scale (NRS; Levin *et al.*, 1987), conçue pour fournir au clinicien une évaluation des changements cognitifs, comportementaux et émotionnels faisant suite à une lésion cérébrale. La NRS a fait l'objet d'une validation auprès de 101 patients traumatisés crâniens et s'est révélée sensible à la sévérité du traumatisme ainsi qu'à la récupération des troubles. L'adaptation française de cette échelle a été réalisée par Levin, Mazaux et Vanier (1994) et comporte 29 variables qui évaluent le comportement, l'affectivité, le langage et les troubles cognitifs. Chaque variable est notée par l'examinateur sur une échelle à quatre niveaux (de «trouble absent» à «trouble sévère»). Bien que cette mesure rencontre un certain nombre des critiques énoncées précédemment, elle ne tient pas compte de l'influence de la personnalité prémorbide sur le fonctionnement émotionnel post-lésionnel. De plus, la NRS repose sur l'évaluation clinique d'une grande variété de comportements et, par conséquent, pourrait ne pas convenir pour des situations dans lesquelles l'évaluateur n'a qu'une opportunité limitée d'observer le patient.

Une mesure alternative est le Neuropsychology Behavior and Affect Profile (NBAP; Nelson, Satz & D'Elia, 1994), qui fut spécifiquement élaboré pour évaluer un ensemble de symptômes non cognitifs en utilisant tant les auto-évaluations du patient que celles d'un observateur extérieur (ce qui évite les biais liés aux éventuelles difficultés cognitives — langagières et autres — que présente le patient), et ce aussi bien pour les comportements et les émotions pré-lésionnels que post-lésionnels. Le NBAP propose cinq sous-échelles : Indifférence (notamment par rapport à son état), Comportements inappropriés, Dépression, Manie (par ex., irritabilité, euphorie) et Apragmatisme. Le NBAP a été testé auprès de groupes de patients ayant subi un accident vasculaire cérébral, de groupes de patients déments et de patients traumatisés crâniens (voir Mathias & Coats, 1999).

D'autres échelles ont été développées, parmi lesquelles on peut citer : la Post-Stroke Depression Scale (PSDS) de Gainotti, Azzoni, Razzano *et al.* (1997), qui a pour objectif d'évaluer de façon spécifique les troubles émotionnels, affectifs et végétatifs des patients ayant présenté un accident vasculaire cérébral (AVC); l'European Brain Injury Questionnaire (EBIQ; Teasdale, Christensen, Willmes *et al.*, 1997), qui a été élaboré dans le but d'évaluer l'expérience subjective des difficultés cognitives, émotionnelles et sociales des patients cérébrolésés et le ressenti qu'en ont leurs proches; le Questionnaire de Motivation (MOT-Q; Chervinsky, Ommaya, deJonge *et al.*, 1998), destiné à évaluer le degré de motivation de patients traumatisés crâniens par rapport à la perspective d'une rééducation; l'Echelle d'Evaluation des Troubles de la Motivation et de l'Action (ETMA; Habib, 1995), qui a été développée afin d'évaluer la «perte de l'élan vital»; l'échelle comportementale de Lhermitte, Pillon et Serdaru (1986), et le questionnaire DEX issu de la batterie Behavioural Assessment of the Dysexecutive Syndrome (BADS; Wilson *et al.*, 1996), conçus tous deux pour évaluer les changements de l'émotivité, de la personnalité et du comportement qui peuvent faire suite à une lésion frontale. Nous renvoyons le lecteur à Meulemans *et al.* (2000) pour une description de ces différents outils (voir aussi le chapitre «L'évaluation des fonctions exécutives»).

Dans cette même perspective, une échelle nous paraît particulièrement intéressante : l'Iowa Scale of Personality Change (ISPC de Barrash, Anderson, Jones & Tranel, 1997; une adaptation en langue française a été réalisée par Juillerat & Peter-Favre, 2003), qui a pour objectif d'explorer la grande variété de troubles de la personnalité pouvant survenir à la suite de lésions cérébrales acquises. Plus spécifiquement, cette échelle permet de quantifier l'amplitude de différents troubles affectifs, comportementaux et sociaux qui peuvent se produire après une lésion cérébrale; elle permet également de déterminer dans quelle mesure les observations qui sont réalisées constituent un changement par rapport à la condition prémorbide du patient. Pour ce faire, le questionnaire est rempli par une personne proche du patient. Il est important que cette personne soit en mesure de répondre à chaque question posée non seulement pour l'état actuel du patient, mais aussi avant la survenue de la lésion cérébrale.

L'ISPC est constituée de 25 dimensions qui évaluent les changements dans les émotions et leur expression, l'organisation du comportement et la prise de décision, les relations interpersonnelles et les capacités d'introspection (voir tableau 4). En outre, elle propose quatre dimensions de contrôle qui permettent de détecter d'éventuels biais de cotation (comme par exemple l'exagération ou la minimisation par le proche des troubles du patient). Un des intérêts de l'ISPC tient au degré de précision avec lequel les questions sont posées. Pour chaque dimension, l'ISPC propose une définition suivie d'une échelle à sept niveaux (selon le degré de gravité), et il est demandé au proche d'évaluer, pour chaque caractéristique, le comportement actuel («maintenant») et prémorbide («avant») du patient. Afin de déterminer ce niveau, un certain nombre d'exemples

LES DIMENSIONS EXAMINEES DANS L'ECHELLE D'IOWA

IRRITABILITE
Dans quelle mesure est-il facilement irrité par des événements mineurs et s'en prend-il alors à d'autres personnes ?

MANQUE D'INITIATIVE
Dans quelle mesure a-t-il des difficultés à commencer et à terminer ce qu'il devrait ou qu'il aimerait faire ? Cette difficulté n'est pas simplement due à des problèmes de mémoire ; cela peut se produire même lorsqu'il sait parfaitement ce qu'il doit faire.

PERSEVERATION (EXAGERATION DE COMPORTEMENTS REPETITIFS)
Dans quelle mesure reste-t-il "bloqué" dans un comportement particulier, répète-t-il encore et encore les mêmes activités, ou garde-t-il une certaine approche d'un problème, même quand elle n'est pas efficace.

DEPRESSION
Dans quelle mesure son humeur est-elle triste, et à quel point n'apprécie-t-il plus les activités qu'il aimait, se dévalorise-t-il ou son attitude est-elle pessimiste ?

IMPULSIVITE
Dans quelle mesure agit-il rapidement, sans réfléchir ?

PERFECTIONNISME
Dans quelle mesure fait-il les choses trop «comme il faut", passe-t-il trop de temps sur des détails peu importants, et a-t-il tendance à réfléchir sans cesse aux mêmes choses ?

LABILITE, CARACTERE "LUNATIQUE"
Dans quelle mesure son humeur est-elle changeante, ou a-t-il des sautes d'humeur ?

MANQUE DE RESISTANCE
Dans quelle mesure se fatigue-t-il ou s'épuise-t-il plus que la plupart des gens ?

CAPACITES DE PLANIFICATION
Dans quelle mesure a-t-il des difficultés à planifier ses activités futures, à prévoir des événements à venir, ou à planifier des tâches qui nécessitent plusieurs étapes ?

OBSTINATION
Dans quelle mesure s'obstine-t-il dans ses opinions ou dans sa manière de faire en dépit de l'avis des autres ?

Tableau 4 — Dix des 25 dimensions prises en compte par l'ISPC.

sont fournis, qui illustrent le degré de sévérité en question. Bien que les proches remplissent seuls le questionnaire, le neuropsychologue relit ultérieurement les cotations de manière à estimer la validité des réponses.

Pour valider leur échelle, Barrash *et al.* l'ont administrée à 115 patients d'étiologies diverses : des accidents vasculaires cérébraux, des maladies dégénératives (démences), des tumeurs cérébrales, des traumatismes crâniens, des patients souffrant d'épilepsie et d'autres affections neurologiques (anoxie, sclérose en plaques, etc.). Sur base de cette étude, l'ISPC semble présenter de bonnes qualités psychométriques avec un accord inter-cotateurs élevé, et ce pour toutes les dimensions. La réalisation d'une analyse factorielle a permis de mettre en évidence cinq facteurs : (1) détresse (dépression, irritabilité, anxiété, apathie, retrait social, impassibilité) ; (2) fonctionnement personnel inapproprié (impulsivité, adéquation sociale, capacités de jugement, capacités de planification, conscience des troubles, insensibilité, désorganisation) ;

(3) dysfonctionnement exécutif (manque d'initiative, manque de résistance, capacités de planification, désorganisation, dépendance, persévération); (4) trouble interpersonnel (insensibilité, irritabilité, adéquation sociale, impatience); (5) hypo-émotionnalité (insensibilité, impassibilité). Selon les auteurs, ces facteurs correspondent à l'expérience clinique et à la littérature sur les troubles acquis de la personnalité et, dès lors, ces résultats appuient la validité de l'échelle. L'ISPC s'est également révélée sensible aux modifications de la personnalité présentées par 11 patients avec lésions fronto-médianes (Barrash *et al.*, 1997), et ce surtout pour dix dimensions (irritabilité, manque d'initiative, impulsivité, difficultés de planification, inadéquation sociale, persévération, insensibilité, manque d'introspection, difficultés de jugement, indécision). Par ailleurs, les auteurs montrent que les quatre dimensions de contrôle (le comportement de type « A » ou le stress, la vanité, l'avarice et la manipulation) pouvaient s'avérer utiles comme indicateurs potentiels d'une estimation exagérée des déficits, car les patients ne montraient à celles-ci que des changements minimes; en outre, les scores à ces dimensions ne corrélaient pas avec les changements globalement observés sur les autres dimensions de l'ISPC. Les auteurs suggèrent ainsi qu'un index d'«exagération» peut être calculé en fonction du nombre de dimensions de contrôle pour lesquelles les proches ont signalé un changement significatif. Il a par ailleurs été remarqué que les personnes proches considérées comme ayant fourni des évaluations «exagérées» indiquaient globalement des changements plus importants aux dimensions «cliniques» de l'ISPC, et que l'index d'exagération était également fortement lié à des problèmes de compensation financière. Ceci montre l'intérêt de cette échelle pour la situation particulière de l'expertise médico-légale.

Avec certains patients, il peut également s'avérer important de prendre la mesure des troubles de l'humeur qu'ils présentent depuis leur accident. En effet, il n'est pas rare que des patients ayant subi un traumatisme crânien présentent des affects dépressifs, des troubles anxieux, quand ce n'est pas un syndrome de stress post-traumatique (voir le chapitre «Traumatismes crâniens légers et whiplash»). Il est évident qu'une dépression ou des troubles anxieux ont un impact sur la vie quotidienne du patient (y compris sur les plaintes mnésiques et attentionnelles), de même que sur les performances aux épreuves cognitives. Par exemple, nous avons montré que le niveau d'anxiété «état» d'un sujet peut influencer de manière significative sa performance à une tâche de mémoire de travail telle que le test de Brown-Peterson (Meulemans, Collet & Marczewski, 2002). Il paraît donc clair qu'une forme d'anxiété telle que celle que peut ressentir un patient en situation de testing est susceptible d'altérer son niveau de performance à des épreuves cognitives, ce qui justifie la nécessité, en situation d'évaluation neuropsychologique, d'évaluer ce niveau d'anxiété. Pour ce faire, le neuropsychologue dispose d'échelles telles que l'Inventaire d'anxiété trait-état de Spielberger (STAI; Ansseau, 1997a). Il s'agit d'une échelle d'auto-évaluation dont la durée de passation est inférieure à 15 minutes et qui permet de quantifier de façon indépendante l'anxiété actuelle au moment de la passation (anxiété-état) et le tempérament anxieux habituel du sujet (anxiété-trait). La dépression peut être évaluée rapidement par l'échelle de dépression de Carroll (Ansseau, 1997b). Cette échelle d'auto-évaluation, qui comporte 52 propositions auxquelles le patient doit répondre par «oui» ou par «non», mesure l'état du sujet au cours des quelques derniers jours. L'évaluation de l'état de stress post-traumatique peut se faire avec l'échelle Impact of Event Scale-Revised (Weiss & Marmar, 1997). A nouveau, il s'agit d'une échelle d'auto-évaluation qui évalue la détresse subjective pour n'importe quel événement de vie spécifique. Cette échelle inclut 22 items qui abordent les trois dimensions caractéristiques de l'état de stress post-traumatique : les intrusions, les comportements d'évitement et l'hyperéveil. La durée de passation de cette échelle ne dépasse pas cinq minutes.

4. CONCLUSION

L'évaluation des modifications de la personnalité, des conduites émotionnelles et de l'humeur doit aujourd'hui faire partie de tout examen neuropsychologique, y compris en situation d'expertise. Le contexte de l'expertise médico-légale oblige néanmoins, dans ce cas-ci comme dans d'autres, à œuvrer avec prudence. Cette attitude prudente que doit adopter le neuropsychologue se trouve justifiée notamment par le fait que tous les outils d'évaluation que nous avons mentionnés sont des questionnaires; en situation d'expertise, les réponses aux questionnaires (qu'il s'agisse des réponses formulées par le patient ou par un proche de celui-ci) peuvent être biaisées dans le sens où la personne qui complète le questionnaire peut avoir tendance à le faire dans un sens qu'elle estime compatible avec ses intérêts. Rappelons à cet égard le fait que certains outils proposent des items sensibles à ce type de dérive (c'est le cas de l'ISPC); néanmoins, les travaux futurs devront affiner la sensibilité des indices de simulation qui peuvent être calculés au départ de ces items. Il convient également de rappeler que, contrairement à une croyance répandue, les techniques projectives d'évaluation de la personnalité, telles que le test de Rorschach, ne sont pas à l'abri des comportements de simulation; il a par exemple été montré que la schizophrénie, la dépression et l'état de stress post-traumatique peuvent être simulés au test de Rorschach (Schretlen, 1997 ; voir aussi Lilienfeld *et al.*, 2000).

Par ailleurs, en raison de leur spécialisation dans l'étude et l'évaluation des aspects cognitifs du fonctionnement psychologique, peu nombreux sans doute sont les neuropsychologues qui disposent d'un niveau suffisant de compétence pour explorer de manière approfondie les caractéristiques de personnalité des patients qu'ils sont amenés à examiner dans le cadre d'expertises médico-légales. Dès lors, si l'administration par le neuropsychologue d'outils tels que l'ISPC, le questionnaire de Beck ou l'échelle de PTSD est utile — et souvent nécessaire — pour prendre la mesure des modifications de la personnalité, des troubles de l'humeur ou de la présence d'un état de stress post-traumatique chez son patient, de manière à élaborer un tableau plus riche et plus nuancé des troubles cognitifs qu'il présente, il n'est pas rare que, au terme de son examen, le neuropsychologue soit amené à conseiller la réalisation d'une évaluation plus approfondie de ces aspects, par un psychologue ou un psychiatre davantage spécialisé, dans le but par exemple de mieux appréhender telle ou telle affection psychiatrique dont souffrirait le patient.

Quoi qu'il en soit, de plus en plus, sans doute, les neuropsychologues seront-ils amenés s'impliquer directement dans l'évaluation des modifications de la personnalité et des conduites émotionnelles présentées par leurs patients. En effet, ils disposent pour ce faire d'une position privilégiée : ils connaissent les soubassements cérébraux de certaines manifestations des conduites émotionnelles, et sont les mieux à même de prendre en considération les contraintes spécifiques liées à leur évaluation chez le patient cérébrolésé, notamment en ce qui concerne le choix des outils les plus adéquats dans ce contexte. Rappelons à cet égard les qualités qui doivent être rencontrées a minima par les outils d'évaluation de la personnalité : il faut pouvoir comparer le niveau actuel du patient avec son niveau prémorbide ; les outils doivent permettre au neuropsychologue d'éviter les biais de réponse dus aux déficits cognitifs du patient ; l'échelle doit être suffisamment sensible pour pouvoir détecter tout changement, même mineur ; et, enfin, la source principale pour le recueil des informations doit être généralement un proche du patient.

Chapitre 8
L'exagération et la simulation des troubles

1. INTRODUCTION

Les spécificités de l'examen neuropsychologique réalisé dans le cadre d'une expertise médico-légale ont déjà été soulignées. L'objet du présent chapitre est de s'arrêter sur une particularité de la situation d'expertise dont le neuropsychologue se doit de prendre la mesure : l'exagération des troubles, ou encore la simulation de déficits cognitifs.

Cet aspect de l'examen auquel le neuropsychologue doit être attentif est bien entendu directement lié aux enjeux de l'évaluation dans le cadre d'une expertise : le patient est là parce qu'il a subi un préjudice et qu'il a droit à une compensation — généralement financière — à titre de réparation de ce préjudice. Dès lors, l'importance du dédommagement accordé au patient dépendra, au moins en partie, du degré de sévérité des déficits objectivés par le neuropsychologue dans son rapport. Dans ce contexte, le neuropsychologue doit être en mesure de repérer l'existence de personnes susceptibles de vouloir «en rajouter» dans le but d'optimiser le dédommagement qu'elles percevront. C'est donc de la notion de bénéfices secondaires qu'il s'agit, laquelle est, par définition, associée à tout processus d'expertise. Le neuropsychologue doit pouvoir prendre en compte cet aspect du travail d'expertise, et doit pouvoir gérer la tendance que peut présenter un patient à amplifier ses difficultés.

Notons d'emblée que, en réalité, l'utilisation du terme «simulation» (terme défini de la manière suivante par Slick, Sherman & Iverson, 1999 : «exagération volontaire d'un dysfonctionnement cognitif dans le but d'obtenir un bénéfice matériel substantiel, ou d'échapper à ses responsabilités») est vraisemblablement impropre dans la majorité des cas. Il est rare de rencontrer un patient qui simule des difficultés cognitives, c'est-à-dire un patient qui chercherait intentionnellement à afficher des déficits qu'en réalité il n'a pas. Par contre, l'exagération de difficultés par ailleurs réelles est probablement plus fréquente. Sweet, Wolfe, Sattlberger *et al.* (2000) préfèrent d'ailleurs l'utilisation des termes «effort insuffisant» («incomplete effort») pour caractériser ces comportements que le terme de «simulation», soulignant que tous les cas d'«effort insuffisant» ne constituent pas des cas de simulation.

Face à ce type de comportement, il convient dès lors d'adopter une attitude nuancée et de prendre en considération le contexte général de l'expertise et en particulier les implications psychologiques du processus d'expertise sur la personne concernée. En effet, le bilan neuropsychologique ne constitue souvent qu'une étape dans une expertise, laquelle peut constituer pour le patient, avec la succession des contre-expertises et les inévitables lenteurs judiciaires, un véritable parcours du combattant qui s'étend souvent sur plusieurs années. En resituant de cette manière le bilan neuropsychologique dans son contexte, et en comprenant que le patient a pu se trouver face à des interlocuteurs qui cherchaient à nier ou à atténuer ses déficits, on peut concevoir que l'état psychologique dans lequel il se trouve au moment du bilan neuropsychologique puisse l'amener à exagérer ses difficultés, parfois simplement dans le but de convaincre le neuropsychologue de leur réalité. Il faut donc se garder, même lorsque des signes d'exagération des déficits sont observés, de considérer le patient comme un tricheur qui ne mériterait dès lors pas qu'on prenne en considération ses difficultés. Au contraire, il s'agit d'instaurer avec lui un rapport de confiance tel qu'il soit convaincu de la nécessité de collaborer au mieux de ses possibilités à l'examen. C'est là insister, une fois encore, sur l'importance cruciale de l'entretien préalable avec le patient (voir Meulemans & Seron, 2000).

Cela dit, il est vrai que la plupart des patients vus en expertise sont des personnes ayant subi un traumatisme crânien léger. Or, la question de savoir si un traumatisme crânien léger entraîne des déficits à long terme reste une question controversée; de nombreuses études suggèrent en fait le peu (voire l'absence) d'association entre la présence d'altérations cognitives chroniques et sévères et un traumatisme crânien léger n'ayant pas entraîné de complications. C'est là toute la question, déjà développée, de la réalité des incapacités alors que la déficience n'est pas clairement établie (voir sur ce point les chapitres consacrés aux spécificités de l'expertise ainsi qu'aux traumatismes crâniens légers et aux whiplash). Ainsi, les auteurs s'accordent le plus souvent sur le fait que les déficits cognitifs faisant suite à un traumatisme crânien léger disparaissent après un à trois mois suite à l'accident (Binder, Rohling & Larrabee, 1997). En dépit de ce pronostic favorable pour la plupart des traumatisés crâniens légers, certains patients rapportent des difficultés cognitives et des symptômes somatiques (maux de tête, maux de nuque...) au-delà de 90 jours après l'accident. Ce sont ces patients qui constituent la majorité des cas vus en situation d'expertise; et c'est bien entendu chez eux que la question de la simulation est le plus souvent posée.

Ainsi, certaines études montrent qu'on ne parle de whiplash que dans les pays où les séquelles des whiplash et des traumatismes crâniens légers sont prises en compte au plan légal. Pearce (1994) note quant à lui que le whiplash concerne essentiellement les victimes d'accidents, pas les responsables. De même, Berry (2000) constate que, sur 20 pilotes de «car-crashing» interrogés, les seules plaintes exprimées concernent la survenue de douleurs au niveau de la nuque ou des épaules, qui disparaissent après une semaine.

Notons par ailleurs que l'évaluation de la qualité de la collaboration du patient est importante non seulement pour détecter un éventuel comportement de simulation, mais également afin de démontrer la réalité de ses déficits et lui garantir ainsi la compensation à laquelle il a droit.

Le neuropsychologue se trouve donc confronté à un véritable challenge diagnostique face à ce que certains appellent le «syndrome post-commotionnel persistant». S'il est vrai que des mécanismes physiologiques peuvent rendre compte des symptômes aigus du traumatisme crânien léger, il semble par contre que les symptômes persistants dont se plaignent certains patients ne s'expliquent vraisemblablement pas par une seule et unique cause. Comme le soulignent Millis et Volinsky (2001), les raisons expliquant pourquoi les symptômes caractéristiques du syndrome post-commotionnel persistant peuvent devenir chroniques sont nombreuses, et ne peuvent bien évidemment se réduire à la seule hypothèse d'un comportement de simulation. Un stress émotionnel préexistant, des difficultés sociales chroniques, des troubles neurologiques ou psychiatriques antérieurs, d'autres lésions dues à l'accident, un alcoolisme prémorbide, ou encore la propension à attribuer des symptômes cognitifs et somatiques bénins à la lésion cérébrale peuvent également intervenir et jouer un rôle causal dans la persistance des troubles.

Dans un certain nombre de situations, le neuropsychologue peut donc être amené à suspecter un comportement anormal et estimer nécessaire de procéder à une évaluation spécifique de la collaboration du patient. La demande peut même en être faite explicitement par le médecin qui adresse le patient; il est vrai que les techniques telles que l'électroencéphalographie, la tomographie et l'imagerie par résonance magnétique, en dépit des progrès réalisés, ne permettent pas de faire des prédictions quant à la présence ou au degré d'altération fonctionnelle, et que l'examen neuropsychologique constitue la principale source de données pour déterminer la véracité et la sévérité des déficits. Si, selon Binder (1993), un comportement de simulation doit être suspecté dans chaque cas impliquant un contexte médico-légal ou dans toute circonstance où le patient a la possibilité de retirer un bénéfice des altérations mises en évidence, d'autres auteurs sont plus nuancés. Ainsi, Kathol (1996) propose que, dans un contexte médico-légal, l'administration de tests de simulation doit être envisagée lorsqu'on observe une différence manifeste entre le niveau d'activité quotidien du patient et les données obtenues aux épreuves cognitives, si le patient fait montre d'un manque de coopération au cours de l'examen ou encore s'il existe des éléments suggérant la présence d'un trouble de la personnalité de type antisocial ou borderline. Tous ces éléments constituent pour Kathol des facteurs de risque susceptibles de favoriser la production volontaire de symptômes.

Bogduk (2000) souligne quant à lui l'influence du contexte de l'expertise sur l'apparition de comportements de simulation, qui surviennent en particulier lorsque le patient a le sentiment de ne pas être pris au sérieux, lorsqu'on ne reconnaît pas la réalité de ses maux de tête ou encore s'il ne reçoit pas de propositions de traitement.

Palmer, Boone, Allman et Castro (1995) considèrent que, lorsqu'on met en doute la relation causale pouvant exister entre des symptômes cognitifs et des lésions cérébrales, trois questions doivent être envisagées :

1) Dans quelle mesure les déficits cognitifs sont-ils crédibles du point de vue neuropsychologique et, plus spécifiquement, dans quelle mesure sont-ils compatibles avec les sites lésionnels mis en évidence chez le patient ?

2) Dans quelle mesure les scores obtenus aux épreuves cognitives sont-ils consistants avec l'état fonctionnel du patient ?

3) Observe-t-on des patterns de résultats suspects obtenus avec des épreuves construites pour détecter la simulation ?

2. LES OUTILS D'ÉVALUATION

La littérature neuropsychologique consacrée à l'évaluation de la simulation des troubles s'est considérablement développée depuis une quinzaine d'années. Ceci est dû à l'augmentation importante, tant aux États-unis qu'en Europe, des évaluations neuropsychologiques faites dans un cadre médico-légal. Pour réaliser cette évaluation, une première piste, suivie par certains auteurs, consiste à examiner les éventuelles inconsistances observées entre la performance du patient aux tests qui lui sont administrés et les connaissances dont nous disposons sur le fonctionnement cognitif et les conséquences des lésions cérébrales. L'observation d'inconsistances pourrait suggérer un manque d'effort de la part du patient, comme par exemple lorsqu'il réussit mieux une tâche difficile évaluant un certain niveau du fonctionnement cognitif qu'une tâche facile évaluant le même niveau.

Mais il apparaît cependant que ces inconsistances ne suffisent pas, à elles seules, pour démontrer la simulation. D'où la nécessité de développer des techniques adaptées pour mettre en évidence ce type de comportement. Car en effet, les études qui se sont intéressées à la problématique de la simulation sont unanimes : le simple jugement clinique du (neuro)psychologue ne suffit pas pour détecter les comportements de simulation. Faust, Hart, Guilmette et Arkes (1988) ont par exemple montré que, dans une situation où aucune épreuve destinée à mesurer la collaboration des sujets n'était utilisée, l'aptitude des cliniciens à détecter les comportements de simulation ne s'élevait pas au-dessus du hasard, et ce même dans une condition où ceux-ci étaient prévenus que la probabilité de se trouver face à un simulateur était de un sur deux. D'autres études montrent également des niveaux de détection à peine supérieurs au hasard (voir par exemple Heaton, Smith, Lehman & Vogt, 1978), indiquant également que la capacité à détecter les simulateurs n'est pas influencée par l'expérience clinique. Ceci montre donc qu'il est indispensable d'aller au-delà du simple jugement clinique et de développer des méthodes standardisées et validées pour la détection des comportements de simulation.

Un objectif important de la plupart des études est donc de mettre au point des outils d'évaluation permettant d'identifier les comportements de simulation ou d'exagération de déficits. Comme nous le verrons, certains travaux ont cherché à développer des outils spécifiques, tandis que d'autres avaient pour objectif de voir les effets des comportements de simulation sur les résultats aux tests neuropsychologiques conventionnels. La plupart des auteurs prônent cependant une approche multiple (ne se limitant pas à l'utilisation d'un seul outil) pour aborder le problème de la simulation.

2.1. Sensibilité et spécificité

Pour déterminer la qualité d'une épreuve destinée à détecter les comportements de simulation, il faut prendre en considération deux de ses caractéristiques psychométriques : sa sensibilité et sa spécificité. Ainsi, plus grande est la sensibilité d'un test, meilleure est sa capacité à identifier un maximum de simulateurs. La spécificité renvoie quant à elle au taux d'erreur négatif, c'est-à-dire à la capacité du test à ne pas considérer comme simulateur un «vrai» patient. On comprend donc aisément l'importance de ces indices pour le choix des outils d'évaluation qui seront utilisés en clinique, l'outil idéal étant celui qui dispose d'une sensibilité et d'une spécificité de 100%, c'est-à-dire capable de détecter *tous* les simulateurs et de considérer comme non simulateurs *tous* les «vrais» patients.

Il est cependant illusoire de chercher une épreuve qui présenterait cette caractéristique, et le risque d'erreur reste, quoi qu'il arrive, toujours présent. Rappelons en effet que la sensibilité et la spécificité d'un test se déterminent à partir d'un score «cut-off», c'est-à-dire un score seuil correspondant au niveau de résultats séparant le mieux la distribution des résultats des simulateurs et celle des patients. Les auteurs préfèrent généralement un score cut-off dont la spécificité est maximale, c'est-à-dire qu'aucun patient ne sera considéré à tort comme simulateur, mais perdant ainsi en sensibilité, un certain pourcentage de simulateurs n'étant pas détecté (cet avis n'est pas partagé par tous les auteurs : Reynolds, 1998, considérant que les deux types d'erreurs sont lourdes de conséquences, préfère garder un score cut-off intermédiaire, minimisant au maximum les deux types d'erreurs).

Considérés isolément, les indices de spécificité et de sensibilité ne suffisent cependant pas (voir Gouvier, Hayes & Smiroldo, 1998). Imaginons une épreuve dont la sensibilité serait de 75% (c'est-à-dire que 75% des simulateurs seraient correctement classés comme tels) et dont la spécificité serait de 90% (c'est-à-dire que le test amènerait à considérer comme simulateurs 10% des patients qui en fait ne le sont pas). Sans connaissance du taux de base des simulateurs dans la population (la population étant constituée, dans ce cas, de toutes les personnes à qui un examen neuropsychologique est administré dans le cadre d'une expertise), ces indices ne sont que de peu d'utilité. En effet, supposons que, dans cette population, le taux de base des simulateurs soit égal à 2%. Si le neuropsychologue n'administre aucun test de simulation et ne détecte aucun simulateur, il n'aura commis que 2% d'erreurs, soit nettement moins que s'il avait administré son test. L'inverse serait vrai si le taux de base s'élevait à 40% : le neuropsychologue aurait dans ce cas eu intérêt à administrer l'épreuve, qui lui aurait permis de détecter 75% des simulateurs (sachant toutefois que, en raison de la spécificité du test qui n'est pas maximale, il considérerait également erronément comme simulateurs des «vrais» patients).

Toute la difficulté tient évidemment à déterminer le taux de base exact des simulateurs, objectif par définition vain dans la mesure où jamais un simulateur ne reconnaîtra se comporter de la sorte. Ceci explique que les estimations soient extrêmement variables (selon Faust, 1998, le taux de base des comportements de simulation pourrait être plus élevé que ce que beaucoup de psychologues pensent; il évoque un taux probable d'au moins 25 % des cas en situation d'expertise), et que certains auteurs optent pour un score cut-off offrant une spécificité de 100 % (mais perdant en sensibilité) : dans ce cas, le test peut être administré quel que soit le niveau de base, parce toute personne détectée par le test pourra, sans risque d'erreur (en théorie tout au moins), être considérée comme simulatrice; par contre, il sera impossible d'affirmer qu'une personne ne l'est pas (le test manquant de sensibilité, des simulateurs ne seront pas détectés). En clair, opter pour un score cut-off offrant une spécificité de 100 % autorise à utiliser l'épreuve avec tous les sujets, sans devoir se préoccuper du taux de base des simulateurs dans la population.

Telle est l'attitude que nous prônons. Considérant inacceptable la possibilité de cataloguer de simulateur un patient qui ne le serait pas, nous attendons de la recherche qu'elle favorise le développement d'outils dont la sensibilité soit maximale, tout en garantissant une spécificité de 100 %.

2.2. Le problème de la sélection de l'échantillon des « faux » simulateurs

La mise au point des tests de simulation est confrontée, à côté de l'observation de groupes « naturels » de sujets (c'est-à-dire de patients potentiellement susceptibles de simuler), à la constitution adéquate de groupes expérimentaux de référence. La constitution d'un groupe de simulateurs volontaires est en effet critique pour la validation externe de ces épreuves.

En raison de la difficulté à procéder à des études incluant des simulateurs avérés, la plupart des travaux sur la simulation ont exploré la performance de « faux » simulateurs, c'est-à-dire de sujets normaux à qui on demande de simuler des déficits cognitifs (le plus souvent mnésiques). Ceci ne va pas sans soulever un certain nombre de critiques. Ainsi, la motivation des sujets à simuler de manière convaincante n'est pas la même que dans les groupes cliniques; un vrai simulateur est probablement plus motivé pour réaliser une performance qui soit la plus compatible possible avec un diagnostic de traumatisme crânien. Ceci est sans doute vrai même lorsque l'étude prévoit un incitant financier : le montant de la récompense demeure très nettement en dessous de ce que pourrait espérer une personne impliquée dans un processus d'expertise.

Une autre difficulté qui complique la comparaison entre études résulte du fait que les instructions données aux «simulateurs» peuvent varier grandement d'une étude à l'autre. Des études ont en effet montré que le fait d'être informé quant à la nature des altérations cérébrales et des tests utilisés pour évaluer les dysfonctionnements peut diminuer la capacité à détecter la simulation. Ainsi, le fait de fournir au sujet des informations concernant les déficits habituellement associés à des lésions cérébrales et d'être averti de la présence de mesures destinées à détecter la simulation peut conduire les sujets simulateurs à réaliser des niveaux de performance comparables à ceux de «vrais» patients, même si les «apprentis» simulateurs ont tendance à exagérer leurs déficits par rapport aux patients présentant des lésions cérébrales avérées (Strauss, Slick, Levy-Bencheton *et al.*, 2002). A cela s'ajoute le fait que les personnes impliquées dans un contexte médico-légal après un traumatisme crânien léger peuvent avoir acquis des connaissances substantielles sur les symptômes faisant suite à une lésion cérébrale, que ce soit en raison de leur propre expérience (ils ont présenté ces troubles dans le décours initial de la maladie), de leur confrontation à d'autres patients ou d'un «coaching» volontaire ou non. Les faux simulateurs ont certainement, d'une manière générale, moins d'expérience avec les tests neuropsychologiques que les vrais simulateurs. Dans un contexte médico-légal, il est en effet fréquent de passer par plusieurs évaluations pendant le décours de l'expertise, parfois à des intervalles relativement courts. Notons cependant que la répétition des évaluations peut permettre de mettre en évidence des inconsistances dans les performances du sujet d'une évaluation à l'autre, ce qui peut apporter des informations importantes quant à d'éventuelles anomalies comportementales; il n'est en effet pas facile pour un patient de produire les mêmes niveaux de déficit d'une évaluation à l'autre. Il faut cependant se garder d'interpréter trop vite des signes d'inconsistance entre deux évaluations comme reflétant un comportement de simulation. On sait en effet qu'il existe une variabilité intra-individuelle parfois importante dans les niveaux de performance chez les patients cérébrolésés (en particulier sur le plan du fonctionnement attentionnel et exécutif).

Dans une étude récente, Strauss *et al.* (2002) ont néanmoins émis l'hypothèse que cette variabilité pourrait être différente chez des simulateurs que chez des non simulateurs. L'objectif des auteurs était en fait plus large : il s'agissait d'évaluer la contribution potentielle de l'expérience et/ou du degré de connaissance ainsi que de la lésion cérébrale à la performance aux tests. Les résultats de cette étude confirment qu'un examen de la consistance des réponses d'une séance à l'autre peut être utile : les simulateurs sont moins consistants, et ce pour toutes les mesures utilisées. Selon Strauss *et al.*, la capacité à simuler des niveaux équivalents de performance entre différentes séances pourrait nécessiter des capacités d'auto-contrôle d'un niveau supérieur ou une connaissance plus approfondie du comportement humain que ce dont disposent la plupart des simulateurs.

La plupart des études ont utilisé, comme sujets «simulateurs», des sujets normaux (le plus souvent des étudiants) à qui il était demandé de simuler des déficits cognitifs qui soient à la fois plausibles et suffisamment importants que pour autoriser un dédommagement financier. Certains auteurs, pour rencontrer quelques-unes des critiques évoquées plus haut, ont inclus dans leur groupe de simulateurs des proches (généralement le conjoint) de patients ayant subi un traumatisme crânien, ou encore des professionnels travaillant dans des centres de revalidation pour patients cérébrolésés ; l'inclusion de proches du patient ou de professionnels permet de répondre, au moins en partie, au problème du manque de connaissance et/ou d'expérience avec la symptomatologie typique qui accompagne un traumatisme crânien. Enfin, plus rares sont les études (par ex., Strauss *et al.*, 2002) qui ont sélectionné des patients ayant subi un traumatisme crânien (mais n'étant pas en situation d'expertise) et à qui il a été demandé de feindre une altération plausible dans le but de recevoir une compensation financière.

2.3. Outils spécifiques : les «Symptom Validity Tests» (SVT)

Si le neuropsychologue a des raisons de douter de la bonne collaboration du patient, il peut utiliser des épreuves construites spécifiquement pour évaluer les comportements de simulation ou d'exagération des déficits. A la base du développement de ces outils, on trouve l'idée selon laquelle le public non averti a beaucoup de croyances inexactes concernant les conséquences neuropsychologiques d'une lésion cérébrale. Ainsi, par exemple, nombreuses sont les personnes qui pensent qu'une lésion cérébrale entraîne des difficultés aux tests de reconnaissance, aux tâches d'empan, aux épreuves évaluant des connaissances sur-apprises, aux tests mesurant la force motrice et la dextérité, alors qu'en réalité ces domaines sont relativement préservés chez la plupart des patients présentant une lésion cérébrale sévère (Boone, Lu, Sherman *et al.*, 2000). En raison de ces fausses croyances, le simulateur réalisera aux épreuves évaluant ces fonctions des niveaux de performance différents de ceux produits par des patients cérébrolésés coopératifs. Plus spécifiquement, on s'attend à ce que les simulateurs surestiment les déficits dans ces domaines.

La logique générale des tests évaluant la simulation repose donc sur cette idée : confronté à une tâche dont le niveau de difficulté est faible, un patient simulateur surestimera le degré normalement attendu de détérioration de la performance suite à une lésion cérébrale et réalisera des scores inférieurs à ceux de patients souffrant de déficits organiques sévères. On notera par ailleurs que la plupart des tests construits en vue d'identifier les troubles cognitifs simulés se sont centrés sur la mémoire à court terme. Quelques épreuves ont cependant été conçues pour évaluer d'autres types de symptômes : un ralentissement de la vitesse de traitement ou une diminution des capacités de calcul (voir, ci-après, le Test de Comptage de Points).

Un exemple classique de ce type d'épreuve est le test des 15 items de Rey (Rey, 1964). Cette épreuve consiste à présenter au patient une feuille sur laquelle figurent quinze items caractérisés par leur simplicité et leur redondance (voir figure 11), et à lui demander de mémoriser ces items. L'examinateur souligne au préalable la «difficulté» de la tâche, en insistant sur le nombre d'items à apprendre et sur le fait qu'ils ne seront présentés que pendant dix secondes. En fait, le «piège» dans ce test consiste à induire l'idée qu'il y a 15 éléments à retenir alors que différentes opérations de regroupements élémentaires conduisent à un allégement considérable de la charge en mémoire. Il suffit par exemple de retenir que le matériel est constitué de cinq fois trois séries croissantes, de retenir qu'il y a des lettres (majuscules et minuscules) et des chiffres (arabes et romains), ainsi que des figures géométriques.

Selon les études, le score en dessous duquel une anomalie comportementale peut être suspectée varie entre huit items correctement rappelés (par exemple, Goldberg & Miller, 1986) et deux lignes correctes (Arnett, Hammeke & Schwartz, 1995). Signalons également qu'une version de 16 items a été construite par Paul, Franzen, Cohen et Fremouw (1992), avec quatre lignes de quatre items (A B C D – 1 2 3 4 – a b c d – I II III IIII).

En raison de sa trop faible sensibilité, de nombreux auteurs mettent cependant en doute l'intérêt du test des 15 items de Rey pour détecter les comportements de simulation. Et pourtant, le test des 15 items de Rey reste encore l'outil le plus utilisé par de nombreux cliniciens.

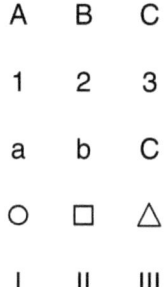

Figure 11 — Le test des 15 Items de Rey.

Le Test de Comptage de Points groupés et non groupés développé par Rey (1941) repose sur une logique similaire. Dans cette épreuve, il est demandé au sujet de compter aussi vite que possible des groupes de points arrangés de manière soit aléatoire, soit géométrique. Les sujets collaborants devraient théoriquement mettre plus de temps pour réaliser les items difficiles (c'est-à-dire ceux comportant un plus grand nombre de points, et arrangés de manière aléatoire) que les items faciles. Les réponses des sujets non coopératifs peuvent présenter des inconsistances au fil des essais, des temps de réponse plus lents et davantage d'erreurs de comptage. Des études ont montré que le Test de Comptage de Points présenterait un excellent indice de spécificité mais une sensibilité limitée (Rose, Hall, Szalda-Petree & Bach, 1998 ; Strauss *et al.*, 2002).

Cependant, les techniques qui semblent les plus fiables et les plus sensibles sont celles basées sur les paradigmes de reconnaissance à choix forcé, qui ont conduit à l'élaboration des Symptom Validity Tests (SVT). Le principe de base de ces épreuves est le suivant : des items (des séries de chiffres ou de lettres, des mots, des visages...) sont présentés au sujet, qui doit les mémoriser. Ensuite, l'examinateur lui présente des paires d'items, et le sujet doit indiquer, pour chaque paire, l'élément vu préalablement. Avec ce type d'épreuve, un patient cérébrolésé hypothétique ne possédant plus aucune capacité de mémorisation ne pourrait obtenir un score plus faible que 50 % de réponses correctes, soit un score correspondant au niveau du hasard. L'observation d'un score inférieur au hasard suggère dès lors que le patient connaissait la réponse correcte, mais a volontairement choisi de répondre autrement. Avec ces techniques, les estimations du taux de simulation dans un contexte d'expertise varieraient entre 15 et 17 % et 8 % dans un contexte clinique normal (Bianchini, Mathias & Greve, 2001).

L'utilisation des SVT pose cependant un problème majeur auquel les auteurs ont dû trouver des éléments de réponse, et qui concerne la manière de déterminer le score cut-off, c'est-à-dire le score en dessous duquel on considère que la performance peut refléter un comportement de simulation. Suffit-il, comme décrit ci-dessus, de se baser sur le score au hasard? En effet, une des difficultés avec les scores cut-off basés sur le hasard est leur manque de sensibilité. Un simulateur subtil comprendra vite qu'une performance plausible doit se situer au-dessus du niveau du hasard (c'est le problème de la nature «transparente» de beaucoup de SVT). Un défaut important de nombreuses épreuves censées évaluer les comportements de simulation tient en effet à leur simplicité, et on peut penser que seuls des sujets particulièrement naïfs peuvent se laisser tromper par le caractère faussement difficile de ce type de test. Dans la majorité des cas, sans doute, le sujet ne tombe pas dans le piège qui lui est tendu; même s'il cherche délibérément à amplifier ses difficultés, sa performance ne sera pas faible au point qu'on puisse détecter son manque de collaboration. C'est ce type de constatation qui fait dire à Dodrill (1997) que si, occasionnellement, nous pouvons établir qu'une simulation a eu lieu, il est virtuellement impossible d'établir qu'elle n'a pas eu lieu.

C'est en raison de ce manque de sensibilité que des scores cut-off supérieurs (reflétant des taux d'erreur moindres) ont été utilisés. Deux approches ont été principalement suivies. La première se base sur un score offrant des pourcentages de sensibilité et de spécificité estimés satisfaisants. Par exemple, on pourra fixer le score cut-off d'une épreuve à 65% de réponses correctes car on obtient ainsi une sensibilité et une spécificité de 90% (alors qu'avec un score cut-off lié au hasard, la sensibilité pourrait être inférieure à 50% tandis que la spécificité serait de 100%). L'autre approche repose sur un seuil empirique basé sur la performance la plus faible obtenue par des groupes de patients présentant des altérations cognitives confirmées. En procédant de la sorte, Guilmette, Hart et Guiliano (1993) ont pu préserver une spécificité de 100% tout en augmentant la sensibilité à 74% par comparaison avec un score cut-off basé sur le hasard.

On trouve dans la littérature différentes versions des SVT, constituant autant de variantes autour d'une même trame, et construites dans le but d'améliorer le caractère diagnostique du paradigme à choix forcé. Ces tests sont conçus pour n'être en réalité que peu exigeants sur le plan mnésique, de telle sorte que tout sujet normal et même des patients cérébrolésés présentant des altérations cognitives ou des patients psychiatriques peuvent réaliser une performance presque parfaite. Le principe de ces procédures est donc que le patient affichera un degré d'altération peu crédible à une tâche qui n'est difficile qu'en apparence. Nous nous contenterons de décrire ici les tâches les plus utilisées, pour lesquelles il existe une adaptation française.

Le Digit Memory Test (DMT; Hiscock & Hiscock, 1989) consiste en 72 essais (3 blocs de 24 items) dans lesquels la présentation d'une série de 5 chiffres est suivie par un test de reconnaissance à deux choix. Le délai entre la présentation de la cible et la reconnaissance augmente au fur et à mesure des blocs d'essais (5-10-15 sec). Le DMT apporte plusieurs améliorations par rapport aux versions précédentes de la tâche. Tout d'abord, le choix pour des séries de 5 chiffres augmente le caractère plausible de la tâche en ce sens qu'elle ressemble pour le patient à un test de mémoire. De plus, le fait d'inclure des intervalles de plus en plus longs entre la présentation et la reconnaissance donne l'illusion d'une augmentation de la difficulté dans la tâche, et cette apparente difficulté pour les items avec intervalle plus long rend la tâche plus sensible.

La procédure proposée par Hiscock et Hiscock (1989) constitue, avec le Test de Reconnaissance de Chiffres de Portland (PDRT; Binder & Willis, 1991), une des manières les plus utilisées pour évaluer les comportements de simulation (Bianchini *et al.*, 2001). La procédure du PDRT est en fait similaire à celle du DMT, si ce n'est qu'en plus une période distractrice de comptage à rebours est incluse entre la présentation du stimulus et la reconnaissance, ce qui augmente encore l'impression que peut avoir le sujet d'une difficulté croissante de la tâche au fur et à mesure que les délais augmentent (5, 15 et 30 secondes pour cette épreuve). Différentes études ont montré l'intérêt du PDRT dans la mise en évidence de comportements d'exagération de troubles, avec des taux de sensibilité et de spécificité avoisinant les 75 % (pour une revue, voir Bianchini *et al.*, 2001). Avec le PDRT, les scores cut-off recommandés, basés sur le percentile zéro pour des patients cérébrolésés modérés et sévères, sont de 19/36 pour les délais de 5 et 15 secondes, et de 18/36 pour les délais de 30 secondes.

Il existe par ailleurs une version informatisée du PDRT (le PDRT-C; Rose, Hall & Szalda-Petree, 1995). L'intérêt principal de cette version réside dans la possibilité de comparer les latences de réponses pour les réponses correctes du sujet et pour ses réponses incorrectes. L'utilisation de l'ordinateur doit cependant se faire avec prudence : le degré de familiarité et de confort du sujet par rapport à l'ordinateur peut introduire des différences individuelles importantes, particulièrement en ce qui concerne la variable de latence, c'est-à-dire celle sur laquelle l'examinateur porte surtout son attention.

Le problème de l'apparence trop simple de nombreux tests de simulation et du caractère trop transparent de ces épreuves a conduit certains auteurs à développer d'autres manières d'aborder le problème de la simulation dans l'examen neuropsychologique. Ainsi, Rose et al. (1995) proposent d'utiliser des indices de simulation plus «couverts», comme la mesure des latences de réponses. L'idée est ici que la production délibérée de réponses incorrectes nécessiterait un temps de traitement de l'information plus long que la production de réponses correctes. Bien qu'une augmentation des latences de réponse soit aussi fréquemment observée suite à une lésion cérébrale, Rose et al. ont montré qu'en ajoutant une mesure de latence de réponse au Test de Reconnaissance de Chiffres de Portland, la capacité de cette épreuve à détecter la simulation s'en trouvait améliorée.

Schagen, Schmand, de Sterke et Lindeboom (1997) ont récemment proposé une procédure originale pour détecter la simulation : l'Amsterdam Short-Term Memory Test (ASTM). Il s'agit d'un test de mémoire verbale à choix forcé dont l'intérêt est que le niveau du hasard est moins transparent pour le sujet que les épreuves de reconnaissance à choix forcé plus classiques. La procédure de l'ASTM consiste à présenter tout d'abord au sujet une fiche sur laquelle sont inscrits cinq mots appartenant à une même catégorie sémantique (ces cinq mots ayant le plus haut degré de prototypie pour cette catégorie); le sujet doit lire ces mots à voix haute et il doit les mémoriser. Le sujet doit ensuite résoudre une addition ou une soustraction (tâche distractrice). Enfin, on lui présente une nouvelle fiche sur laquelle figurent à nouveau cinq mots : trois mots qui avaient été vus précédemment, et deux mots nouveaux ayant un faible degré de prototypie. La tâche du sujet consiste simplement à reconnaître les trois mots qu'il avait dû mémoriser. Cette procédure est répétée pour un total de trente items. Selon les auteurs, cette tâche permettrait de discriminer de manière plus précise les sujets simulateurs des patients cérébrolésés que le test des 15 items de Rey ou le test de comptage de points.

Dans une étude récente, Bolan, Foster, Schmand et Bolan (2002) ont obtenu des résultats suggérant que l'étude des latences de réponses à l'ASTM pouvait contribuer utilement à détecter les simulateurs, qui répondent significativement plus lentement que les sujets normaux. Ces auteurs montrent aussi que, contrairement à une idée largement répandue, le fait d'informer le patient sur l'exactitude de sa réponse n'influence pas son comportement.

La validation (Meulemans, Adam & Palma-Duran, 2003) d'une version française informatisée de l'ASTM (adaptée par Rectem & Hanoteau, 2003) a conduit à déterminer un score cut-off de 83 réponses correctes (sur les 90 items que comporte la tâche) pour cette épreuve, offrant ainsi une sensibilité de 72 % et une spécificité de 100 %. Ce score cut-off correspond au résultat le moins bon obtenu par un patient cérébrolésé (26 patients avec troubles de la mémoire consécutifs à une atteinte cérébrale d'étiologies diverses — traumatisme crânien, accident vasculaire cérébral, rupture d'anévrysme de l'artère communicante antérieure, syndrome de Korsakoff...; pour la plupart, ces patients présentent des atteintes massives du fonctionnement mnésique entraînant un handicap sévère dans la vie quotidienne). Notons qu'une version abrégée de la tâche, comportant 45 items, offre un pouvoir discriminant équivalent (spécificité : 100 %, sensibilité : 76 %) à la version longue ; le score cut-off correspond dans ce cas à 40 réponses correctes sur 45.

On notera encore que certains auteurs privilégient l'examen simultané de plusieurs tests de simulation pour un seul domaine cognitif. Par exemple, Iverson et Franzen (1996) montrent dans la détection de déficits mnésiques volontairement simulés les bénéfices obtenus lorsque cinq tests différents sont utilisés.

2.4. Indices de simulation issus de mesures standard

D'autres auteurs considèrent également intéressant d'étudier dans quelle mesure une analyse des données obtenues avec les tests neuropsychologiques traditionnels permettrait de distinguer des simulateurs de non simulateurs (van Gorp, Humphrey, Kalechstein *et al.*, 1999). L'utilisation de tests spécifiques évaluant les comportements de simulation présente en effet le désavantage de prendre du temps, temps qui ne peut dès lors être consacré à approfondir tel ou tel aspect d'un dysfonctionnement cognitif. Par ailleurs, avoir à sa disposition des indices issus d'épreuves « standard » peut être important dans un certain nombre de cas, et notamment lorsque le clinicien ne dispose pas de données issues de tests spécifiques. Enfin, il arrive que le neuropsychologue doive se pencher sur des données obtenues par un autre clinicien et émettre un jugement quant à la présence d'un comportement d'exagération ou de simulation de déficits, sans avoir à sa disposition des résultats provenant de l'administration de tests spécifiques.

Les épreuves qui ont été les plus fréquemment incluses dans ces analyses particulières sont les suivantes : le test d'apprentissage auditivo-verbal de Rey, l'Echelle Clinique de Mémoire de Wechsler (version révisée), le Wisconsin Card Sorting Test, le test de Stroop, le test de Mémoire des Chiffres, le test des Matrices de Raven, le California Verbal Learning Test, le Recognition Memory Test, etc. On retrouve donc ici, comme pour les tests spécifiques, une centration particulière sur les épreuves de mémoire.

Les indices explorés avec les épreuves traditionnelles concerneront par exemple la comparaison de la performance des sujets pour des items faciles *versus* difficiles, ou encore les effets de position sérielle (effets de primauté et de récence) et la comparaison rappel/reconnaissance dans les tâches d'apprentissage de listes, etc.

Ainsi, Gudjonsson et Shackleton (1986) ont montré que, au test des Matrices de Raven (1960), les simulateurs présentent un taux anormal d'échecs aux items réputés faciles, et ne présenteraient pas la détérioration progressive normalement observée entre les cinq séries d'items. Le même type de remarque peut être fait pour la WAIS-R. D'autre part, comme nous l'avons déjà souligné, l'observation d'un manque de consistance entre les résultats à des épreuves du bilan neuropsychologique évaluant des processus similaires ou lorsque le patient obtient des résultats divergents à une même épreuve administrée deux fois peut également suggérer un défaut de collaboration (Rawling, 1994). Ainsi, à la WAIS-R, l'observation d'une inconsistance entre les résultats au sous-test du Digit Span et ceux aux sous-tests Arithmétique et Code peut être, dans certains cas, considérée comme suspecte. Rappelons néanmoins que la prudence doit rester de mise, sachant qu'il n'est pas rare d'observer ce type d'inconsistance chez des patients présentant des troubles attentionnels.

Rawling et Brooks (1990) ont quant à eux proposé le calcul d'un Indice de Simulation au départ de l'analyse des erreurs commises à la WAIS-R et à l'échelle clinique de mémoire de Wechsler par des patients traumatisés crâniens sévères d'une part, et par des patients traumatisés crâniens légers se plaignant de déficits cognitifs importants (groupe de patients qualifiés par les auteurs de « simulateurs »). Rawling et Brooks se sont intéressés à la fréquence des différents types d'erreurs pouvant être observées avec les deux batteries de tests, et ce pour chacun des deux groupes. Ils ont montré que certaines erreurs n'étaient commises que par les patients cérébrolésés et que d'autres erreurs n'étaient observées que dans le groupe de simulateurs. Par exemple, avec le test de rappel de séries de chiffres en ordre direct (Digit Span), les erreurs concernant le rappel du premier et/ou du deuxième chiffre de la série étaient fréquentes chez les sujets simulateurs, mais rares chez les patients cérébrolésés. En procédant de cette manière, les auteurs ont identifié 15 signes évocateurs d'une simulation, et 5 signes spécifiques de la présence d'une lésion cérébrale. Le calcul de l'Indice de Simulation repose sur la combinaison de ces différents signes, et les auteurs proposent un score cut-off permettant de séparer parfaitement les deux groupes de patients. L'utilisation de l'indice de simulation reste cependant sujet à controverses, certains auteurs considérant que d'autres études de validation devraient être menées (voir Milanovich, Axelrod & Millis, 1996).

Des études ont également été conduites sur le Wisconsin Card Sorting Test (Bernard, McGrath & Houston, 1996; Greve & Bianchini, 2002), partant de l'idée selon laquelle les simulateurs, non conscients de l'importance clinique des erreurs persévératives, commettraient moins ce type d'erreurs que les patients cérébrolésés. Utilisant une formule prenant en compte le nombre de catégories réalisées ainsi que le nombre d'erreurs persévératives, Bernard *et al.* ont obtenu des pourcentages de sensibilité et de sélectivité de respectivement 58 % et 90 % pour la comparaison d'un groupe de (faux) simulateurs avec des patients cérébrolésés d'étiologies diverses. Dans une étude récente, Greve et Bianchini (2002) obtiennent avec ce même type de formule des taux de faux positifs (non simulateurs considérés comme simulateurs) tellement élevés (entre 20 % et 40 % selon le groupe de patients) qu'ils en arrivent à la conclusion que cette méthode est inefficace pour détecter des simulateurs, et ce probablement en raison du fait que le présupposé initial concernant l'attitude des simulateurs serait inexact. Selon ces auteurs, il est illusoire de chercher à détecter les simulateurs à une épreuve donnée en ne prenant en considération qu'un seul type d'indice; vraisemblablement, les stratégies utilisées par les simulateurs à une épreuve sont variées.

En ce qui concerne les tests de mémoire, les épreuves les plus fréquemment utilisées sont le test des 15 mots de Rey et le California Verbal Learning Test. Meyers, Morrison et Miller (2001) se sont intéressés au test de reconnaissance qui suit l'apprentissage des 15 mots de Rey. Dans ce test de reconnaissance, ils présentent 50 mots parmi lesquels le sujet doit reconnaître les 15 mots cibles précédemment appris. Utilisant un score cut-off empirique de 9 (correspondant au score le plus bas moins un obtenu par le groupe de patients traumatisés crâniens sévères), calculé en soustrayant le nombre de faux positifs du nombre de reconnaissances correctes, ils obtiennent une spécificité de 100% et une sensibilité de 50%.

Plusieurs travaux ont également exploré l'intérêt du California Verbal Learning Test (CVLT; Delis, Kramer, Kaplan & Ober, 1987) pour la détection de la simulation. Ces travaux ne sont pas sans intérêt dans la mesure où le CVLT est probablement l'épreuve la plus communément administrée aujourd'hui pour l'évaluation de la mémoire épisodique verbale dans l'examen neuropsychologique standard (voir le chapitre «L'évaluation des fonctions mnésiques»). Ainsi, Millis, Putnam, Adams et Ricker (1995) ont montré l'intérêt des scores cut-off calculés pour trois indices du CVLT : la discriminabilité, le nombre total de mots rappelés pour les cinq essais d'apprentissage et le rappel indicé à long terme. Sweet *et al.* (2000) ont répliqué les résultats de l'étude de Millis *et al.*, parvenant à une sensibilité de 78,9%; la sensibilité s'élève à 85,3% lorsque à ces trois indices les auteurs ajoutent les hits en reconnaissance. Par contre, les résultats obtenus par Slick, Iverson et Green (2000) sur un large échantillon incluant différentes populations sont moins concluants. Dans leur étude, aucune des mesures utilisées n'atteint des niveaux de pouvoir prédictif positif et négatif suffisants pour une classification précise des simulateurs (les indices de nombre de reconnaissances correctes et de discriminabilité offrant le pouvoir prédictif le plus satisfaisant). Les auteurs suggèrent que l'utilisation d'un indice unique augmente de façon inacceptable le taux de faux positifs, et que seule une combinaison d'indices peut être utilisée. Les auteurs pensent cependant que des indices issus du CVLT peuvent, lorsqu'on les associe à des indices obtenus avec des SVT, fournir des informations complémentaires utiles pour la détection des comportements de simulation.

Citons enfin une étude de Baker, Donders et Thompson (2000), qui testent le pouvoir prédictif de la fonction discriminante proposée par Millis *et al.* (1995) au départ du CVLT (fonction incluant trois indices : les fausses reconnaissances, les non-reconnaissances et le rappel indicé à long terme). Le calcul de cette fonction fournit un score qui, s'il se situe en dessous de zéro, peut être considéré comme le signe d'un «manque d'effort» de la part du sujet. Selon Baker *et al.*, cette fonction permet de classer correctement 93% des sujets, ce qui amène les auteurs à confirmer le fait que le CVLT ne constitue pas un outil suffisant pour la détection des comportements de simulation, mais aussi que, associé à d'autres épreuves, il peut y contribuer utilement.

Le Recognition Memory Test (RMT; Warrington, 1984) peut être utilisé dans la même logique que les SVT décrits ci-dessus. Iverson et

Franzen (1998) ont montré que, en prenant un seuil empirique de 38 réponses correctes, le test de reconnaissance pour les mots serait supérieur (avec une sensibilité de 95 % et une spécificité de 100 %) pour détecter une performance anormale que le test de reconnaissance pour les visages.

Certains auteurs se sont également intéressés aux effets de position sérielle dans les tâches d'apprentissage de listes de mots, et plus spécifiquement aux effets de primauté et de récence (l'effet de primauté renvoie à l'observation d'un meilleur rappel pour les mots du début de la liste, et l'effet de récence à un meilleur rappel pour les mots de la fin de la liste). Chez le sujet normal, l'effet de primauté s'expliquerait par le fait que les mots du début de la liste bénéficieraient de davantage de répétition (autorisant ainsi une meilleure consolidation en mémoire à long terme); quant à l'effet de récence, il se manifesterait simplement parce que les derniers mots de la liste seraient toujours présents en mémoire à court terme. Chez les patients traumatisés crâniens, l'effet de primauté serait toujours observé, contrairement à l'effet de récence, qui serait affecté en raison des difficultés attentionnelles ou de mémoire à court terme présentées par ces patients. Dans le cadre de l'expertise, l'hypothèse des auteurs est que, chez les simulateurs, l'effet de primauté ne serait pas observé, contrairement aux traumatisés crâniens. Les résultats des études qui ont exploré cette hypothèse sont cependant contradictoires, certains montrant une diminution de l'effet de primauté chez les simulateurs (Bernard, 1991), d'autres non (Suhr, 2002).

Sur le plan mnésique, signalons également l'intérêt que peut représenter le test traditionnel d'empan de chiffres. Ignorantes du fait que les patients amnésiques présentent généralement un empan normal, les personnes voulant simuler des troubles mnésiques pourront penser à tort qu'elles doivent afficher une diminution du nombre d'items qu'elles sont capables de rappeler en mémoire à court terme. A un autre niveau, il peut être intéressant de s'intéresser à la qualité des réponses fournies par les patients aux questionnaires de mémoire autobiographique. Wiggins et Brandt (1988) montrent que nombreux sont les simulateurs qui se montrent incapables de rappeler des informations autobiographiques telles que le nom ou l'âge des membres de leurs familles, informations que sont généralement capables de fournir des patients cérébrolésés.

Signalons que, d'une manière générale, la plupart des auteurs s'accordent sur la conclusion que ces indices ne sont pas suffisants pour identifier la simulation (par ex., Curtiss & Vanderploeg, 2000; Suhr, Tranel, Wefel & Barrash, 1997). Ainsi, Van Gorp *et al.* (1999) ont étudié la performance de 81 sujets traumatisés crâniens légers à modérés, dont certains étaient suspectés de simuler des déficits. La conclusion de cette étude est que le pattern de performance des sujets aux épreuves standard ne constitue pas un indicateur fiable des comportements de simulation ce qui, pour les auteurs, souligne la nécessité d'utiliser des tests spécifiques. Le niveau de performance peut néanmoins fournir une indication de simulation, en raison du fait que les simulateurs réalisent des performances plus faibles aux mesures neuropsychologiques traditionnelles et cliniques que les sujets non simulateurs.

2.5. Pistes alternatives

Partant de l'observation que les patients amnésiques réalisent des performances normales aux tests de mémoire implicite (par ex., tests de complètement de mots), Wiggins et Brandt (1988) se sont demandés dans quelle mesure la performance à un test de complètement de mots permettrait de distinguer des amnésiques, des simulateurs et des sujets contrôles. Ils ont montré que les simulateurs et les amnésiques ont réalisé une performance significativement plus faible que les sujets normaux à un test de rappel libre, et que les trois groupes ne se distinguaient pas au test implicite de complètement de mots.

Selon Hanley, Baker et Ledson (1999), les tests de mémoire implicite ne conviennent pas pour la détection des comportements de simulation car, pour amener les simulateurs à se comporter différemment des sujets normaux aux tests de mémoire implicite, il est nécessaire d'attirer l'attention des sujets sur le fait qu'il existe une relation entre le test « implicite » et les mots présentés initialement... et que dès lors la tâche ne peut plus être considérée comme étant une tâche implicite, mais bien une tâche explicite dans laquelle les patients amnésiques réalisent une performance plus faible que les sujets contrôles.

Dans une perspective proche, nous nous sommes intéressés à l'utilisation de la procédure de dissociation des processus pour la détection des comportements de simulation (Meulemans, Adam & Palma-Duran, 2003). Cette procédure permet de distinguer et de quantifier, au sein d'une même tâche de mémoire, la contribution relative des processus automatiques et contrôlés dans la performance du sujet (pour une description précise de la procédure de dissociation des processus et de la tâche utilisée, voir Adam, 2003). Généralement, on montre avec cette procédure une altération des processus contrôlés et une préservation des processus automatiques, et ce dans différentes populations de patients cérébrolésés. L'intérêt de cette procédure est que le sujet est totalement incapable de déterminer quel pattern de performance serait attendu, tant de la part d'un sujet normal que d'un patient cérébrolésé. Le résultat de cette étude est cependant mitigé : la procédure de dissociation des processus peut présenter un intérêt pour l'identification des comportements de simulation à condition qu'elle soit associée à d'autres techniques plus spécifiques.

3. CONCLUSION

De toute évidence, la détection d'un comportement de simulation constitue un véritable défi pour le neuropsychologue clinicien. Citons à titre d'exemple Slick *et al.* (2000), incapables de tirer une conclusion de leur observation d'un effet du sexe avec le test de simulation qu'ils utilisent : ce test se révèle plus sensible chez les hommes que chez les femmes. Les auteurs ne peuvent trancher entre les deux alternatives : soit les hommes simulent davantage que les femmes, soit les femmes montrent plus d'habileté à ne pas être détectées que les hommes ! Ceci illustre toute la difficulté qu'il y a à déterminer un niveau optimal de sensibilité et de spécificité, sachant qu'augmenter la sensibilité diminue la spécificité, et vice-versa : plus une épreuve est sensible, plus on augmente le risque de considérer comme simulateurs des patients qui ne le sont pas.

D'autre part, il faut souligner le fait que le neuropsychologue ne peut jamais conclure à un défaut de collaboration au départ de l'examen d'un seul aspect du tableau clinique. Comme le note Bigler (1990), l'interprétation des résultats aux tests spécifiques de simulation ne prend son sens que si on les confronte aux faits anamnestiques, aux données neurologiques et aux résultats du patient aux épreuves cognitives.

Utiliser plusieurs épreuves devrait en outre augmenter la validité et la justesse des décisions quant à l'absence ou à la présence d'un comportement de simulation. Le foisonnement d'études sur les comportements d'exagération de déficits a abouti au développement d'une grande variété de techniques d'évaluation. De ce point de vue, le neuropsychologue dispose aujourd'hui de beaucoup plus de moyens pour évaluer la validité des résultats d'un sujet qu'il y a une vingtaine d'années. Notons que la diversité des outils auxquels le neuropsychologue peut faire appel diminue également le risque que des sujets puissent apprendre comment tromper le clinicien.

Les recherches futures devraient sans doute davantage prendre en considération les multiples manières par lesquelles les simulateurs tentent d'exagérer leurs difficultés. Sans doute (et ceci est vraisemblablement influencé par le degré de connaissance que peut posséder un sujet des conséquences cognitives d'un traumatisme crânien) certains choisiront-ils de manifester une exagération de leurs difficultés à certaines épreuves seulement (par exemple, celles faisant appel au fonctionnement mnésique), tandis que d'autres essaieront de montrer une diminution générale de leur fonctionnement cognitif. Comme le soulignent Greve et Bianchini (2002), cette variété stratégique peut se manifester au sein même d'une épreuve : deux simulateurs ne chercheront pas nécessairement à simuler des difficultés de la même manière à une épreuve donnée. Ceci amène ces auteurs à souligner la nécessité de poursuivre les travaux visant à identifier, avec les épreuves neuropsychologiques standard, les différentes stratégies utilisées par les simulateurs à ces épreuves. Greve et Bianchini considèrent que l'approche la plus prometteuse est celle basée sur l'analyse des patterns de réponse aux épreuves standard, notamment parce que cette approche est moins transparente et dès lors moins susceptible d'être influencée par les connaissances que peut acquérir le patient quant au type de difficultés qu'il doit afficher pour tromper la vigilance de l'examinateur.

Quoi qu'il en soit des progrès qui ont été réalisés et qui le seront encore dans les techniques évaluant la qualité de la collaboration du patient à l'évaluation de ses capacités cognitives, il est primordial que le neuropsychologue reste pleinement conscient du fait que conclure à une mauvaise collaboration (ou, plus grave encore, à une simulation) de la part de son patient peut avoir des conséquences considérables pour l'avenir de celui-ci. La plus extrême prudence est donc requise. En définitive, lorsque des signes manifestes d'effort insuffisant sont constatés, le neuropsychologue ne peut, dans la plupart des cas, conclure à rien d'autre qu'à l'impossibilité dans laquelle il se trouve de prendre la pleine mesure du niveau cognitif «réel» de son patient; mais il est généralement démuni quant à l'origine du manque d'investissement de son patient dans l'examen. Car il est important de rappeler que la volonté de «tricher» n'est vraisemblablement pas la motivation la plus fréquente d'un manque d'effort. Nombreux sont les patients en situation d'expertise qui présentent un état dépressif ou des troubles anxieux, qui peuvent résulter en des comportements évocateurs d'un «manque d'effort» ou d'investissement dans l'examen. Parfois, ces comportements doivent être interprétés comme la manifestation d'une condition psychopathologique particulière (par ex., une démonstration hystérique) qui nécessitera une exploration spécifique chez un psychiatre ou un psychologue spécialisé. Enfin, le neuropsychologue se doit de garder à l'esprit le contexte général dans lequel prend place son examen, en n'oubliant pas que son patient peut n'avoir d'autre souci que de le convaincre de la réalité des difficultés qu'il présente depuis son accident.

Conclusion

Nous l'avons vu, la tâche confiée au neuropsychologue dans le cadre de l'expertise peut s'avérer particulièrement délicate : il s'agit pour lui, dans un certain nombre de cas, d'essayer d'expliquer les plaintes cognitives émises par un patient ayant subi un accident, sans qu'aucune anomalie neurologique n'ait pu être objectivée suite à cet accident. C'est là toute la question, abordée dans le premier chapitre, de la présence des *incapacités* alors qu'aucune *déficience* n'a pu être établie. Se trouve-t-on face à un patient simulateur ? Doit-on considérer que le patient présente des caractéristiques de personnalité prémorbide susceptibles d'exacerber les plaintes pouvant faire suite à un traumatisme crânien léger ? Ou au contraire, faut-il accepter l'idée qu'une absence de *déficience*, c'est-à-dire une absence de lésion objective, ne signifie pas qu'il n'y a pas eu souffrance cérébrale, et qu'il est possible que les moyens actuels ne soient pas encore suffisamment sensibles pour détecter des altérations neuronales de nature sans doute microscopique, mais capables néanmoins d'occasionner des troubles cognitifs significatifs ? En définitive, tous ces facteurs explicatifs doivent être considérés comme plausibles; selon le cas, le neuropsychologue sera amené à privilégier l'un d'entre eux — voire une interaction entre ces différentes hypothèses.

Ainsi, dans un bilan neuropsychologique d'expertise, au sein même de ce que le neuropsychologue jugera comme étant dû à l'accident, il peut lui être demandé de distinguer ce qui est d'ordre psychogène de ce qui est spécifiquement d'origine «organique». Quelle que soit la sévérité du traumatisme, répondre de manière précise à cette dernière question relève le plus souvent d'une gageure, dans la mesure où le fonctionnement cognitif de tout patient cérébrolésé reflète l'interaction étroite et complexe de variables cognitives et psychoaffectives. Les répercussions d'un traumatisme crânien — et ceci vaut d'ailleurs pour toutes les étiologies à l'origine d'une lésion cérébrale — ne se limitent le plus souvent pas à la seule sphère cognitive ; il n'est pas rare qu'un patient évoque spontanément des changements quant à son mode de vie, des modifications de sa réactivité émotionnelle, voire des changements d'ordre existentiel, qui ont suivi son accident. En outre, l'état émotionnel du patient au moment du bilan neuropsychologique, de même que ses attentes ou sa défiance, peuvent aussi influer sur ses performances cognitives, et doivent donc être pris en compte par l'examinateur. Notons par ailleurs que conclure au fait que les troubles cognitifs du patient sont associés à des difficultés d'ordre émotionnel ou psychoaffectif n'implique pas qu'il n'y ait aucun lien de type causal entre l'accident et les difficultés cognitives. Des difficultés de mémoire associées à un syndrome dépressif qui se serait développé suite à un accident peuvent être considérées elles aussi comme consécutives à l'accident; par contre, la prise en compte de ces troubles pourrait être différente en raison des possibilités d'évolution de ces derniers (la thérapeutique antidépressive pouvant avoir pour effet de résoudre également les troubles mnésiques), et donc de leur impact à moyen ou à long terme sur les activités du patient.

La difficulté de la mission confiée au neuropsychologue justifie l'impérieuse nécessité, en situation d'expertise, d'asseoir ses interprétations sur un ensemble de données aussi solides que possible. Nous avons largement insisté, dans cet ouvrage, sur l'importance d'une anamnèse (ainsi que d'une hétéro-anamnèse) fouillée et complète, sur la nécessité de disposer d'un maximum d'informations en provenance du dossier médical du patient (évolution des difficultés, données d'imagerie cérébrale, etc.), sur l'importance qu'il y a à connaître les éventuels traitements médicamenteux, à prendre la mesure des problèmes éventuels de douleur chronique présentés par le patient, à investiguer un certain nombre d'hypothèses quant à la présence d'une problématique psychoaffective (état de stress post-traumatique, anxiété, dépression...), à connaître le contexte de vie du patient (tant au plan familial que professionnel), etc.

Nous avons également souligné la nécessité d'utiliser les outils d'évaluation les plus solides possible, tant sur le plan de leurs qualités psychométriques que de leur assise théorique. Ainsi, le bilan neuropsychologique réalisé dans le cadre d'une expertise peut tirer bénéfice des progrès qui ont été réalisés ces dernières années en neuropsychologie cognitive. Ces progrès sont à l'origine de la mise au point de nouveaux outils d'évaluation, lesquels présentent un triple avantage : (a) ils sont sensibles à des aspects du fonctionnement cognitif qui n'étaient pas pris en compte par l'approche psychométrique traditionnelle; (b) ils permettent de mieux comprendre les déficits fonctionnels présentés par le patient; (c) et, enfin, ils sont pertinents sur le plan théorique, c'est-à-dire qu'ils s'articulent sur les modèles théoriques issus de la recherche en psychologie et en neuropsychologie cognitives. Dès lors, le bilan neuropsychologique d'expertise ne peut plus aujourd'hui se contenter de batteries toutes faites pour l'évaluation des fonctions cognitives. Une évaluation « fine » du fonctionnement cognitif implique l'utilisation d'épreuves spécifiques que ne proposent généralement pas les batteries psychométriques plus traditionnelles. Accepter cette logique, c'est accepter aussi de consacrer plus de temps au testing : il n'existe en effet pas *une* épreuve évaluant la mémoire ou l'attention, mais une diversité d'épreuves très ciblées permettant chacune l'évaluation d'un sous-système ou d'un processus mnésique ou attentionnel spécifique. Si elle est plus gourmande en termes de temps, cette logique a cependant l'avantage, par la multiplicité des évaluations, de renforcer l'interprétation que fera le neuropsychologue de ses résultats. En effet, comme le soulignent Van Gorp et McMullen (1997), le neuropsychologue ne devrait jamais proposer une interprétation basée sur des résultats à un seul test. Les raisons pouvant expliquer qu'un patient réalise une performance faible à une épreuve isolée sont en effet nombreuses, et toute hypothèse de déficit demande à être confirmée. Heaton, Grant et Matthews (1991) ont par exemple montré que 53 % des sujets normaux réalisaient une performance anormale à 10 % des sous-tests de la WAIS-R et de la Halstead Reitan Battery, et que 25 % des sujets normaux réalisaient des scores faibles dans 20 % de ces sous-tests. La prudence impose qu'on ne peut conclure à un déficit que si l'on observe une conjonction de résultats cohérents en faveur de cette interprétation.

Il serait cependant utile qu'au cours des prochaines années, un effort soit fait sur le plan normatif. Pour un trop grand nombre d'épreuves issues du courant cognitif, nous manquons de données normatives étendues, tenant compte, notamment, des différents niveaux socioculturels. Il faut insister tout particulièrement sur la nécessité de développer des outils adaptés à certaines franges de la population, notamment celles issues de milieux socialement peu favorisés ou certaines populations d'origine immigrée. Les sociétés occidentales deviennent « pluriellcs » sur le plan culturel ; le neuropsychologue doit être à même de s'adapter à cette diversité qu'il sera immanquablement amené à rencontrer, notamment dans le cadre d'expertises. Trop souvent, les seuls résultats de référence dont il dispose sont ceux obtenus par une minorité aisée de la population — des étudiants universitaires. L'approche cognitive en neuropsychologic, si clle veut s'implanter de manière solide dans le secteur médico-légal, ne pourra faire l'impasse sur cet investissement en faveur d'une normalisation plus complète des épreuves cognitives. Notons toutefois que, depuis quelques années, des initiatives sont prises en ce sens, qu'il s'agisse du travail multi-centrique réalisé conjointement par la Société de Neuropsychologie de Langue Française et par le GRECO (Groupe de Réflexion sur l'évaluation Cognitive) sur le développement d'outils standardisés pour l'évaluation des fonctions mnésiques et attentionnelles (notamment), ou d'initiatives récentes de certains centres de recherche francophones visant à déterminer la validité de certains outils d'évaluation chez des populations socioculturellement moins favorisées (telles que certaines populations d'origine immigrée). Ce dernier point, relatif à la neuropsychologie interculturelle, devrait connaître des développements importants dans les années qui viennent ; on ne peut en effet imaginer que la neuropsychologie clinique ignore encore longtemps cette réalité pluriculturelle qui caractérise nos sociétés.

Quoi qu'il en soit de ces problèmes méthodologiques et des difficultés d'interprétation dues au caractère souvent multidéterminé des troubles, il s'agit en définitive toujours pour le neuropsychologue, au terme de son évaluation, de proposer sa propre interprétation des résultats qu'il a enregistrés et des plaintes du patient. Cette interprétation est par définition de nature probabiliste ; en ce sens, le neuropsychologue doit « se mouiller », il doit prendre une décision qu'il estimera la plus pertinente en regard des observations qu'il a pu faire pendant son examen, de la condition pathologique du patient et des plaintes émises par celui-ci. Cette prise de décision est évidemment lourde de responsabilités. Il est dès lors important, tant dans le chef des médecins experts que des magistrats, que toute mission d'expertise en neuropsychologie ne soit confiée qu'à des cliniciens ayant bénéficié d'une formation spécialisée en neuropsychologie et possédant une pratique solide en neuropsychologie clinique « normale ».

Rappelons également que, dans beaucoup de cas, le neuropsychologue n'est pas à lui seul capable de fournir une réponse aux questions posées dans le cadre de l'expertise ; un travail d'expertise bien conduit demande souvent une approche pluridisciplinaire des problèmes, impliquant le recueil de l'avis de différents intervenants, parmi lesquels le psychiatre joue à n'en pas douter un rôle de premier plan.

Au moment de conclure cet ouvrage, il nous paraît utile de revenir un instant sur la question des rapports entre, d'un côté, les facteurs de personnalité et l'histoire antérieure du sujet et, d'un autre côté, les handicaps consécutifs à l'atteinte cérébrale. Le travail d'expertise est habituellement fondé sur une démarche qui vise à distinguer, parmi les handicaps du patient, ceux qui pourraient relever de sa personnalité antérieure ou des événements qui ont marqué son histoire personnelle avant l'accident, de ceux qui résultent directement de l'atteinte cérébrale dont il a été la victime. Cette démarche d'autonomisation des variables causales est sous-tendue par le projet de ne pas faire endosser par les assurances la responsabilité de dysfonctionnements qui ont précédé l'accident. Et, à première vue, ce souci peut paraître légitime. Ainsi, il serait absurde de vouloir faire prendre en charge par les assurances un déficit de lecture s'il apparaît que, du fait par exemple d'une dyslexie acquise, le patient était incapable de lire avant l'accident; ou encore, de faire endosser aux assurances un retard mental préexistant au traumatisme.

Cette démarche analytique pose cependant de très nombreux problèmes interprétatifs et, dans bien des cas, cette dissociation est impraticable et ne paraît pas fondée sur le plan éthique. En effet, si à la suite d'une lésion cérébrale un patient se trouve dans un état dépressif majeur, il ne peut être simplement prétendu que l'accident ne joue aucun rôle dans cet état, en arguant du fait que ce patient a déjà présenté auparavant des épisodes dépressifs dans son existence, ou encore en suggérant qu'il a une personnalité antérieure particulièrement anxieuse. Les assurances n'interviennent pas auprès d'un individu idéal dépourvu de tout dysfonctionnement psychologique préalable. L'accident survient à un moment donné dans l'histoire d'un sujet particulier qui réagira aux événements traumatiques dont il est la victime avec la totalité de ses équipements psychologiques antérieurs, avec ses compétences culturelles et cognitives, avec son histoire particulière et en fonction du milieu social et familial dans lequel il se trouve inséré. Le handicap du sujet est fonction de l'ensemble de ces variables, et au sein de cet ensemble, les variables prémorbides ne sont pas dissociables des variables péri- et post-lésionnelles, car elles interagissent très largement entre elles. La question n'est donc pas d'établir qu'un sujet présentait auparavant des tendances dépressives, mais au contraire de prendre en compte l'impact négatif éventuel de ces tendances sur les chances de récupération et d'adaptation d'un sujet. Car déterminer les possibilités de récupération du patient et sa capacité d'adaptation à ses difficultés constitue en définitive l'objectif ultime de tout bilan neuropsychologique, qu'il soit ou non réalisé dans un contexte d'expertise.

Références

Adam, S. (2003). Nouvelles techniques d'évaluation de la mémoire : Procédure de dissociation des processus et paradigme R/K. In T. Meulemans, B. Desgranges, S. Adam & F. Eustache (Eds), *Evaluation et prise en charge des troubles mnésiques* (pp. 141-167). Marseille : Solal.

Adam, S. & Van der Linden, M. (2003). Epreuve de rappel indicé à 48 items destinée au diagnostic précoce de la maladie d'Alzheimer. In M. Van der Linden, S. Adam, J. Poitrenaud & F. Coyette (Eds), *Evaluation des troubles de la mémoire épisodique verbale : Elaboration et étalonnage de quatre tests de mémoire*. Marseille : Solal. (en préparation).

Alexander, M.P. (1998). In the persuit of proof of brain damage after whiplash injury. *Neurology, 51*, 336•340.

Alves, W.M., Colohan, A.R.T., O'Leary, T.J., Rimel, R.W. & Jane, J.A. (1986). Understanding posttraumatic symptoms after minor head injury. *Journal of Head Trauma and Rehabilitation, 1*, 1-12.

American Congress of Rehabilitation Medicine (1993). Definition of mild traumatic brain injury. *Journal of Head Trauma Rehabilitation, 8*, 86-87.

Anderson, S.W. & Tranel, D. (1989). Awareness of disease states following cerebral infarction, dementia, and head trauma : Standardized assessment. *The Clinical Neuropsychologist, 3*, 327-339.

Ansseau, M. (1997a). Inventaire d'anxiété Trait-Etat de Spielberger - STAI. In J.D. Guelfi (Ed.), *L'évaluation clinique standardisée en psychiatrie (Tome 1)* (pp. 349-354). Boulogne : Editions Médicales Pierre Fabre.

Ansseau, M. (1997b). Echelle de dépression de Carroll. In J.D. Guelfi (Ed.), *L'évaluation clinique standardisée en psychiatrie (Tome 1)* (pp. 261-267). Boulogne : Editions Médicales Pierre Fabre.

Anton, G. (1896). Blindheit nach beiderseitiger Gehirnerkrankung mit Verlust der Orientierung im Raume. *Mittheilungen des Vereines der Artze in Steiermark, 33*, 41-46.

Anton, G. (1898). Ueber Herderkrankungen des Gehirnes, welche vom Patenten selbst nicht wahrgenomen werden, *Wiener Klinische Wochenschrift, 11*, 227-229.

Arnett, P.A., Hammeke, T.A. & Schwartz, L. (1995). Quantitative and qualitative performance on Rey's 15-item test in neurological patients and dissimulators. *The Clinical Neuropsychologist, 9*, 17-26.

Aurich, L. (1990). The neuropsychologist as expert witness : Stepping into the adversarial arena. *Cognitive Rehabilitation, 8*, 22-28.

Azouvi, P., Jokic, C., Aboussaid, Z., Dufossé, I., Hanrion, S., Ndouna, F., Marlier, N., Samuel, C. & Bussel, B. (1994). Troubles de la mémoire de travail après traumatisme crânien grave. In C. Bergego & P. Azouvi (Eds), *Neuropsychologie des traumatismes crâniens graves de l'adulte* (pp. 113-122). Paris : Société de Neuropsychologie de Langue Française.

Babinsky, J. (1914). Contribution à l'étude des troubles mentaux dans l'hémiplégie organique cérébrale (anosognosie). *Revue Neurologique, 27*, 845-847.

Babinsky, J. (1918). Anosognosie. *Revue Neurologique, 31*, 365-367.

Baddeley, A., Emslie, H. & Nimmo-Smith, I. (1994). *Doors and people : A test of visual and verbal recall and recognition.* Suffolk : Thames Valley Test Company.

Baddeley, A.D. (1986). *Working memory.* Oxford : Clarendon Press.

Baddeley, A.D. & Hitch, G. (1974). Working memory. In G. Bower (Ed.), *The psychology of learning and motivation,* Vol. 8 (pp. 47-90). New York : Academic Press.

Baddeley, A.D., Emslie, H. & Nimmmo-Smith, I. (1988). Estimating premorbid intelligence. *Journal of Clinical and Experimental Neuropsychology, 10,* 326 (abstract).

Baddeley, A.D., Logie, R., Bressi, S., Della Sala, S. & Spinnler, H. (1986). Dementia and working memory. *The Quarterly Journal of Experimental Psychology, 38A,* 603-618.

Baker, R., Donders, J. & Thompson, E. (2000). Assessment of incomplete effort with the California Verbal Learning Test. *Applied Neuropsychology, 7,* 111-114.

Barnsley, L., Lord, S. & Bogduk, N. (1994). Whiplash injury. *Pain, 58,* 283-307.

Barona, A., Reynolds, C.R. & Chastain, R. (1984). A demographically based index of premorbid intelligence for the WAIS-R. *Journal of Consulting and Clinical Psychology, 52,* 885-887.

Barrash, J., Anderson, S.W., Jones, R.D. & Tranel, D. (1997). *Iowa rating scales of personality change.* Communication présentée au 25th annual meeting of the International Neuropsychological Society, février 1997, Orlando.

Beauregard, A. (1971). *Test des automatismes verbaux.* Paris : Editions Scientifiques et Psychotechniques.

Bechara, A., Damasio, A.R., Damasio, H. & Anderson, S. (1994). Insensitivity to future consequences following damage to human prefrontal cortex. *Cognition, 50,* 7-12.

Bernard, L.C. (1991). The detection of faked deficits on the Rey Auditory Verbal Learning Test : The effect of serial position. *Archives of Clinical Neuropsychology, 6,* 81-88.

Bernard, L.C., McGrath, M.J. & Houston, W. (1996). The differential effects of simulating malingering, closed head injury, and other CNS pathology on the Wisconsin Card Sorting Test : Support for the «Pattern of Performance» hypothesis. *Archives of Clinical Neuropsychology, 11,* 231-245.

Bernstein, D.M. (1999). Recovery from mild head injury. *Brain Injury, 13,* 151-172.

Berry, H. (2000). Chronic whiplash syndrome as a functional disorder. *Archives of Neurology, 57,* 592-594.

Bianchini, K.J., Mathias, C.W. & Greve, K.W. (2001). Symptom Validity Testing : A critical review. *The Clinical Neuropsychologist, 15,* 19-45.

Bigler, E.D. (1990). Neuropsychology and malingering : Comment on Faust, Hart, and Guilmette (1988). *Journal of Consulting and Clinical Psychology, 58,* 244-247.

Binder, L.M. (1986). Persisting symptoms after mild head injury : A review of the postconcussive syndrome. *Journal of Clinical and Experimental Neuropsychology, 8,* 323-346.

Binder, L.M. (1993). Assessment of malingering after mild head trauma with the Portland Digit Recognition Test. *Journal of Clinical and Experimental Neuropsychology, 15,* 170-182.

Binder, L.M. & Willis, S.C. (1991). Assessment of motivation after financially compensable minor head trauma. *Psychological Assessment : A Journal of Consulting and Clinical Psychology, 3,* 175-181.

Binder, L.M., Rohling, M.L. & Larrabee, G.J. (1997). A review of mild traumatic head injury. Part I : Meta-analytic review of neuropsychological studies. *Journal of Clinical and Experimental Neuropsychology, 19,* 421-431.

Bisiach, E., Vallar, G., Perani, D., Papagno, C. & Berti, A. (1986). Unawareness of disease following lesions of the right hemisphere : anosognosia for hemiplegia and anosognosia for heminopia. *Neuropsychologia, 24,* 759-767.

Blumer, D. & Benson, D.F. (1975). Personality changes with frontal and temporal lobe lesions. In D.F. Benson & D. Blumer (Eds), *Psychiatric aspects of neurologic disease*. New York : Grune & Stratton.

Bogduk, N. (2000). Whiplash : The evidence for an organic etiology. *Archives of Neurology, 57*, 590-591.

Bolan, B., Foster, J.K., Schmand, B. & Bolan, S. (2002). A comparison of three tests to detect feigned amnesia : The effects of feedback and measurement of response latency. *Journal of Clinical and Experimental Neuropsychology, 24*, 154-167.

Boone, K.B., Lu, P., Sherman, D., Palmer, B., Back, C., Shamieh, E., Warner-Chacon, K. & Berman, N.G. (2000). Validation of a new technique to detect malingering of cognitive symptoms : The b Test. *Archives of Clinical Neuropsychology, 15*, 227-241.

Bosma, F.K. & Kessels, R.P.C. (2002). Cognitive impairments, psychological dysfunction, and coping styles in patients with chronic whiplash syndrome. *Neuropsychiatry, Neuropsychology, and Behavioral Neurology, 15*, 56-65.

Botez, M.I. (1996). *Neuropsychologie clinique et neurologie du comportement* (Deuxième édition). Montréal : Les Presses de L'Université de Montréal, Masson.

Brickenkamp, R. (1966). *Le test d2 d'attention concentrée*. Paris : Editest.

Broadbent, D.E. (1958). *Perception and communication*. London : Pergamon Press.

Brooks, D.N. & McKinlay, W. (1983). Personality and behavioural change after severe blunt head injury : A relative's view. *Journal of Neurology, Neurosurgery and Psychiatry, 46*, 336-344.

Bryant, R.A. (2001). Posttraumatic stress disorder and traumatic brain injury : Can they co-exist? *Clinical Psychology Review, 21*, 931-948.

Burgess, P.W. (1997). Theory and methodology in executive function research. In P. Rabbit (Ed.), *Methodology of frontal and executive functions* (pp. 81-116). Hove : Psychology Press.

Burgess, P.W. & Shallice, T. (1996). Response suppression, initiation and strategy use following frontal lobe lesions. *Neuropsychologia, 34*, 263-273.

Buschke, H. (1973). Selective reminding for analysis of memory and learning. *Journal of Verbal Learning and Verbal Behavior, 12*, 543-550.

Calicis, F., Wyns, C., Van der Linden, M. & Coyette, F. (1991). Adaptation en langue française d'une procédure de rappel libre/indicé de Grober et Buschke. Travail non publié.

Campbell, D.C. & Oxbury, J.M. (1976). Recovery from unilateral visuospatial neglect, *Cortex, 12*, 303-312.

Chervinsky, A.B., Ommaya, A.K., deJonge, M., Spector, J., Schwab, K. & Salazar, A.M. (1998). Motivation for traumatic brain injury rehabilitation questionnaire (MOT-Q) : Reliability, factor analysis, and relationship to MMPI-2 variables. *Archives of Clinical Neuropsychology, 13*, 433-446.

Collette, F., Poncelet, M. & Majerus, S. (2003). L'évaluation des troubles de la mémoire de travail. In T. Meulemans, B. Desgranges, S. Adam & F. Eustache (Eds), *Evaluation et prise en charge des troubles mnésiques* (pp. 99-122). Marseille : Solal.

Colombo, A., De Renzi, E. & Faglioni, P. (1976). The occurence of visual neglect in patients with cerebral disease. *Cortex, 12*, 221-231.

Costa, L.D., Vaughan, H.G., Horwitz, M. & Ritter, W. (1969). Patterns of behavioral deficit associated with visual spatial neglect. *Cortex, 5*, 242-263.

Coull, J.T., Frith, C.D., Buchel, C. & Nobre, A.C. (2000). Orienting attention in time : Behavioural and neuroanatomical distinction between exogenous and endogenous shifts. *Neuropsychologia, 38*, 808-19.

Coull, J.T. & Nobre, A.C. (1998). Where and when to pay attention : The neural systems for directing attention to spatial locations and to time intervals as revealed by both PET and fMRI. *Journal of Neuroscience, 18*, 7426-7435.

Craik, F.I.M. & Lockhart, R.S. (1972). Levels of processing : A framework for memory research. *Journal of verbal Learning and Verbal Behavior, 11*, 671-684.

Crawford, J.R., Parker, D.M., Allan, K.M., Jack, A.M. et al. (1991). The short NART : Cross-validation, relationship to IQ and some practical considerations. *British Journal of Clinical Psychology, 30*, 223-229.

Crawford, J.R., Stewart, L.E., Parker, D.M., Besson, J.A. et al. (1989). Estimation of premorbid intelligence : Combining psychometric and demographic approaches improves predictive accuracy. *Personality and Individual Differences, 10*, 793-796.

Crawford, S., Wenden, F. & Wade, D.T. (1996). The Rivermead head injury follow up questionnaire : A study of a new rating scale and other measures to evaluate outcomes after head injury. *Journal of Neurology, Neurosurgery and Psychiatry, 60*, 510-514.

Curtiss, G. & Vanderploeg, R.D. (2000). Prevalence rates for neuropsychological malingering indexes in traumatic brain injury. *American Psychological Association Division 40 Newletter, 18*, 9-13.

Cutting, J. (1978). Study of anosognosia. *Journal of Neurology, Neurosurgery and Psychiatry, 41*, 548-555.

Damasio, A.R. (1995). *L'erreur de Descartes : La raison des émotions*. Paris : Editions Odile Jacob.

Davidson, R.J. (1993). Parsing affective space : Perspectives from neuropsychology and psychophysiology. *Neuropsychology, 7*, 464-475.

Davidson, R.J. (1998). Affective style and affective disorders : Perspectives from affective neuroscience. *Cognition and Emotion, 12*, 307-330.

Davidson, R.J. & Irwin, W. (1999). The functional neuroanatomy of emotion and affective style. *Trends in Cognitive Sciences, 3*, 11-21.

Davidson, R.J., Abercrombie, H., Nitschke, J.B. & Putnam, K. (1999). Regional brain function, emotion, and disorders of emotion. *Current Opinion in Neurobiology, 9*, 228-234.

De Kruijk, J.R., Twijnstra, A. & Leffers, P. (2001). Diagnostic criteria and differential diagnosis of mild traumatic brain injury. *Brain Injury, 15*, 99-106.

Delis, D., Kramer, J., Kaplan, E. & Ober, B. (1987). *California Verbal Learning Test-Adult version : Manual*. San Antonio, TX : Psychological Corporation.

Delis, D.C., Freeland, J., Kramer, J.H. & Kaplan, E. (1988). Integrating clinical assessment with cognitive neuroscience : Construct validation of the California Verbal Learning Test. *Journal of Consulting and Clinical Psychology, 56*, 123-130.

Desgranges, B. & Eustache, F. (2003). L'évaluation classique de la mémoire épisodique. In T. Meulemans, B. Desgranges, S. Adam & F. Eustache (Eds), *Evaluation et prise en charge des troubles mnésiques* (pp. 123-140). Marseille : Solal.

Deutch, J.A. & Deutch, D. (1963). Attention : Some theoretical considerations. *Psychological Review, 70*, 80-90.

Deweer, B., Benoît, N., Ergis, A.M., Eustache, F., Pillon, B. & Van der Linden, M. (2003). *Le California Verbal Learning Test : Adaptation française et normalisation*. En préparation.

Dieter, J.N.I. (1999). Neuropsychology of minor head injury. In B. Swerdlow (Ed.), *Whiplash and related headaches* (pp. 879-915). London : CRC Press.

Diller, L. (1982). Diagnostic et thérapie des troubles perceptuels lors de lésions de l'hémisphère droit. In X. Seron & C. Laterre (Eds), *Rééduquer le cerveau : Logopédie, psychologie, neurologie* (pp. 205-227). Bruxelles : Mardaga.

Di Stefano, G. & Radanov, B.P. (1995). Course of attention and memory after common whiplash : A two year prospective study with age, education, and gender matched patients. *Acta Neurologica Scandinavica, 91*, 346-352.

Di Stefano, G. & Radanov, B.P. (1996). Quantitative and qualitative aspects of learning and memory in common whiplash patients : A 6-month follow-up study. *Archives of Clinical Neuropsychology, 11*, 661-676.

Dodrill, C.B. (1997). Myths of neuropsychology. *The Clinical Neuropsychologist, 11*, 1-17.

Duncan, J., Johnson, R., Swales, M. & Freer, C. (1997). Frontal lobe deficits after head injury : Unity and diversity of function. *Cognitive Neuropsychology, 14*, 713-741.

Duncan, J., Seitz, R.J., Kolodny, J., Bor, D., Herzog, H., Ahmed, A., Newell, F.N. & Emslie, H. (2000). A neural basis for general intelligence. *Science, 289*, 457-460.

Dvorak, J. & Panjabi, N.M. (1987). Functional anatomy of the alar ligaments. *Spine, 12*, 183-189.

Ettlin, T.M., Kischka, U., Reichmann, S.R., Radii, E.W., Heim, S., Wengen, D. & Benson, F. (1992). Cerebral symptoms after whiplash injury of the neck : A prospective clinical and neuropsychological study of whiplash injury. *Journal of Neurology, Neurosurgery and Psychiatry, 55*, 943-948.

Evans, R.W., Evans, R.I. & Sharp, M.J. (1994). The physician survey on the post-concussion and whiplash syndromes. *Headache, 34*, 268-274.

Faust, D., Hart, K.J., Guilmette, T.J. & Arkes, H.R. (1988). Neuropsychologists' capacity to detect adolescent malingerers. *Professional Psychology : Research and Practice, 19*, 508-515.

Faust. D. (1998). Forensic assessment. In A.S. Bellack et M. Hersen (Eds), *Comprehensive clinical psychology*, Vol. 4 (pp. 563-599). Elsevier Science.

Flekkoy, K., Bjorklund, R. & Bakke, I. (1994). *Indication of asymmetrical cortical deactivation in chronic whiplash*. Paper presented at the 22nd Annual International Neuropsychological Society Conference, San Diego, CA.

Gainotti, G. (1972). Emotional behavior and hemisphere side of lesion. *Cortex, 8*, 41-55.

Gainotti, G., Azzoni, A., Razzano, C., Lanzillotta, M., Marra, C. & Gasparini, F. (1997). The post-stroke depression rating scale : A test specifically devised to investigate affective disorders of stroke patients. *Journal of Clinical and Experimental Neuropsychology, 19*, 340-356.

Gainotti, G., D'Erme, P., Villa, G. & Caltagirone, C. (1986). Focal brain lesions and intelligence : A study with a new version of Raven's Colored Matrices. *Journal of Clinical and Experimental Neuropsychology, 14*, 239-252.

Gargan, M., Bannister, G., Main, C. & Hollis, S. (1997). The behavioural response to whiplash injury. *Journal of Bone and Joint Surgery, 79*, 523-526.

Gass, C.S. & Wald, H.S. (1997). MMPI-2 interpretation and closed-head trauma : Cross-validation of a correction factor. *Archives of Clinical Neuropsychology, 12*, 199-205.

Gathercole, S.E. & Baddeley, A.D. (1993). *Working memory and language*. Hove : Erlbaum.

Gauthier, L., Dehaut, F. & Joanette, Y. (1989). The Bells test : A quantitative and qualitative test for visual neglect. *International Journal of Clinical Neuropsychology, 11*, 49-54.

Gimse, R., Bjorgen, I., Tjell, C., Tyssedal, J. & Bo, K. (1997). Reduced cognitive functions in a group of whiplash patients with demonstrated disturbances in posture control system. *Journal of Clinical and Experimental Neuropsychology, 19*, 838-849.

Goldberg, J.O. & Miller, H.R. (1986). Performance of psychiatric inpatients and intellectually deficient individuals on a task that assesses the validity of memory complaints. *Journal of Clinical Psychology, 42*, 792-795.

Goldman-Rakic, P. (1995). Architecture of the prefrontal cortex and the central executive. In J. Grafman, K.J. Holyoak & F. Boller (Eds), Structure and functions of the prefrontal cortex. *Special issue of the Annals of the New York Academy of Science, 769*, pp. 71-84.

Goldstein, F.C. & Levin, H.S. (1989). Manifestations of personality change after closed-head injury. In E. Perecman (Ed.), *Integrating theory and practice in clinical neuropsychology* (pp. 217-243). Hillsdale, NJ : Lawrence Erlbaum Associates.

Gouvier, W.D., Hayes, J.S. & Smiroldo, B.B. (1998). The significance of base rates, test sensitivity, test specificity, and subjects' knowledge of symptoms in assessing TBI sequelae and malingering. In C.R. Reynolds (Ed.), *Detection of malingering during head injury litigation* (pp. 55-80). New York : Plenum Press.

Grafman, J. (1995). Similarities and distinctions among current models of prefrontal cortical functions. In J. Grafman, K.J. Holyoak & F. Boller (Eds), Structure and functions of the prefrontal cortex. *Special issue of the Annals of the New York Academy of Science, 769*, pp. 337-368.

Greve, K.W. & Bianchini, K.J. (2002). Using the Wisconsin Card Sorting Test to detect malingering : An analysis of the specificity of two methods in nonmalingering normal and patient samples. *Journal of Clinical and Experimental Neuropsychology, 24*, 48-54.

Griffin, S.L., Mindt, M.R., Rankin, E.J., Ritchie, A.J. & Scott, J.G. (2002). Estimating premorbid intelligence : Comparison of traditional and contemporary methods across the intelligence continuum. *Archives of Clinical Neuropsychology, 17*, 497-507.

Grober, E. & Buschke, H. (1987). Genuine memory deficits in dementia. *Developmental Neuropsychology, 3*, 13-36.

Gronwall, D. (1977). Paced Auditory Serial Addition Task : A measure of recovery from concussion. *Perceptual and Motor Skills, 44*, 367-373.

Gronwall, D. & Sampson, H. (1974). *The psychological effects of concussion*. Auckland : Auckland University Press.

Gross, H., Kling, A., Henry, G., Herndon, C. & Lavretsky, H. (1996). Local cerebral glucose metabolism in patients with long-term behavioral and cognitive deficits following mild traumatic brain injury. *Journal of Neuropsychiatry and Clinical Neurosciences, 8*, 324-334.

Gudjonsson, G.H. & Shackleton, H. (1986). The pattern of scores on Raven's Matrices during «faking bad» and «nonfaking» performance. *British Journal of Clinical Psychology, 25*, 35-41.

Guilmette, T.J. & Hagan, L.D. (1997). Ethical considerations in forensic neuropsychological consultation. *The Clinical Neuropsychologist, 11*, 287-290.

Guilmette, T.J., Hart, K.J. & Guiliano, A.J. (1993). Malingering detection : The use of forced-choice method in identifying organic versus simulated memory impairment. *The Clinical Neuropsychologist, 7*, 59-69.

Habib, M. (1995). Troubles de l'action et de la motivation en neurologie : Proposition d'une échelle d'évaluation. *L'Encéphale, 21*, 563-570.

Habib, M. & Bachkine, S. (Eds) (1998). Neuropsychologie des émotions (numéro spécial). *Revue de Neuropsychologie, 7*, 467-761.

Hamilton, J.M., Finlayson, M.A.J. & Alfano, D.P. (1995). Dimensions of neurobehavioural dysfunction : Cross-validation using a head-injured sample. *Brain Injury, 9*, 479-485.

Hanley, J.R., Baker, G.A. & Ledson, S. (1999). Detecting the faking of amnesia : A comparison of the effectiveness of three different techniques for distinguishing simulators from patients with amnesia. *Journal of Clinical and Experimental Neuropsychology, 2*, 59-69.

Hansenne, M. (2003). *Psychologie de la personnalité*. Bruxelles : De Boeck Université.

Hathaway, S.R. & McKinley, J.C. (1996). *MMPI-2. Inventaire multiphasique de personnalité du Minnesota – 2*. Paris : Les Editions du Centre de Psychologie Appliquée.

Heaton, R.K., Grant, I. & Matthews, C.G. (1991). *Comprehensive norms for an expanded Halstead-Reitan Battery*. Odessa : Psychological Assessment Resources.

Heaton, R.K., Smith, H.H., Lehman, R.A.W. & Vogt, A.T. (1978). Prospects for faking believable deficits on neuropsychological testing. *Journal of Consulting and Clinical Psychology, 46*, 892-900.

Henry, G.K., Gross, H.S., Herndon, C.A. & Furst, C.J. (2000). Nonimpact brain injury : Neuropsychological and behavioral correlates with consideration of physiological findings. *Applied Neuropsychology, 7*, 65-75.

Hiscock, M. & Hiscock, C.K. (1989). Refining the forced choice method for the detection of malingering. *Journal of Clinical and Experimental Psychology, 11*, 967-974.

Hodge (1971). The whiplash neurosis. *Psychosomatics, 12*, 245-249.

Hohl, M. (1974). Soft tissue injuries of the neck in automobile accidents : Factors influencing prognosis. *Journal of Bone and Joint Surgery, 56A*, 1675-1682.

Iverson, G.L. & Franzen, M.D. (1996). Using multiple objective memory procedures to detect simulated malingering. *Journal of Clinical and Experimental Neuropsychology, 18*, 38-51.

Iverson, G.L. & Franzen, M.D. (1998). Detecting malingering memory deficits with the Recognition Memory Test. *Brain Injury, 12*, 275-282.

Iverson, G.L. & McCracken, L.M. (1997). «Postconcussive» symptoms in persons with chronic pain. *Brain Injury, 11*, 783-790.

Juillerat, A.C. & Peter-Favre, C. (2003). *Adaptation française de l'Echelle d'Iowa des changements de personnalité.* En préparation.

Karlsborg, M., Smed, A., Jesperen, H., Stephensen, S., Cortsen, M., Jennum, P., Herning, M., Korfitsen, E. & Werdelin, L. (1997). A prospective study of 39 patients with whiplash. *Acta Neurologica Scandinavica, 95*, 65-72.

Kathol, R. (1996). Unexplained neurologic complaints. In M. Rizzo & D. Tranel (Eds), *Head injury and postconcussive syndrome* (pp. 321-332). New York : Churchill Livingstone.

Kessels, R.P.C., Aleman, A., Verhagen, W.I.M. & Van Luijtelaar, E.L.J.M. (2000). Cognitive functioning after whiplash injury : A meta-analysis. *Journal of the International Neuropsychological Society, 6*, 271-278

Kimberg, D.Y. & Farah, M.J. (1993). A unified account of cognitive impairments following frontal lobe damage : The role of working memory in complex, organized behavior. *Journal of Experimental Psychology : General, 122*, 411-428.

King, N.S. (1996). Emotional, neuropsychological, and organic factors : Their use in the prediction of persisting postconcussion symptoms after moderate and mild head injuries. *Journal of Neurology, Neurosurgery and Psychiatry, 61*, 75-81.

Kischka, U., Ettlin, T.H. & Heim, S. (1991). Cerebral symptoms following whiplash injury. *European Neurologist, 31*, 136-140.

Landsell, H.C. (1968). Effect of extent of temporal lobe ablations on lateralized deficits. *Physiological Behavior, 3*, 271-273.

Leclercq, M., Deloche, G & Rousseaux, M. (2002). Attentional complaints evoked by traumatic brain-injured and stroke patients : Frequency and importance. In M. Leclercq & P. Zimmermann (Eds), *Applied neuropsychology of attention : Theory, diagnosis and rehabilitation* (pp. 89-109). London : Psychology Press.

Leclercq, M. & Zimmermann, P. (2000). L'évaluation des fonctions attentionnelles. In X. Seron & M. Van der Linden (Eds), *Traité de neuropsychologie clinique (Tome 1)* (pp. 95-114). Marseille : Solal.

LeDoux, J.E. (1996). *The emotional brain : The mysterious underpinnings of emotional life.* New York : Simon and Schuster.

Lee, J., Giles, K. & Drummond, P.D. (1993). Psychological disturbances and an exaggerated response to pain in patients with whiplash injury. *Journal of Psychosomatic Research, 37*, 105-110.

Lees-Haley, P. R. & Brown, R. S. (1993). Neuropsychological complaint base rates of 170 personal injury claimants. *Archives of Clinical Neuropsychology, 8*, 203-209.

Leininger, B.E., Grambling, S.E. & Farrell, A.D. (1990). Neuropsychological deficits in symptomatic minor head injury patients after concussion and mild concussion. *Journal of Neurology, Neurosurgery and Psychiatry, 53*, 293-296.

Leininger, B.E., Kreutzer, J.S. & Hill, M.R. (1991). Comparison of minor and severe head injury emotional sequelae using the MMPI. *Brain Injury, 5,* 199-205.

Levin, H.S., High, W.M., Goethe, K.E., Sisson, R.A., Overall, J.E., Rhoades, H.M. Eisenberg, H.M., Kalisky, Z. & Gary, H.E. (1987). The neurobehavioural rating scale : Assessment of the behavioural sequelae of head injury by the clinician. *Journal of Neurology, Neurosurgery and Psychiatry, 50,* 182-193.

Levin, H.S., Mazaux, J.M. & Vanier, M. (1994). *Echelle neurocomportementale révisée.* Issy les Moulineaux : E.A.P.

Lhermitte, F., Pillon, B. & Serdaru, M. (1986). Human autonomy and the frontal lobes. Part I : Imitation and utilization behaviors : A neuropsychological study of 75 patients. *Annals of Neurology, 19,* 326-334.

Lilienfeld, S.O., Wood, J.M. & Garb, H.N. (2000). The scientific status of projective techniques. *Psychological Science in the Public Interest, 1,* 27-66.

Loftus, E. & Marburger, W. (1983). Since the eruption of Mt. St. Helens, has anyone beaten you up? Improving the accuracy of retrospective reports with landmark events. *Memory and Cognition, 11,* 114-120.

Logie, R.H. (1993). Working memory in everyday cognition. In G.M. Davies & R.H. Logie (Eds), *Memory in everyday life* (pp. 173-218). Amsterdam : Elsevier Publishers B.V.

Luria, A.R. (1969). Frontal lobe syndromes. In P.J. Vincken & G.W. Bruyn (Eds), *Handbook of Clinical Neurology,* Vol. 3 (pp. 725-757). Amsterdam : North Holland.

Luria, A.R. (1973). *The working brain, an introduction to neuropsychology.* London : Penguin Press.

MacFlynn, G., Montgomery, E.A., Fenton, G.W. & Rutherford, W. (1984). Measurement of reaction time following minor head injury. *Journal of Neurology, Neurosurgery and Psychiatry, 47,* 1326-1331.

Malia, K., Powell, G. & Torode, S. (1995). Personality and psychosocial function after brain injury. *Brain Injury, 9,* 697-712.

Matagne, M. (Ed.) (2001). *La réparation du préjudice corporel.* Actes du colloque organisé à Huy par l'Association des Médecins Experts Judiciaires et par le Jeune Barreau de Huy, le 16 juin 2001.

Mathias, J.L. & Coats, J.L. (1999). Emotional and cognitive sequelae to mild traumatic brain injury. *Journal of clinical and Experimental Neuropsychology, 21,* 200-215.

McGlynn, S.M. & Kaszniak, A.W. (1991). Unawareness of deficits in dementia and schyzophrenia. In G.P. Prigatano & D.L. Schacter (Eds), *Awareness of deficit after brain injury, clinical and theoretical issues* (pp. 84-110). New York : Oxford University Press.

Mendelson, G. (1982). Not « cured by the verdict » : Effect of legal settlement on compensation claimants. *Medical Journal of Australia, 2,* 132-134.

Meulemans, T. (2003). L'évaluation des troubles de la mémoire dans le cadre de l'expertise médico-légale. In T. Meulemans, B. Desgranges, S. Adam & F. Eustache (Eds), *Evaluation et prise en charge des troubles mnésiques* (pp. 249-266). Marseille : Solal.

Meulemans, T. & Seron, X. (2000). L'évaluation dans le cadre de l'expertise médico-légale. In X. Seron & M. Van der Linden (Eds), *Traité de neuropsychologie clinique (Tome 1)* (pp. 387-404). Marseille : Solal.

Meulemans, T. & Vincent, E. (1999). Modifications des conduites émotionnelles chez les patients atteints de lésions frontales. In M. Van der Linden, X. Seron, D. Le Gall & P. Andrès (Eds), *Neuropsychologie des lobes frontaux* (pp. 309-325). Marseille : Solal.

Meulemans, T., Adam, S. & Palma-Duran, C. (2003). Cross-validation of the process-dissociation procedure and the Amsterdam Short-Term Memory test for the detection of feigned memory deficits. En préparation.

Meulemans, T., Collet, D. & Marczewski, Ph. (2002). *Influence de l'anxiété induite sur la mémoire de travail*. Communication affichée présentée aux Journées de Printemps de la Société de Neuropsychologie de Langue Française. Liège, 24-25 mai 2002.

Meulemans, T., Coyette, F. & Van der Linden, M. (2003). *Adaptation et validation du test informatisé de Brown-Peterson*. En préparation.

Meulemans, T., Desgranges, B., Adam, S. & Eustache, F. (Eds) (2003). *Evaluation et prise en charge des troubles mnésiques*. Marseille : Solal.

Meulemans, T., Van der Linden, M., Seron, X. & Juillerat, A.C. (2000). L'évaluation des conduites émotionnelles, de la personnalité et de la motivation. In X. Seron & M. Van der Linden (Eds), *Traité de neuropsychologie clinique (Tome 1)* (pp. 301-317). Marseille : Solal.

Meyers, J.E., Morrison, A.L. & Miller, J.C. (2001). How low is too low, revisited : Sentence repetition and AVLT-recognition in the detection of malingering. *Applied Neuropsychology, 8*, 234-241.

Miceli, G., Caltagirone, C. & Gainotti, G. (1981). Neuropsychological correlates of localized cerebral lesions in non-aphasic brain-damaged patients. *Journal of Clinical and Experimental Neuropsychology, 3*, 53-63.

Milanovich, J.R., Axelrod, B.N. & Millis, S.R. (1996). Validation of the Simulation Index-Revised with a mixed clinical population. *Archives of Clinical Neuropsychology, 11*, 53-59.

Miller, E. (1991). Some basic principles of neuropsychological assessment. In J.R. Crawford, D.M. Parker & W.W. McKinlay (Eds), *A handbook of neuropsychological assessment* (pp.7-20). Hove : Lawrence Erlbaum Associates Ltd.

Miller, L.M. (1998). Motor vehicle accidents : Clinical, neuropsychological, and forensic considerations. *Journal of Cognitive Rehabilitation, 16*, 10-23.

Millis, S., Putnam, S., Adams, K. & Ricker, J. (1995). The California Verbal Learning Test in the detection of incomplete effort in neuropsychological evaluation. *Psychological Assessment, 7*, 463-471.

Millis, S.R. & Volinsky, C.T. (2001). Assessment of response bias in mild head injury : Beyond malingering tests. *Journal of Clinical and Experimental Neuropsychology, 23*, 809-828.

Milner, B. (1971). Interhemispheric differences in the localization of psychological processes in man. *British Medical Bulletin, 27*, 272-277.

Miyake, A., Friedman, N.P., Emerson, M.J., Witzki, A.H. & Howerter, A. (2000). The unity and diversity of executive functions and their contribution to complex «frontal lobe» tasks : A latent variable analysis. *Cognitive Psychology, 41*, 49-100.

Morris, N. & Jones, D.M. (1990). Memory updating in working memory : The role of the central executive. *British Journal of Psychology, 81*, 111-121.

Mosimann, U.P., Muri, R.M., Felblinger, J. & Radanov, B.P. (2000). Saccadic eye movement disturbances in whiplash patients with persistent complaints. *Brain, 123*, 828-835.

Nelson, H.E. (1982). *The National Adult Reading Test (NART) : Test Manual*. Windsor, Berks, U.K. : NFER-Nelson.

Nelson, H.E. & O'Connell, A. (1978). Dementia : The estimation of premorbid intelligence levels using the National Adult Reading Test. *Cortex, 14*, 234-244.

Nelson, L., Satz, P. & D'Elia, L. (1994). *The Neurobehavioral Behavior and Affect Profile*. Palo Alto, CA : Mind Garden Press.

Nelson, L.D. & Cicchetti, D. (1995). Assessment of emotional functioning in brain-impaired individuals. *Psychological Assessment, 7*, 404-413.

Norman, D.A. & Shallice, T. (1986). Attention to action : Willed and automatic control of behavior. In R.J. Davidson, G.E. Schwartz & D. Shapiro (Eds), *Consciousness and self regulation. Advances in research and theory* (pp. 1-18). New-York : Plenum Press.

Nyberg, L., Cabeza, R. & Tulving, E. (1996). PET studies of encoding and retrieval : The HERA model. *Psychonomic Bulletin & Review, 3*, 135-148.

Obelieniene, D., Schrader, H., Bovim, G., Miseviciene, I. & Sand, T. (1999). Pain after whiplash : A prospective controlled inception cohort study. *Journal of Neurology, Neurosurgery and Psychiatry, 66*, 279-283.

Oddy, M., Coughlan, T., Tyerman, A. & Jenkins, D. (1985). Social adjustment after closed head injury : A further follow-up seven years after injury. *Journal of Neurology, Neurosurgery and Psychiatry, 48*, 564-568.

Otte, A., Ettlin, T., Fierz, L. & Mueller-Brand, J. (1996). Parieto-occipital hypoperfusion in late whiplash syndrome : First quantitative SPECT study using technetium-99 bicisate (ECD). *European Journal of Nuclear Medicine, 23*, 72-74.

Otte, A., Mueller-Brand, J. & Fierz, L. (1995). Brain SPECT findings in late whiplash syndrome. *Lancet, 345*, 1513.

Palmer, B.W., Boone, K.B., Allman, L. & Castro, D.B. (1995). Co-occurrence of brain lesions and cognitive deficit exaggeration. *The Clinical Neuropsychologist, 9*, 68-73.

Parasuraman, R., Warm, J.S. & See, J. (1998). Brain systems of vigilance. In R. Parasuraman (Ed.), *The attentive brain* (pp. 221-256). Cambridge, MA : MIT Press.

Parker, R.S. (1995). The distracting effects of pain, headaches, and hyper-arousal upon employment after «minor head injury». *Journal of Cognitive Rehabilitation, 13*, 14-23.

Parker, R.S. (1996). The spectrum of emotional distress and personality changes after minor head injury incurred in a motor vehicle accident. *Brain Injury, 10*, 287-302.

Paul, D.S., Franzen, M.D., Cohen, S.H. & Fremouw, W. (1992). An investigation into the reliability and validity of two tests used in the detection of dissimulation. *International Journal of Clinical Neuropsychology, 14*, 1-9.

Pearce (1994). Polemics of chronic whiplash injury. *Neurology, 44*, 1993-1997.

Pearce, J.M.S. (1999). A critical appraisal of the chronic whiplash syndrome. *Journal of Neurology, Neurosurgery and Psychiatry, 66*, 273•276.

Pennie, B.H. & Agambar, L.J. (1990). Whiplash injuries : A trial of early management. *Journal of Bone and Joint Surgery, 72B*, 277-279.

Ponsford, J. & Kinsella, G. (1992). Attentional deficits following closed head injury. *Journal of Clinical and Experimental Neuropsychology, 14*, 822-838.

Posner, M.I. & Boies, S.J. (1971). Components of attention. *Psychological Review, 78*, 391-408.

Posner, M.I. & Rafal, R.D. (1987). Cognitive theories of attention and the rehabilitation of attentional deficits. In R.J. Meier, L. Diller & A.C. Benton (Eds), *Neuropsychological rehabilitation* (pp. 182-201). New York : The Guilford Press.

Powell, B.D., Brossart, D.F. & Reynolds, C.R. (2003). Evaluation of the accuracy of two regression-based methods for estimating premorbid IQ. *Archives of Clinical Neuropsychology, 18*, 277•292.

Prigatano, G.P. (1992). Personality disturbances associated with traumatic brain injury. *Journal of Consulting and Clinical Psychology, 60*, 360-368.

Prigatano, G.P. & Schacter, D.L. (1991). *Awareness of deficit after brain injury : Clinical and theoretical issues*. New York : Oxford University Press.

Rabbit, P. (1997). Introduction : Methodologies and models in the study of executive function. In P. Rabbit (Ed.), *Methodology of frontal and executive function* (pp. 1-38). Hove : Psychology Press.

Radanov, B.P. & Dvorak, J. (1996). Spine update : Impaired cognitive functioning after whiplash injury of the cervical spine. *Spine, 21*, 392-397.

Radanov, B.P., Bicik, I., Dvorak, J., Antinnes, J., von Schulthess, G.K. & Buck, A. (1999). Relation between neuropsychological and neuroimaging findings in patients with late whiplash syndrome. *Journal of Neurology, Neurosurgery and Psychiatry, 66*, 485-489.

Radanov, B.P., DiStefano, G.D. & Schnidrig, A. (1991). Role of psychosocial stress in recovery from common whiplash. *Lancet, 338*, 712-715.

Radanov, B.P., Dvorak, J. & Valach, L. (1992). Cognitive deficits in patients after soft tissue injury of the cervical spine. *Spine, 17*, 127-131.

Radanov, B.P., Hirlinger, I., Di Stefano, G. & Valach, L. (1992). Attentional processing in cervical spine syndromes. *Acta Neurologica Scandinavica, 85*, 358-362.

Radanov, B.P., Schaefer, B.P., Dvorak, J., Blum, B., Weber, B., Burger, C., von Schulthess, G.K. & Buck, A. (1998). PET and SPECT in late whiplash syndrome. *Neurology, 51*, 345-350.

Raven, J.C. (1960). *Guide to the standard progressive matrices.* London : H.K. Lewis.

Rawling, P.J. (1994). The use of neuropsychological techniques to detect simulated cognitive impairment. In S. Touyz, D. Byrne & A. Gilandas (Eds), *Neuropsychology in clinical practice* (pp. 401-416). Sydney : Academic Press.

Rawling, P.J. & Brooks, D.N. (1990). Simulation index : A method for detecting factitious errors on the WAIS-R and WMS. *Neuropsychology, 4*, 223-238.

Rectem, D. & Hanoteau, C. (2003). *Adaptation française de l'Amsterdam Short-Term Memory Test.* En préparation.

Rey, A. (1941). L'examen psychologique dans les cas d'encéphalopathie traumatique. *Archives de Psychologie, 28*, 286-340.

Rey, A. (1964). *L'examen clinique en psychologie.* Paris : Presses Universitaires de France.

Reynolds, C.R. (1998). *Detection of malingering during head injury litigation.* New York : Plenum.

Rimel, R.W., Giordani, B., Barth, J.T., Boll, T.J. & Jane, J.A. (1981). Disability caused by minor head injury. *Neurosurgery, 9*, 221-228.

Roberts, M.A., Manshadi, F.F., Bushnell, D.L. & Hines, M.E. (1995). Neurobehavioral dysfunction following mild traumatic brain injury in childhood : A case report with positive findings on positron emission tomography (PET). *Brain Injury, 9*, 427-436.

Robinson, J. (1986). Temporal reference systems and autobiographical memory. In D.C. Rubin (Ed.), *Autobiographical memory* (pp. 159-191). Cambridge : Cambridge University Press.

Robinson, R.G., Kubos, K.L., Starr, L.B., Reo, K. & Price, T.R. (1984). Mood disorders in stroke patients. Importance of localisation of lesion. *Brain, 107*, 81-93.

Rondia, C. (2001). *Evaluation de composantes attentionnelles et analyse des effets du modafinil dans la narcolepsie.* Mémoire de licence non publié, Université catholique de Louvain.

Rose, F.E., Hall, S. & Szalda-Petree, A.D. (1995). Portland Digit Recognition Test-Computerised : Measuring response latency improves the detection of malingering. *Clinical Neuropsychologist, 9*, 124•134.

Rose, F.E., Hall, S., Szalda-Petree, A.D. & Bach, P.J. (1998). A comparison of four tests of malingering and the effects of coaching. *Archives of Clinical Neuropsychology, 13*, 349-364.

Rubens, A.B. & Garrett, M.F. (1991). Anosognosia of linguistic deficits in patients with neurological deficits. In G.P. Prigatano & D.L. Schacter (Eds), *Awareness of deficit after brain injury : Clinical and theoretical issues* (pp. 40-52). New York : Oxford University Press.

Sackheim, H.A., Greeberg, M.S., Weiman, A.L., Gur, R.C., Hungerbuhler, J.P. & Geschwind, N. (1982). Hemispheric asymmetry in the expression of positive and negative emotions. *Archives of Neurology, 39*, 210-218.

Satz, P., Holsten, S.G., Uchiyama, C.L., Shimahara, G., Mitrushina, M., Forney, D.L., Zaucha, K., Light, R., Asarnow, R., Drebing, C., Kline, A.E., van Gorp, W., Nelson, L.D., Foster, J., Fahy, J. & Namerow, N. (1996). Development and evaluation of validity scales for the Neuropsychology Behavior and Affect Profile : A dissembling study. *Psychological Assessment, 8*, 115-124.

Schacter, D.L. (1991). Unawareness of deficit and unawareness of knowledge in patients with memory disorders. In G.P. Prigatano & D.L. Schacter (Eds), *Awareness of deficit after brain injury : Clinical and theoretical issues* (pp. 127-151). New York : Oxford University Press.

Schacter, D.L., Wagner, A.D. & Buckner, R.L. (2000). Memory systems of 1999. In E.Tulving & F.I.M. Craik (Eds), *The Oxford handbook of memory* (pp. 627-643). New York : Oxford University Press.

Schagen, S., Schmand, B., de Sterke, S. & Lindeboom, J. (1997). Amsterdam Short-term Memory Test : A new procedure for the detection of feigned memory deficits. *Journal of Clinical and Experimental Neuropsychology*, *19*, 43-51.

Schmand, B., Lindeboom, J., Schagen, S., Heijt, R., Koene, T. & Hamburger, J.L. (1998). Cognitive complaints in patients after whiplash injury : The impact of malingering. Journal of Neurology, Neurosurgery and Psychiatry, 64, 339•342.

Schneider, W. & Shiffrin, R.M. (1977). Controlled and automatic human information processing. I Detection, search and attention. *Psychological Review*, *84*, 1-66.

Schrader, H., Obelieniene, D., Bovim, G., Surkiene, D., Mickeviciene, D., Miseviciene, I. & Sand, T. (1996). Natural evolution of late whiplash syndrome outside the medicolegal context. *Lancet*, *347*, 1207-1211.

Schretlen, D.J. (1997). Dissimulation on the Rorschach and other projective measures. In R. Rogers (Ed.), *Clinical assessment of malingering and deception* (2nd ed.; pp. 208-222). New York : Guilford.

Schwartz, M.F. (1995). Re-examining the role of executive functions in routine action production. In J. Grafman, K.J. Holyoak & F. Boller (Eds), Structure and functions of the prefrontal cortex. *Special issue of the Annals of the New York Academy of Science*, *769*, pp. 321-336.

Schwartz, M.F., Montgomery, M.W., Buxbaum, L.J., Lee, S.S., Carew, T.J., Coslett, H.B., Farraro, M., Fitzpatrick-DeSalme, E.J., Hart, T. & Mayer, N. (1998). Naturalistic action impairment in closed head injury. *Neuropsychology*, *12*, 13-28.

Seron, X. (1993). *La neuropsychologie cognitive*. Paris : Presses Universitaires de France (Collection Que sais-je).

Seron, X. & Van der Linden, M. (Eds) (2000). *Traité de neuropsychologie clinique (Tome 2)*. Marseille : Solal.

Seron, X., Coyette, F., Deloche, G., Frederix, M. & Hirsbrunner, T. (1985). *Groupe Zorglub : Programmes de tests d'attention et d'héminégligence. Fascicule de normalisation*. Monographie.

Seron, X., Van der Linden, M. & Andrès, P. (1999). Le lobe frontal : À la recherche de ses spécificités fonctionnelles. In M. Van der Linden, X. Seron, D. Le Gall & P. Andrès (Eds), *Neuropsychologie des lobes frontaux* (pp. 33-88). Marseille : Solal.

Shallice, T. (1982). Specific impairments of planning. *Philosophical Transactions of the Royal Society of London B*, *298*, 199-209.

Shallice, T. (1988). *From neuropsychology to mental structure*. Cambridge : Cambridge University Press.

Shallice, T. (1995). Symptômes et modèles en neuropsychologie : Des schémas aux réseaux, Paris : Presses Universitaires de France.

Shallice, T. & Burgess, P.W. (1991). Deficits in strategy application following frontal lobe damage in man. *Brain*, *114*, 727-741.

Shifrin, L.L. (1991). Bilateral abducens nerve palsy after cervical spine extension injury. A case report. *Spine*, *16*, 374-375.

Slick, D.J., Iverson, G.L. & Green, P. (2000). California Verbal Learning Test indicators of suboptimal performance in a sample of head-injury litigants. *Journal of Clinical and Experimental Neuropsychology*, *22*, 569-579.

Slick, D.J., Sherman, E.M.S. & Iverson, G.L. (1999). Diagnostic criteria for malingered neurocognitive dysfunction : Proposed standards for clinical practice and research. *The Clinical Neuropsychologist, 13*, 545-561.

Sokolof, Y.N. (1963). *Perception and the conditionned reflex.* New York : Macmillan.

Spreen, O. & Strauss, E. (1991). *A compendium of neuropsychological tests : Administration, norms and commentary.* New York : Oxford University Press.

Starkstein, S.E., Fedoroff, J.P., Price, T.R., Leiguarda, R. & Robinson, R.G. (1992). Anosognosia in patients with cerebrovascular lesions. *Stroke, 23*, 1446-1453.

Starkstein, S.E., Fedoroff, J.P., Price, T.R., Leiguarda, R. & Robinson, R.G. (1993). Neuropsychological deficits in patients with anosognosia. *Neuropsychiatry, Neuropsychology and Behavioral Neurology, 6*, 43-48.

Strauss, E., Slick, D.J., Levy-Bencheton, J., Hunter, M., MacDonald, S.W.S. & Hultsch, D.F. (2002). Intraindividual variability as an indicator of malingering in head injury. *Archives of Clinical Neuropsychology, 17*, 423-444.

Sturzenegger, M., Di Stefano, G., Radanov, B.P. & Schnidrig, A. (1994). Presenting symptoms and signs after whiplash injury : the influence of accident mechanisms. *Neurology, 44*, 688-693.

Stuss, D.T. (1991). Disturbance of self-awareness after frontal system damage. In G.P. Prigatano & D.L. Schacter (Eds), *Awareness of deficit after brain injury : Clinical and theoretical issues* (pp. 63-83). New York : Oxford University Press.

Stuss, D.T. & Benson, D.F. (1986). *The frontal lobes.* New York : Raven Press.

Stuss, D.T., Gow, C.A. & Hetherington, C.R. (1992). « No Longer Gage » : Frontal lobe dysfunction and emotional changes. *Journal of Consulting and Clinical Psychology, 60*, 349-359.

Stuss, D.T., Stehem, L.L. & Poirier, C.A. (1987). Comparison of three tests of attention, and rapid information processing accross six age groups. *Clinical Neuropsychologist, 1*, 139-152.

Stuss, D.T., Stethem, L.L. & Pelchat, F. (1988). Comparison of three tests of attention, and rapid information processing : An extension. *Clinical Neuropsychologist, 2*, 246-250.

Suhr, J., Tranel, D., Wefel, J. & Barrash, J. (1997). Memory performance after head injury : Contributions of malingering, litigation status, psychological factors, and medication use. *Journal of Clinical and Experimental Neuropsychology, 19*, 495-502.

Suhr, J.A. (2002). Malingering coaching and the serial position effect. *Archives of Clinical Neuropsychology, 17*, 69-77.

Sunderland, A., Harris, J.E. & Baddeley, A.D. (1984). Assessing everyday memory after severe closed head injury. In J.E. Harris & P.E. Morris (Eds), *Everyday memory, actions and absent-mindedness* (pp. 191-206). Londres : Academic Press.

Swartzman, C.C., Teasell, R.W., Shapiro, A.P. & McDermid, A.J. (1996). The effect of litigation status on adjustment to whiplash injury. *Spine, 21*, 53-58.

Sweet, J.J., Moberg, P.J. & Tovian, S.M. (1990). Evaluation of Weschler Adult Intelligence Scale-Revised premorbid IQ formulas in clinical populations. *Psychological Assessment, 2*, 41-44.

Sweet, J.J., Wolfe, P., Sattlberger, E., Numan, B., Rosenfeld, J.P., Clingerman, S. & Nies, K.J. (2000). Further investigation of traumatic brain injury versus insufficient effort with the California Verbal Learning Test. *Archives of Clinical Neuropsychology, 15*, 105-113.

Taylor, A.E., Cox, C.A. & Mailis, A. (1996). Persistent neuropsychological deficits following whiplash : Evidence for chronic mild traumatic brain injury ? *Archives of Physical Medicine Rehabilitation, 77*, 529-535.

Teasdale, G. & Jennett, B. (1974). Assessment of coma and impaired consciousness. *Lancet, ii*, 81-84.

Teasdale, T.W., Christensen, A.L., Willmes, K., Deloche, G., Braga, L., Stachowiak, F., Vendrell, J.M., Castro-Caldas, A., Laaksonen, R.K. & Leclercq, M. (1997). Subjective experience in brain injured patients and their close relatives : A European Brain Injury Questionnaire study. *Brain Injury*, *11*, 543-563.

Treisman, A.M. (1964). Verbal cues, language and meaning in selective attention. *American Journal of Psychology*, *77*, 206-219.

Tulving, E. (1983). *Elements of episodic memory*. London : Oxford University Press.

Tulving, E. (1995). Organization of memory : Quo vadis ? In M.S.Gazzaniga (Ed.), *The cognitive neurosciences* (pp. 839-847). Cambridge : A Bradford Book, The MIT Press.

Tulving, E. & Markowitsch, H.J. (1998). Episodic and declarative memory : Role of the hippocampus. *Hippocampus*, *8*, 198-204.

Tulving, E. & Schacter, D.L. (1990). Priming and human memory systems. *Science*, *247*, 301-306.

Van der Linden M. & Poncelet, M. (1998). The role of working memory in language and communication disorders. In B. Stemmer & H.A. Whitaker (Eds), *The handbook of neurolinguistics* (pp. 289-300). San Diego : Academic Press.

Van der Linden, M., Adam, S., Poitrenaud, J. & Coyette, F. (Eds) (2003). *Evaluation des troubles de la mémoire épisodique verbale : Elaboration et étalonnage de quatre tests de mémoire*. Marseille : Solal (en préparation).

Van der Linden, M., Meulemans, T., Belleville, S. & Collette, F. (2000). L'évaluation des troubles de la mémoire. In X. Seron & M. Van der Linden (Eds), *Traité de neuropsychologie clinique (Tome 1)* (pp. 115-155). Marseille : Solal.

Van der Linden, M., Meulemans, T., Seron, X., Coyette, F., Andrès, P. & Prairial, C. (2000). L'évaluation des fonctions exécutives. In X. Seron & M. Van der Linden (Eds), *Traité de neuropsychologie clinique* (pp. 275-300). Marseille : Solal.

Van der Linden, M., Seron, X., Le Gall, D. & Andrès, P. (1999). *Neuropsychologie des lobes frontaux*. Marseille : Solal.

Van der Linden, M., Wyns, C., Coyette, F., von Frenckell, R. & Seron, X. (1989). *Questionnaire d'Auto-évaluation de la Mémoire*. Bruxelles : Editest.

Van Gorp, W.G. & McMullen, W.J. (1997). Possible sources of bias in forensic neuropsychological evaluations. *Clinical Neuropsychologist*, *11*, 180-187.

van Gorp, W.G., Humphrey, L.A., Kalechstein, A., Brumm, V.L., McMullen, W.J., Stoddard, M. & Pachana, N.A. (1999). How well do standard clinical neuropsychological tests identify malingering ? A preliminary analysis. *Journal of Clinical and Experimental Neuropsychology*, *21*, 245•250.

Van Zomeren, A.H. (1981). *Reaction time and attention after closed head injury*. Lisse : Swets & Zeitlinger.

Van Zomeren, A.H. (1994). Attentional disorders after severe closed head injury. In C. Bergego & P. Azouvi (Eds), *Neuropsychologie des traumatismes crâniens graves de l'adulte* (pp. 123-135). Paris : Editions de la Société de Neuropsychologie de Langue Française.

Van Zomeren, A.H. & Van den Burg, W. (1985). Residual complaints of patients two years after severe head injury. *Journal of Neurology, Neurosurgery and Psychiatry*, *48*, 21-28.

Varney, N.R. (1990). Litigation concerning mild head injury. *Cognitive Rehabilitation*, *8*, 30-33.

Varney, N.R. & Varney, R.N. (1995). Brain injury without head injury : Some physics of automobile collisions with particular reference to brain injuries occurring without physical head trauma. *Applied Neuropsychology*, *2*, 47-62.

Wallis, B.J., Lord, S.M. & Bogduk, N. (1997). Resolution of psychological distress of whiplash patients following treatment by radiofrequency neurotomy : A randomised, double-blind, placebo-controlled trial. *Pain*, *73*, 15-22.

Wallis, B.J., Lord, S.M., Barnsley, L. & Bogduk, N. (1996). Pain and psychologic symptoms of Australian patients with whiplash. *Spine*, *21*, 804-810.

Warrington, E.K. (1984). *Recognition Memory Test*. Berkshire : NFER-NELSON.

Wechsler, D. (1997). *Echelle d'intelligence de Wechsler pour Adultes – 3ᵉ éd.* Paris : Les Editions du Centre de Psychologie Appliquée.

Wechsler, D. (2001). *Échelle clinique de mémoire (MEM-III)* (éd. Française). Paris : Centre de Psychologie Appliquée.

Weiss, D.S. & Marmar, C.R. (1997). The Impact of Event Scale-Revised. In J.P. Wilson & T.M. Keane (Eds), *Assessing psychological trauma and PTSD* (pp. 399-411). New York : Guildford Press.

Wiggins, E.C. & Brandt, J. (1988). The detection of simulated amnesia. *Law and Human Behavior*, *12*, 57-78.

Williams, W.H., Evans, J.J. & Wilson, B.A. (2003). Neurorehabilitation for two cases of post-traumatic stress disorder following traumatic brain injury. *Cognitive Neuropsychiatry*, *8*, 1-18.

Wilson, B.A., Alderman, N., Burgess, P., Emslie, H. & Evans, J.J. (1996). *Behavioural assessment of the dysexecutive syndrome (BADS)*. Bury St Edmunds : Thames Valley Test Company.

Wilson, R.S., Rosenbaum, G. & Brown, G. (1979). The problem of premorbid intelligence in neuropsychological assessment. *Journal of Clinical Neuropsychology*, *1*, 49-54.

Wood, J.M., Lilienfeld, S.O., Garb, H.N. & Nezworski, M.T. (2003). *What's wrong with the Rorschach? Science confronts the controversial inkblot test*. San Francisco, CA : Jossey-Bass.

Wood, P.H. (1989). Measuring the consequences of illness. *World Health Satistics Quarterly*, *42*, 115-121.

Wright, J.C. & Telford, R. (1996). Psychological problems following minor head injury : A prospective study. *British Journal of Clinical Psychology*, *35*, 399-412.

Yarnell, P.R. & Rossie, G.V. (1988). Minor whiplash head injury with major debilitation. *Brain Injury*, *2*, 255-258.

Zacks, R. & Hasher, L. (1997). Cognitive gerontology and attentional inhibition : A reply to Burke and McDowd. *Journal of Gerontology : Psychological Sciences*, *52B*, 274-283.

Zazzo, R. (1969). *Manuel pour l'examen psychologique de l'enfant* (Vol. 2). Neuchâtel : Delachaux et Niestlé.

Zimmermann, P. & Fimm, B. (1994). *Tests d'évaluation de l'attention (TEA)*. Würselen : Psytest.

Zoccolotti, P., Matano, A., Deloche, G., Cantagallo, A., Passadori, A., Leclercq, M., Braga, L., Cremel, N., Pittau, P., Renom, M., Rousseaux, M., Truche, A., Fimm, B. & Zimmermann, P. (2000). Patterns of attentional impairment following closed head injury : A collaborative European study. *Cortex*, *36*, 93-107.

Table des matières

Introduction 5

Chapitre 1
Les spécificités de l'expertise 11

1. Introduction 11
2. La sélection des tests : priorité aux épreuves bien standardisées 11
3. Le travail interprétatif : invalidité, incapacité et handicap 13
   - 3.1. Le rapport «maladie-incapacité» 16
   - 3.2. Le rapport entre incapacité cognitive et handicap 18
   - 3.3. L'incapacité : aspects juridiques 24
4. La rédaction du rapport 28
5. Aspects déontologiques 33

Chapitre 2
Traumatismes crâniens légers et whiplash 37

1. Introduction 37
   - 1.1. Classification des traumatismes crâniens 37
2. Définition du traumatisme crânien léger 38
3. Étiologie et symptômes du traumatisme crânien léger 39
4. Whiplash ou «Syndrome cervical d'accélération/décélération» 40
5. Altérations neurophysiologiques et neuroanatomiques dans le traumatisme crânien léger et le whiplash 41
6. Troubles cognitifs et psychologiques dans les traumatismes crâniens légers et les whiplash 43
7. Implications pour l'évaluation neuropsychologique des traumatismes crâniens légers 50
8. Conclusion 52

Chapitre 3
Principes de l'évaluation cognitive et de l'anamnèse en neuropsychologie 55

1. L'évaluation cognitive : principes généraux 55
   1.1. Le problème des normes 56
   1.2. Remarque sur le sur-diagnostic 58
   1.3. Contenu de l'examen 59
   1.4. Déroulement de l'examen 62
   1.5. Evaluation du niveau prémorbide 64

2. L'anamnèse 66
   2.1. Le recueil d'informations sur les circonstances à l'origine de l'examen 67
   2.2. L'histoire de la maladie 67
   2.3. La description des déficits cognitifs 75
   2.4. Le passé scolaire et professionnel du patient 77
   2.5. Prise de conscience et réactions aux troubles 79
   2.6. L'évaluation des handicaps 81
   2.7. L'anamnèse comme première évaluation cognitive 84

Chapitre 4
L'évaluation des fonctions mnésiques 87

1. Introduction 87

2. Cadre théorique général 88

3. La mémoire de travail 90
   3.1. Évaluation de la mémoire de travail 92

4. La mémoire à long terme 95
   4.1. La mémoire épisodique 98
   4.2. Fonctionnement de la mémoire épisodique 98
   4.3. Évaluation de la mémoire épisodique 100

5. Batteries d'évaluation 104

6. Pour une évaluation «écologique» 106

7. Conclusion 107

Chapitre 5
L'évaluation des troubles de l'attention 109

1. Introduction 109

2. Les différents composants du fonctionnement attentionnel et leur examen 111
   2.1. L'alerte attentionnelle 112
   2.2. L'attention sélective ou focalisée 114
   2.3. Capacités de traitement - ressources attentionnelles 119
   2.4. La vigilance ou attention soutenue 121

3. Quelques précautions particulières 125

Chapitre 6
L'évaluation des fonctions exécutives 129

1. Introduction 129

2. Les caractéristiques du fonctionnement exécutif 131

3. Les modèles du fonctionnement exécutif 132

4. L'évaluation des fonctions exécutives 136
    4.1. La spécificité de cette évaluation 136
    4.2. Les épreuves classiques d'évaluation du fonctionnement exécutif ... 139
    4.3. Les tâches à visée plus écologique 142
    4.4. Les relations entre émotion et cognition : le test du Casino 143
    4.5. L'évaluation comportementale 144

5. Conclusion 145

Chapitre 7
L'évaluation des modifications de la personnalité 147

1. Introduction 147

2. Les relations cerveau-émotion 148

3. Méthodes d'évaluation 151

4. Conclusion 157

Chapitre 8
L'exagération et la simulation des troubles 159

1. Introduction 159

2. Les outils d'évaluation 162
    2.1. Sensibilité et spécificité 163
    2.2. Le problème de la sélection de l'échantillon des «faux» simulateurs ... 165
    2.3. Outils spécifiques : les «Symptom Validity Tests» (SVT) 167
    2.4. Indices de simulation issus de mesures standard 173
    2.5. Pistes alternatives 178

3. Conclusion 179

Conclusion 181

Références 187

Imprimé en Belgique par Pierre Mardaga, Liège.